科创金融

江苏的创新与实践

江苏省数字金融协会项目

科创金融
江苏的创新与实践

Sci-Tech Innovation Finance
Practice in Jiangsu

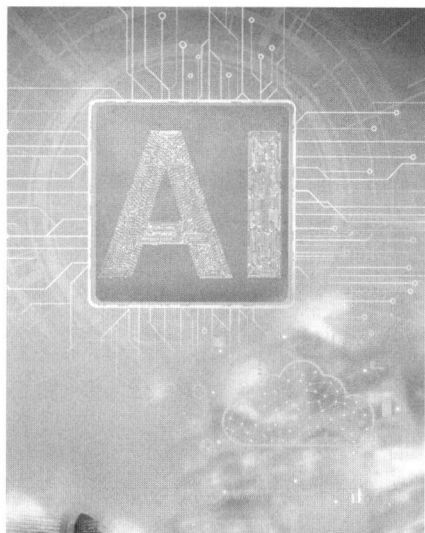

■ 黄金老　主编

东北财经大学出版社　大连
Dongbei University of Finance & Economics Press

图书在版编目（CIP）数据

科创金融：江苏的创新与实践 / 黄金老主编. 一大连：东北财经大学出版社，
2023.3

ISBN 978-7-5654-4720-4

Ⅰ．科⋯　Ⅱ．黄⋯　Ⅲ．技术革新-应用-地方金融-研究-江苏　Ⅳ．F832.753

中国版本图书馆 CIP 数据核字〔2022〕第 235649 号

东北财经大学出版社出版发行

大连市黑石礁尖山街 217 号　邮政编码　116025

网　　址：http：//www.dufep.cn

读者信箱：dufep @ dufe.edu.cn

大连图腾彩色印刷有限公司印刷

幅面尺寸：170mm×250mm　字数：214千字　印张：16.75

2023年3月第1版　　　　　　2023年3月第1次印刷

责任编辑：李　季　刘　佳　徐　群　责任校对：徐　佳

封面设计：原　皓　　　　　　　版式设计：原　皓

定价：56.00元

教学支持　售后服务　　联系电话：（0411）84710309

版权所有　侵权必究　　举报电话：（0411）84710523

如有印装质量问题，请联系营销部：（0411）84710711

《科创金融：江苏的创新与实践》
编委会

主　　编　黄金老

学术顾问　裴　平　曹源芳

编委会成员（按姓氏笔画排序）

支持单位

江苏省生产力促进中心　　南京大学

中国银行江苏省分行　　　南京审计大学

中国农业银行苏州分行　　南京工业大学

南京银行　　　　　　　　南京财经大学

苏州银行　　　　　　　　南京师范大学

江苏苏宁银行　　　　　　江苏金农股份有限公司

招商银行南京分行　　　　江苏股权交易中心有限责任公司

宁波银行南京分行　　　　常州企业征信服务有限公司

南京证券　　　　　　　　南京市焦点互联网科技小额贷款有限公司

东吴证券　　　　　　　　云境商务智能研究院南京有限公司

中国人民财产保险公司常州分公司　南京长江金融信息服务股份有限公司

序

党和政府历来重视科技创新工作。1950年起，全国就逐步建立了庞大的科技行政管理体系，从科技部、省级科技厅到县区科技局，科技行政体系深入到基层。仅科技部2022年度支出预算就超564亿元。20世纪80年代初期，我在读小学的时候，各种练习册封面上都印着"向科学进军"的标语，印象深刻。正是从那时起，"长大后当科学家"成为无数少年的梦想。也正是凭借这一股精气神，中国成为全球第四科技大国。

"科技第四"与"经济第二"仍然不相称。特别是没有掌握半导体加工设备、核心工业软件、高精度数控机床、新材料等卡脖子技术。近年来，"科技自立自强"已成为国家发展的战略支撑。党的二十大报告提出，我国要"加快实施创新驱动发展战略。坚持面向世界科技前沿、面向经济主战场、面向国家重大需求、面向人民生命健康，加快实现高水平科技自立自强"。"以国家战略需求为导向，集聚力量进行原创性引领性科技攻关，坚决打赢关键核心技术攻坚战，加快实施一批具有战略性全局性前瞻性的国家重大科技项目，增强自主创新能力"。到2035年"进入创新型国家前列"。

新型举国体制对于提升国家创新体系整体效能有重要意义。20世纪50年代至70年代的举国体制，为我国搞出了"两弹一星"、人工合成胰岛素、杂交水稻等举世闻名的科研成果。在高度集中的计划经济体制时期，全国科研院所、企业、地方政府和科学家，几乎没有各自的经济利益，绝对服从国家统一调配。现今，我国建成了社会主义市场经济体制，每一个主体都有自己的经济利益。如何有效地实行举国体制？今天的举国体制，必须要尊重市场机制、运用市场机制。新型举国体制，就"新"在充分发挥市场机制的作用。美国的阿波罗登月计划，也是一种举国体制。日本、韩国在经济腾飞年代，也采取了较强的科技规划引领措施。

中国台湾地区的 IC 产业之所以能够荣登全球之巅，其晶圆代工、封测、IC 设计的全球市场份额分别排名第一、第一、第二，是因为当局的大力推动。1973 年，中国台湾当局出资成立台湾工业技术研究院，研究新技术、培养人才，研产一体化，到 2000 年共设有电子所、电通所、光电所、材料所等 7 所 4 中心，对产业输出专业人才达 13 995 人。这些专业人才再带着新技术去创办新的技术公司，为 IC 产业源源不断注入新生力量。大名鼎鼎的联华电子、台积电、光罩公司都是工业技术研究院孵化出来的，其创办人也是研究院的院长、所长。中国台湾当局还规划建设了新竹、台南等成熟的科学园区，为科创企业包办了所有后勤工作，使创业家们得以专心致志地搞科研、创业。一批学成归来，并在国内高科技公司工作的拥有国际化视野的 IC 人才聚集在一起，初步形成跨国公司朋友圈，激发企业家精神。这些有"浓厚书卷味道的科技人"成为引领中国台湾 IC 产业革新发展的"火车头"。这些在跨国企业成长起来的科技人，处事方法简单，重视制造品质和技术服务，重视生产效率，促使中国台湾企业在全球市场竞争中脱颖而出。旺宏电子、台积电、联华电子、中国台湾应用材料、中国台湾飞利浦、联测、宏碁等 IC 领先企业的成功，带动更多中小企业加入 IC 产业，进而形成产业聚集。当时全球生产体系分工，让中国台湾企业参与到 IC 产业链中的晶圆代工、封测、IC 设计环节，实现产业突破。

新型举国体制，要能调动企业家的积极性，特别是要能吸引成百上千的在跨国企业工作过的科研管理者。他们能够高效地组织科研、管理科研。现在各级政府出巨资建立了一批大院大所，科研成果迭出，然而最缺的还是有国际视野和国际科研人脉的企业家。江苏省建立的紫金山实验室、太湖实验室和苏州实验室，硬件设施一流，科研环境优良，汇聚了一批行业英才。党的二十大报告强调"弘扬企业家精神，加快建设世界一流企业"。有着管理学知识和实践训练的科学家，是当今中国急需的复合型人才。

对科技人才的激励，早期靠知识产权，现在靠股权激励。一百多年前，林肯讲"专利制度就是天才之火浇上利益之油"，即早期通过知识产权保护，使智慧与利益结合起来，创造出无穷的动力。今天，光靠知识产权保护已经解决不了科技创新的动力问题了，还要依靠股权激励来实现。多年前，我去中国台湾地区访问，当地人讲新竹集聚着一大批"科技新贵"，我还不能理解。科学家通过股权激励成为最富裕的阶层，才能有效带动创新，而股权激励需要发达的资本市场。

中国数字经济规模居全球第二，2021年达到7万亿美元，是排名第三位的日本（2.5万亿美元）的2.8倍。很重要的原因就是中国有中概股，而日本的"日概股"则规模小得多。1992年至今，中概股IPO企业共计571家，募集资金总额为1 179亿美元，60%以上在美国纳斯达克市场上市，行业集中分布在信息科技、能源及金融、消费、医疗保健等板块。截至2023年1月31日，中概股上市公司数量为283家，市值合计为1.06万亿美元（折合人民币7.14万亿元），相当于A股总市值91.80万亿元的7.78%。诸如百度、阿里、蔚来等一大批创新型企业，都从中概股上获得融资。这些企业在创业初期是不可能获得银行信贷融资的。相较而言，自1970年至今，日概股上市公司的数量仅为14家，市值合计为7 427亿美元，主要为索尼、佳能、本田、丰田、瑞穗金融、野村证券等传统巨头企业。仅有4家新经济企业，合计市值仅为500亿美元。日本和中国一样，也是银行融资占绝对主导的国家，创新型企业同样不符合银行信贷融资标准。中概股市场上并购交易活跃，也在一定程度上消除了中国新经济领域的产能过剩。滴滴与快的合并就是很好的例子。新能源汽车领域预计也会发生类似的积极并购以消除产能过剩。

早在1997年亚洲金融危机爆发之时，中国就认识到创业板股票市场对科技创新的重要。时任科技部副部长邓楠给了中国银行国际金融研究所一个课题，高达88万元经费，研究创建中国的纳斯达克市场——创业板市场，我有幸参与了这个课题的研究。2009年10月深圳创业板开市，但由于思想不够解放，效果不彰。真正为创新企业量身定制上市规则的则是2019年6月开市的上海科创板（STAR Market）。截至2022年年末，深圳创业板、上海科创板上市公司分别达到1 232家、500家，总市值分别达到11万亿元、6万亿元，户均IPO融资额分别达12亿元、15亿元。自科创板2019年6月开板至今短短三年多时间里，已集聚了一批集成电路、生物医药、高端装备制造、新能源、新材料等领域的科创企业，"硬科技"成色十足，并诞生出中芯国际、天合光能、中微公司、金山办公、容百科技、天奈科技、华润微、澜起科技、君实生物、西部超导、安集科技等明星企业，让一批科学家成为资本市场的弄潮儿，以创始人的身份走向IPO舞台，这是中国资本市场多年来罕见的一幕，也因此造就出一大批科学家富豪。数据显示，在已上市的科创板公司中，超六成公司的创始团队为科学家、工程师等科研人才或行业专家。近四成公司实控人兼任核心技术人员，实控人拥有博士学历的公司超过120家。随着中国科创板、创业板市场的快速成长，中国会逐渐降低对美国资本市场的依赖。

中国的银行体系十分发达，聚集了全社会90%以上的资金资源。2022年年末，中国银行业金融机构资产达到379.4万亿元。2009年11月，我在《上海证券报》上写过一篇短文《银行与资本市场改革》，讲道："在中国相当长一段时间内，任何金融改革和措施，都不能绕开银行业。如果一项金融改革没有银行业的热情参与，那这项改革的效果就会比较弱。资本市场改革也不例外。资本市场改革如果不以银行为中心，或者不借助银行来进行，结果必然是做不大。一方面，因为银行在中国有五六十年的信誉，老百姓信任银行，中国的钱掌握在银行手里，不论是搞基金还是PE，必须借助这个渠道来寻找客户，才能把市场做大。另一方面，银行是受到严格监管的机构，比较规范。"

2015—2018年是中国创新创业资本兴盛的年代，大量银行资金通过银行大资管的路径进入一级市场，促成了中国股权投资市场的繁荣，诞生和壮大了一大批科技创新企业。腾讯、阿里在2018年跻身全球十大市值公司。美团、滴滴、拼多多、商汤、蔚来等创新企业都是在这一时期得到大宗股权资本的支持而发展起来的。2018年4月，"资管新规"出台后，切断了银行资金与一级资本市场的联系，加之3年疫情的严重冲击，全国私人资本的股权投资市场归于沉寂。2021年以后，则是国有股权投资基金在唱主角。国家层面组建了众多大基金，累计数量超过10个，包括集成电路基金及其二期、先进制造基金及其二期、制造业转型升级基金、军民融合基金、新兴产业创业投资引导基金、中小企业发展基金、绿色发展基金等。其中，集成电路基金一期投资总额达1 387亿元，撬动了5 145亿元的社会融资，共计带来约6 500亿元资金进入集成电路行业及相关配套环节。集成电路基金二期募资总规模2 000亿元左右，将再一次撬动超过6 000亿元的资金，以打造自主可控的集成电路产业链。此外，地方政府层面的各类投资基金也超万亿元。其资金仍间接来自银行体系。大银行给地方政府融资平台和国有企业发放贷款，融资平台和国有企业再出资创设股权投资基金。这些国有股权投资基金虽不如私人资本股权投资基金活跃，但对当地的产业重组、创新企业扶持发挥了积极作用。中国的银行业也在积极创新信贷融资形式，支持中国的创新经济。江苏苏宁银行规模很小，也设立了独立的科创金融部，专司科创企业金融服务，现已支持了500多家科创企业。

如何合适、有效地把银行资金导入到股权市场，仍是需要廓清的重大难题。新时期"信贷资金不能流入股市"铁律能否修正？资本市场的关键作用已成为国家的共识，党的二十大报告强调"健全资本市场功能，提高直接融资比重"。2012—2022年，中国银行业金融资产从133.6万亿元增长到379.4万亿元，规模增长245.8万亿元；同期，深沪交易所上市公司市值从26.6万亿元增长到84.7万亿元，规模增长58.1万亿元。

通俗地讲，全国的钱都在银行手里，资本市场自然就没多少钱了。20年前，中国的银行业公司治理机制、管理水平落后，资本市场管理水平也落后，信贷资金不能流入股市是对的。2010年，国家实行的"三法一指引"（即《固定资产贷款管理暂行办法》《流动资金贷款管理暂行办法》《个人贷款管理暂行办法》《项目融资业务指引》），提升了银行业的管理水平。现在"三法一指引"正在修订，期待能够顺应国家和市场的变化。中国的证券业感受到国际资本不好驾驭，但又需要国际资本，便创造性地搞出 QDII、QFII、沪股通、深股通，让国际资本有管理地流入中国资本市场。银行业要学习证券业，创造路径，让信贷资金有管理、有秩序地流入股权市场。

商业银行一直在探索如何支持科创企业。2010年，我在中国银行公司金融部工作时，深圳分行就对科创企业试做了"选择权贷款"，在发放贷款的同时，约定企业若成功上市，则该笔贷款可转换成股权，银行获取股权投资的收益。2016年，投贷联动试点开启，国家开发银行、中国银行、恒丰银行、北京银行、上海银行、华瑞银行等10家银行获得首批试点资格。由于缺乏基本的制度支持，如银行设立投资子公司的申请批复问题、银行投资类资产风险计量和资本拨备政策不明确、风险补偿机制不足等，选择权贷款、投贷联动，都没有做起来。

近年来，为响应国家支持科创企业的号召，也有市场竞争的内生需要，各大银行普遍加大了对科创企业的传统信贷支持。截至2021年年末，银行业金融机构科技型企业贷款余额较2020年年末增长23.2%，比贷款平均增速高12.1个百分点。截至2022年年末，建行和工行的科技贷款余额均已突破1.2万亿元，中行则计划在"十四五"期间提供2万亿元的科技创新贷款支持，浦发银行科创贷款余额超3 600亿元、兴业银行科创贷款余额超3 200亿元、浙商银行科创贷款余额超1 000亿元。2019年、2020年和2021年一季度科技型企业银行信贷规模占全部科创企业融资规模的比重分别为84.56%、75.46%和90.61%。科创信贷已经从冷门进入到竞争白热化阶段。

这也带来事情的另一面，即风险高企。不同于风投机构投资科技型企业股权，能够以企业成功后的超额股权红利覆盖其他企业投资失败所造成的损失，银行为科技型企业提供融资服务后，成为企业的"债权人"，无论企业未来发展得多么成功，银行都只能收回本金并只能获得约定好的利息，难以充分分享企业的成长红利，而一旦企业失败，银行则需要承担全额坏账成本。央行推出了2 000亿元科技创新专项再贷款，资金成本仅1.75%，旨在降低银行服务科创企业的成本，但仍然无法彻底解决银行科创贷款业务风险收益不对等的问题。

江苏是全国首个创新型省份建设试点省。2022年全省人才资源总量超过1 400万人，研发人员达108.8万人，在苏两院院士达118人。区域创新能力连续多年位居全国前列，2022年全社会研发投入强度达3%左右，达到创新型国家和地区中等水平，万人发明专利拥有量50.4件，全省专利授权量56万件。苏州实验室获批建设，紫金山实验室纳入国家战略科技力量体系，太湖实验室、钟山实验室挂牌运行，国家集成电路设计自动化创新中心获批在南京建设，苏南国家自主创新示范区建设成效明显，国家创新型城市创建在全国率先实现设区市全覆盖。关键核心技术攻关成果丰硕，率先探索"揭榜挂帅"科技攻关机制，累计获国家科学技术奖通用项目190项，居各省、自治区、直辖市之首。物联网、新型电力装备、工程机械、生物医药等10个集群获批国家先进制造业集群，数量居全国第一。

2022年，江苏省通过科技型中小企业评价并取得入库登记编号的企业突破8万大关，较上年增长21.3%，总数继续保持全国第一。全省高新技术企业达4.4万家，全年新增424家国家专精特新"小巨人"企业，达到709家。特别是在本次科创板上市浪潮中，江苏企业表现出色，截至2023年2月7日，江苏省以96家科创板上市公司位居全国第一，合计总市值1.16万亿，超过上海市（79家）、广东省（77家）。

2022年，数字经济规模超5万亿元，数字经济核心产业增加值占地区生产总值比重达11%左右。

为了更好地发挥金融对江苏建设高水平创新型省份的支持作用，推动江苏科创金融高质量发展，江苏省政府、中国人民银行南京分行、江苏省银保监局先后印发《江苏省"十四五"金融发展规划》《江苏银行业保险业深化科技金融服务行动方案》，指导银行保险机构加快推进金融支持创新体系建设，落实服务实体经济、深化金融改革。省财政对名单内的科创金融贷款（苏科贷、苏碳融、苏信贷）给予80%的风险兜底补偿。江苏银行、中国银行、南京银行等各大银行也积极发展科创金融。在科创金融快速发展的大背景下，为更直观地展现江苏科创金融的发展状况，在江苏省地方金融监督管理局指导下，江苏省数字金融协会联合各会员单位，组织编写了《科创金融：江苏的创新与实践》一书。

《科创金融：江苏的创新与实践》，对科创金融和金融科技的本质与内涵做了界定，并系统性地介绍了科创金融的相关理论及在国内外的发展情况。从本质上来看，金融科技（Financial Technology）落脚点在科技（与其并列的概念是军事科技、生物科技），科技是一种工具或手段，意在为金融服务赋能，即通过科技成果的运用来改变和创新金融发展的形态和业态，其实质是用科技改造金融，让金融变得更有效率、更富竞争力；而科创金融（Sci-Tech Innovation Finance）则属于产业金融的范畴，落脚点在金融（与其并列的概念是三农金融、消费金融），是金融对科技企业、创新创业的全面渗透，通过贷款、债券、股票、PE、信托、保险等金融工具的运用，实施对科技企业、创新创业活动的扶持，其实质是金融哺育、孵化、服务实体经济的重要领域，让科创企业和经济活动取得更大产出，使增长更具活力。本书所指的科创金融，既包含通常所讲的科技金融，也包含创新创业金融。

《科创金融：江苏的创新与实践》还对江苏省内银行业、证券业、保险业及地方金融组织的科创金融模式与产品创新做了深入细致的分析，汇集了翔实丰富的科创金融实践案例。

全书由我草拟编写大纲，经南京大学商学院裴平教授等各位专家讨论定纲，业内外专家分工编写，南京审计大学曹源芳教授统稿，最后由我审阅定稿。全书各章编写专家及分工如下：

第1章由南京审计大学曹源芳教授、南京财经大学申冬琴讲师和南京审计大学金审学院徐明瑜讲师编写；

第2章由中国农业银行苏州分行、中国银行江苏省分行、南京银行、招商银行南京分行、宁波银行南京分行、苏州银行、江苏苏宁银行提供素材，江苏苏宁银行施志晖教授、中研绿色金融研究院汪小明副院长等编写；

第3章由南京证券、东吴证券提供素材，江苏苏宁银行施志晖教授、中研绿色金融研究院汪小明副院长等编写；

第4章由江苏苏宁银行施志晖教授、李佳慧编写；

第5章由苏州地方征信平台、常州征信有限公司、江苏金农、江苏股权交易中心、焦点小贷等金融机构提供素材，江苏省数字金融协会王一楠、安委、王雨涵等编写；

第6章由南京财经大学申冬琴讲师、南京审计大学金审学院徐明瑜讲师编写；

第7章由南京工业大学赵成国教授、江苏苏宁银行施志晖教授、南京审计大学曹源芳教授编写。

中信证券何广锋高级分析师、星图金融研究院杜娟高级研究员和陈霞院长助理、东北财经大学出版社李季主任也对本书的数据整理、观点提炼费心不少。

值此出版之际，衷心感谢各位专家学者的辛勤付出！

金融对科技创新的作用，就是筛选好项目好企业，为处在不同生命周期阶段的科技创新企业提供不同形式融资及综合金融服务。《国家创新驱动发展战略纲要》强调要"探索建立符合中国国情、适合科技创业企业发展的金融服务模式。鼓励银行业金融机构创新金融产品，拓展多层次资本市场支持创新的功能，积极发展天使投资，壮大创业投资规模，运用互联网金融支持创新"。为推进这一战略，全体金融人，持续努力中！

江苏省数字金融协会会长 黄锴

2023 年 3 月

目录

第1章

绪 论

当今世界正处于百年未有之大变局，深刻复杂的内外部形势对科技创新提出了更加迫切的要求。从国内来看，我国已转向高质量发展阶段，支撑经济发展的条件正在发生变化，要素成本上升，传统发展动能有所减弱，必须培育新动力、新模式和新优势，科技创新对发展的重要性更加凸显。从国际上来看，新一轮科技革命和产业变革加速推进，科技创新作为核心竞争力成为国家关注的焦点。我国多个领域如高端芯片、基础元器件等存在"卡脖子"问题，需要加快自主创新步伐。特别是2020年新冠肺炎疫情（以下简称疫情）发生后，互联网、大数据、人工智能等行业的科技型企业在疫情防控、推动经济复苏等方面发挥了不可替代的作用，更加显示出科技型企业在国家经济体系中的重要作用。未来谁在科技创新方面占据优势，谁就能够掌握发展的主动权。在此背景下，《中共中央关于制定国民经济和社会发展第十四个五年规划和二〇三五年远景目标的建议》（以下简称"十四五"规划建议）提出，要坚持创新在我国现代化建设全局中的核心地位，把科技自立自强作为国家发展的战略支撑，未来一段时间我国在科技创新领域必将有一番大的作为。

科技型企业正迎来高速发展机遇。科技型企业属于国民经济体系中最活跃、最具创新能力的微观主体之一，更是推动经济转型升级的重要动力。近几年，在政策引导下科技型企业的数量及技术积累显著提升。2021年全国高新技术企业达33万家，同比增长22.31%。

我国研发投入强度再创新高。国家统计局日前公布的数据显示：2022年，我国研发经费的投入达30 870亿元，同比增长10.4%，延续了"十三五"以来两位数的增长态势。研发投入与国内生产总值之比达到

2.55%，比2021年提高0.11个百分点。世界知识产权组织2022年发布的全球创新指数显示，我国科技创新能力在132个经济体中位列第11位，较2021年再提升一位，稳居中等收入经济体首位；2013—2022年，我国排名保持持续稳定上升势头，10年间提升了24个位次。2022年，我国研发经费投入中的基础研究经费为1 951亿元，比2021年增长7.4%。2012—2021年全国高新技术企业数量增长情况如图1-1所示。

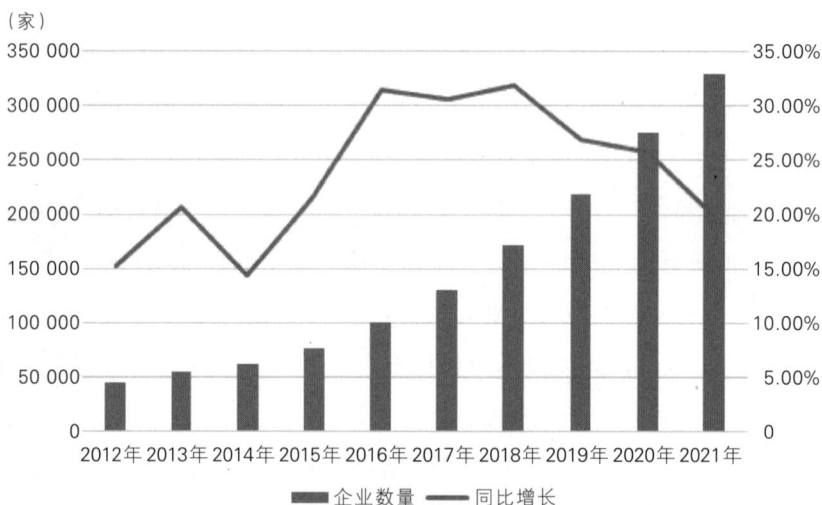

图1-1　2012—2021年全国高新技术企业数量增长情况

数据来源：科技部火炬中心、国家税务总局。

《2022胡润全球独角兽榜》显示，中国初创科技企业数量位居全球第二。2022年，江苏省通过科技型中小企业评价并取得入库登记编号的企业突破8万大关，较2021年全年增长21.3%，总数继续保持全国第一。"2021江苏省百强创新型企业"榜单显示，苏南、苏中、苏北地区分别有78家、11家和11家企业上榜，国电南瑞科技股份有限公司、江苏恒瑞医药股份有限公司、正大天晴药业集团股份有限公司位列榜单前3位。江苏省百强创新型企业入选企业均为高新技术企业或核心子公司，所有企业均建有研发机构，全部拥有自主知识产权，户均有效专利

411.9件，户均有效发明专利150.52件。2020年，百强创新型企业共实现主营业务收入7 089.21亿元，实现利税1 138.39亿元，平均销售利税率达16.06%。其中，规模超百亿元的有16家，50亿元以上的有34家，10亿元以上的有90家。百强创新型企业中有57家入选省级创新型领军企业培育库，有57家获得过国家或省科学技术进步奖，有72家企业参与或主持过国家标准或国际标准的制定，在行业内具有较强的影响力和带动性。百强创新型企业普遍建立了现代化的企业制度和较完善的法人治理结构、质量保证体系、知识产权和品牌管理体系，重视高端科技人才的引进和培养，硕士以上学历人员占从业人员的比重达8.59%。

尽管中国的科技型企业正飞速发展，但从科技成果研发到实现产业化仍然存在一个投资的真空地带。许多科技创新的结局不是败在技术研发上，而是没有资金支持走向市场与产业化，这也是中国与美国等发达国家技术上的真正差距所在。要加快科技成果向生产力的转化，需要高质量的科创金融供给。在"十四五"规划建议中，对金融支持科创体系发展提出了具体要求，完善金融支持创新体系，促进新技术产业化、规模化应用。我国政府提前布局，培植有潜力的科技型企业，在风险可控的前提下积极探索发展科创金融。

在此背景下，金融着力支持科技创新、支持科技型企业发展，既有助于更好地支持实体经济发展，也有利于企业史好地融入国家新发展格局中。科创金融领域是一片亟待开发的广阔市场，其发展不仅直接关系到科技型企业的发展，更关系到国家创新驱动发展战略和国民经济转型能否实现。

1.1 内涵界定

1.1.1 科创金融的内涵

近年来，随着互联网科技、数字科技和智能科技等创新成果的广泛应用，金融与科技的联系更加紧密，实现科技与金融的深度融合成为金融业的重要发展方向之一。

从具体形态上来看，金融和科技的结合表现为以下两种方式：一是科创金融；二是金融科技。根据《"十三五"国家科技创新规划》对上述两种形态的区分，科创金融属于产业金融的范畴，落脚点在金融（与其并列的概念是三农金融、消费金融），是金融服务实体经济的重要领域；而金融科技的落脚点在科技（与其并列的概念是军事科技、生物科技），意在科技为金融服务赋能。从本质上来看，金融科技中的科技是一种工具手段，通过科技成果的运用来改变和创新金融发展的形态与业态，其实质是用科技改造金融，让金融变得更有效率、更富竞争力；而科创金融则是金融对科技企业、创新创业的全面渗透，通过票据、信贷、债券、股票、期权等金融工具的运用，实施对科技企业、创新创业活动的扶持，其实质是金融哺育、孵化，让科创企业和经济活动取得更大产出，使其增长更具活力。

科创金融在国家层面不断得到重视与支持，党的十九大将创新列为新发展理念之首，要求坚定实施"创新驱动发展战略"，在上海证券交易所设立科创板并实施注册制，加强资本市场对科创企业的支持。毫无疑问，科创企业是我国科技创新转化为生产力和物质财富的主要载体，通过高效的金融供给支持科创企业的发展成为当下科创金融的本来要义。

科创金融的本质与内涵，在于金融供给要坚持面向世界科技前沿、面向经济主战场、面向国家重大需求，积极服务于符合国家战略、突破关键核心技术、市场认可度高的科技创新企业，促进科技创新能力突出、主要依靠核心技术开展生产经营、具有稳定的商业模式、社会形象良好、具有较强成长性的企业的发展。重点支持新一代信息技术、高端装备、新材料、新能源、节能环保以及生物医药等高新技术产业和战略性新兴产业，推动互联网、大数据、云计算、人工智能和制造业深度融合，引领中高端消费，推动质量变革、效率变革、动力变革。

当前，中国经济处于转型升级的关键期，新旧动能亟须转换，科技创新将成为经济高质量增长的重要引擎，也使得科创金融的概念和范畴更加广义化、全面化。因此，本书所指的科创金融，既包含通常讲的科技金融，也包含创新创业金融。

1.1.2　金融科技的内涵

金融科技定义的关键落脚点：一是从金融视角，认为金融是金融科技的本质，最终体现为金融产品及服务模式的创新；二是从科技视角，认为金融科技本质是运用在金融行业的一系列先进科学技术的组合。尽管金融科技这一概念到目前为止尚未形成统一的定义，但不同学者之间都具有一种普遍共识，即可以把金融科技（Fintech）认为是金融（Finance）和科技（Technology）的结合。

金融科技与互联网金融的概念容易造成混淆。在目前的文献研究中，对互联网金融与金融科技的概念认知主要有以下两种：一是认为金融科技与互联网金融无差异，其本质都是以科技手段驱动的金融发展电子化和线上化。二是认为互联网金融是金融科技发展的阶段之一，即金融科技包含了互联网金融。互联网金融的主要特点体现在线上化，但未从根本技术上改变金融的业态模式，互联网金融仅完成部分交易的线下向线上的转型。与互联网金融相比，金融科技的内涵和带来的影响具有更深层次的含义。金融科技的发展与传统金融的结合能够从根本上改变包括金融产品、服务模式、机构组织管理形式等金融传统业态，金融科技发展历程全面覆盖了互联网金融。因此，金融科技的概念包含了互联网金融，是互联网金融的延伸。

综上所述，依据当下最权威的金融稳定理事会（FSB）给出的定义：金融科技是通过技术手段推动金融创新，形成对金融市场、机构及金融服务产生重大影响的业务模式、技术应用及流程和产品。本书将金融科技定义为在人工智能、区块链、云计算和大数据等技术驱动下的金融业态创新和金融服务深化，其中技术仅是方式、手段、途径，金融才是目的、需求、本质，在概念中包含了互联网金融。

1.1.3 金融科技在科创金融中的作用

推动实施创新驱动发展，科创企业是创新的主体。做好科创企业的金融服务工作，是实现金融与实体经济良性循环的重要内容。但囿于科创企业存在显著的"三多三少"特征，且自身发展存在正外部性、不确定性等产业属性，科创企业的融资需求与融资供给存在多方面错配。与一般企业相比，科创企业融资难、融资贵问题可能更加突出。除了做好政策引导和制度安排外，运用金融科技手段，合理有效发挥其线上化、数字化、场景化属性，可能对缓解科创企业融资难、融资贵问题有所裨益。

1.赋能科创金融，新路径不断丰富

在客户服务方面，金融科技赋能银行等科创金融机构，提供"非接触服务"，丰富了智能响应小微企业需求的金融服务场景，为客户实时获取金融服务提供了极大方便。在风险控制方面，金融科技打破了传统风控的边界，基于多维度的数据分析建立信用模型，实现了风控体系从抵质押物驱动向数据驱动的转变，提高了科创金融风控的效率。在产品创新方面，金融科技加速了科创金融产品创新的步伐，通过对客户需求的分析实现了个性化产品定制，基于对信息的深度挖掘，提高了金融产品的智能化程度。借助金融科技，特色小微信贷产品、场景保险等普惠金融产品得到了快速发展。

2.服务企业融资的新技术、新模式持续创新

区块链技术的"确权"和"增信"属性，将核心企业信用传递至末端供应链，能够实现产业链上数字资产的可移动、可保证、可追溯，降低基于产业链的企业的融资风险。大数据技术的应用已经开始从量化指标、扩展渠道等方面逐渐向流程自动化、业务标准化的智能化管理模式转变。通过外部数据整合和内部数字化升级，科创金融机构开发出了更多场景和下沉信贷服务的客户群体，全面提升了企业融资业务的风控能力、服务能力和盈利能力。

3.助力企业渡过难关，更好服务防疫工作

一方面，金融机构在疫情期间为生产企业提供定向信贷支持，确保这些企业生产能够获得资金扶持；另一方面，基于大数据+AI，通过多维度的大数据验证和综合分析、智能建模和精准分析，为受疫情影响的中小企业提供精准服务，帮助它们度过疫情，恢复正常经营。当然，目前金融科技在赋能科创金融服务企业信贷方面的应用还处在初级阶段，未来将不断演变进化，派生出更多的模式和应用场景。

1.2 科创金融相关理论

近年来，随着互联网科技、数字科技和智能科技等创新成果的广泛应用，金融对科技的需求是前所未有的，将金融和科技进行有机结合已经成为我国金融业的一个创新领域。金融和科技的结合具体表现为科创金融和金融科技两种形态，它们分别代表着完全不同的含义。金融科技是金融领域把科技当作工具手段，通过科技成果的运用来改变和创新金融发展的形态和业态，其实质是用科技改造金融，让金融变得更有效率、更富竞争力。科创金融则是金融对科技创新创业的全面渗透，通过资本市场和资本工具的运用，实施对创新活动的扶持，其实质是金融哺育、赋能科技，让科技企业和经济活动取得更大产出，使增长更具活力。

从总体上来看，科创金融在我国金融领域还处于探索阶段，有许多体制性的条件约束。党的十八大提出实施创新驱动发展战略，强调科技创新是提高社会生产力和综合国力的战略支撑，必须摆在国家发展全局的核心位置。新的发展战略模式需要金融领域作出一些突破性改变和制度性创新。在国家创新发展的整体布局中，科创金融实际是重大战略安排，是国家竞争力的重要支撑。从这个意义上讲，金融科技发展的最终方向和归属，不只是繁荣金融本身，重要的是通过金融效率的提升来更好地反哺实体、支持科技，从而推动国家创新战略的实现。在大国竞争时代，在中国加快疫情过后经济复苏的特殊背景下，"科技呼唤金融"的作用，远比"金融运用科技"来得更迫切、更深远。

1.2.1 科技企业生命周期理论

1.生命周期理论

企业成长有着不同的阶段特征和发展规律，为此，马森·海尔瑞的研究涉及生命周期理论，并以此为研究观点来研究企业问题，认为企业具备生命有机体的成长曲线和生长周期。已有学者依据不同的标准，将企业的成长与发展阶段划分为三到十个阶段不等。例如，史密斯将企业成长阶段划分为初创期、高成长期、成熟期；奎因和卡梅隆将企业成长阶段划分为创业阶段、整合阶段、正规化与控制阶段、结构精细化与适应阶段四个阶段；尼尔将企业成长阶段划分为创业、生存、成长、起飞、成熟五个阶段；艾德兹将企业成长阶段划分为三个阶段十个时期。虽然这些划分看起来很繁杂，但每一种都遵循企业生命周期的规律，划分的阶段都有其对应的特征。

2.科技企业发展周期理论

科技企业作为高成长、高风险、高收益特征的企业，其生命周期同一般的企业生命周期有共同规律，但也具备自己的特征。已有大量学者对科技企业的生命周期理论进行了研究，虽然划分标准不尽相同，但总体上可概括为三个阶段，即创业期、成长期、成熟蜕变期。创业期也称孵化期，其中又可细分为种子期和初创期。种子期主要是科技人员提出高新技术的设想，产生创业想法并通过进一步探索研究出可以开发的成果，到最后进行公司注册的阶段。初创期则是公司注册成立到取得收入的阶段。成长期则可细分为早期成长阶段和扩张阶段。早期成长阶段是高科技企业通过摸索奋斗，实现科研成果向工业化生产的转化，并开始盈利的阶段。扩张阶段是企业从盈利到扩大市场、提升科研能力的阶段。这一阶段往往需要大量资金的投入。成熟蜕变期是公司技术成熟、市场稳定的阶段，经过高速发展后科技企业的研发能力已经较为稳定，此时需要企业不断转型升级，完成从中小型企业向大型企业的蜕变，否则科技企业很可能走向衰退。

1.2.2 金融发展理论

金融发展理论是关于金融自身如何发展并作用于经济发展的理论。以约翰·格利和爱德华·肖、雷蒙德·戈德史密斯、罗纳德·麦金农等为代表的学者认为金融发展滞后和金融体系运行的低效是抑制经济发展的深层次原因，基于此，通过经济发展与金融发展的关系创立了金融发展理论。经过数十年的研究，金融发展理论已经涵盖多个方面，包括金融促进理论、金融深化理论、金融约束理论、金融结构理论和金融内生理论等。

1.金融促进理论

金融促进理论最早可以追溯至熊彼特关于金融创新的研究，认为经济发展的主要动力是金融机构的信用创造能力和资本创新能力。银行通过甄别向具备创新意识和能力的企业家提供融资而促进创新，突破了经济发展的常规循环，使得新的生产要素和生产条件能够被引入经济发展的体系之中，进而发挥了金融体系促进技术创新的功能。在熊彼特的理论基础上，Levine（1998）检验发现长期经济增长与股票市场发展具有强关联性。金融发展依赖技术创新且与技术相互促进，而技术创新又能正向助推金融不断进步和发展。

2.金融深化理论

1973年，爱德华·肖的《经济发展中的金融深化》和罗纳德·麦金农的《经济发展中的货币与资本》出版，均以发展中国家为研究对象，研究货币金融与经济发展的内在联系。书中提出的"金融抑制理论"和"金融深化理论"，多维度地论证了金融和经济发展之间的相互关系。他们认为金融体制与经济发展之间存在相互制约和相互推动的关系，在发展中国家，提高利率会促进投资，降低利率则会抑制投资。一方面，发展良好的经济能提高国民收入和完善经济活动主体，而金融服务需求增长又会刺激金融业的发展；另一方面，完善的金融体制能够有效地传导储蓄资金至生产性投资上，从而达到促进经济发展的目的。但是，发展中国家的经济发展和金融发展依然存在诸多矛盾，发展中国家想要解决矛盾，必须重视金融对经济的影响，发挥金融对经济的促进作用，放弃金融抑制而实行金融深化。

3.金融约束理论

1997年，赫尔曼、穆尔多克、斯蒂格利茨发表金融约束理论的代表著作——《金融约束：一个新的分析框架》，金融约束理论是对金融深化理论的补充和扩展，认为政府不应该完全放松对利率的管理，而应适当干预，这有助于金融深化和经济发展，即合理的金融约束是金融自由化的必经阶段。其中，适当干预包括贷款利率的控制、市场准入的限制等一系列的金融政策。金融约束的目的是调动金融、工业、居民等各个部门的投资、生产、储蓄积极性。其前提条件是发展中国家的通货膨胀率和实际利率都较为适当与稳定。

4.金融结构理论

金融结构理论对金融发展与经济增长关系的开创性研究始于20世纪60年代。最早由戈德史密斯在《金融结构与金融发展》一书中，创造性地提出金融发展就是金融结构的变化的理论。他认为，各国金融机构的差异能够反映其金融发展的水平，并提出影响金融发展水平和金融结构的主要因素是金融相关率、金融机构发行收入弹性、金融中介比率以及变异系数等。戈德史密斯通过对35个国家100年的资料研究和统计分析，发现金融相关率呈现增长的趋势，且这一趋势在达到一定比率之后会趋于稳定，发展中国家比发达国家要低。金融结构理论认为金融资产的构成也是衡量金融发展水平的重要指标，金融发展水平越高，金融机构持有的金融资产占总资产的比例就越高，同时银行持有的资产比重下降，而新生金融机构所占金融资产比重会增大。

5.金融内生理论

20世纪80年代，在金融深化改革过程中发展中国家暴露出一系列问题。20世纪90年代，卢卡斯提出内生经济增长理论，在他的研究中，金融因素是作为内生增长理论模型的重要变量，他研究了金融要素和金融体系是如何在经济发展过程中内生形成的，以及金融发展在经济增长中的效用机制。其中，卢卡斯认为知识是促进经济增长的主要内生变量，而罗默对资本的定义也佐证出知识变量的重要性。在内生增长理论中，金融要素能够通过提高技术创新来促进经济增长。而进一步扩展内生增长理论，金融发展理论的研究对象不再局限于发达国家，对正处于经济发展中的发展中国家或地区也形成了更为普遍的一般金融发展理论。

1.2.3　内生经济增长理论

20世纪80年代中期，内生经济增长理论被提出，它从新的角度出发，在研究经济长期持续增长现象时，认为经济增长是由技术进步、资金、劳动力等内力所决定的，外力对经济持续增长现象的影响不大，无法决定经济持续增长。内生经济增长理论认为，科学技术的发展进步、劳动力的提高、资本的增多带动了收益率增长，从而促进经济持续增长，这一过程是由内生因素决定的。内生经济增长理论中提出的内生增长模型并非只有一个条件，它包含两个不同的模型，即垄断竞争条件和完全竞争条件下的内生增长模型。其中，垄断竞争条件的内生增长模型，如罗默提出的知识溢出模型；完全竞争条件下的内生增长模型，如卢卡斯的人力资本溢出模型。

罗默提出的知识溢出模型，是以垄断竞争为前提假设的。他认为在当下经济发展过程中，创新企业和科研实验对经济具有促进作用，而垄断力量推动企业发展和试验进步，并且研究与开发（R&D）存在排他性。在此模型中，罗默认为创业创新、试验以及人力资本对经济增长的促进作用具有积极意义，企业的发展离不开创新技术的进步，企业创新推动企业进步，这一过程离不开企业加大资金和人力投入，推动科技试验发展，促进经济发展。罗默所提出的知识溢出模型是从内生因素角度出发的，在研究内生因素对经济增长的影响后，发现知识在推动经济时存在一种外部现象：知识产生—知识积累—传播知识。根据这一发现，罗默建立了内生增长模型，即两时期知识溢出模型和两部门知识溢出模型，这两种模型分别从知识方面和人力方面研究对经济增长的影响，认为知识进步影响企业推动经济长期发展，人力资源则是影响经济增长的主要原因。根据结论，罗默认为，为了保证经济长期稳定发展，需要企业增加资本投入，推动科研试验，提高知识转化效率。除了知识的溢出效应，罗默发现资本的投资与储蓄对科技创新存在正向影响，通过研究投资与储蓄间的转化率发现转化率数值会影响科技创新效率。当储蓄转化为投资的比率提高时，科技创新效率会随之增高；当科技创新效率提高时，储蓄转化为投资的比率也会变大，储蓄与投资的转化率体现了金融体系的发展程度。因此，转化率和科技创新效率体现了科技和金融之间的联系。

卢卡斯在研究内生经济增长理论时是以完全竞争为前提条件提出了人力资本溢出模型，他认为人力资本并不只是简单的劳动力支持，属于一种投资过程，人力资本在经过培训和教育后，提高自身技能，即生产者将自身时间分为生产工作时间和技能提升时间。除此之外，人力资本溢出模型可以分为两个不同模型，两资本模型和两商品模型。其中，两资本模型重点从劳动者的学校、教育机构等方面出发，研究人力资本如何影响经济增长；两商品模型则是从劳动者的生产出发，研究的内容全部为生产活动时间。

1.3 科创金融在国内外的发展

1.3.1 国内部分省市科创金融的发展

国内科创金融的实践，主要集中于北京市、上海市、广东省、江苏省、浙江省等经济发展较为活跃、科技产业较为聚集的区域。

1. 北京市

（1）设立科创金融专项资金

北京市科委联合相关担保机构成立专项科技资金，为银行、担保机构提供一定的补助和风险补偿，充分发挥信用担保、信用评价在资金使用过程中的功能，助推区域科技创新发展；政府提供大量资金设立专项支持生物医药、电子信息等高科技产业加速成长，进一步加快推动高科技产业的创新发展；创新设立北京市贷款服务中心，集首贷、续贷、确权融资等功能为一体，形成全方位金融服务新格局。

（2）创新科创金融产品

立足科技型企业成长特点和实际需求，北京银行业金融机构加大信用贷款投放力度，推出专利、核心技术等无形资产担保方式，形成了服务国家战略新兴行业、北京市高精尖产业、政府重点支持行业以及新技术、新产业、新业态、新模式的科技信贷产品体系，基本覆盖科技型企业全生命周期。截至2021年12月，北京银行业金融机构累计向1万余家国家高新技术企业、中关村高新技术企业提供融资服务，支持一大批科技型中小企业发展成为专精特新、隐形冠军和独角兽企业，对电子信息、生物与新医药、航空航天、新材料、新能源等国家重点支持的高新技术领域投放贷款达4 900亿元，占北京地区全部科技型企业贷款余额的81.33%。

（3）深化科技保险试点

科技保险具有风险转移和风险分散的功能，是金融创新和科技创新结合体系的重要组成部分，不仅可以减少金融机构的风险损失，而且可以实现对科技型企业自主创新过程中的风险分摊。北京保险业积极加入科技保险试点，先后推出高新技术企业财产保险、关键研发设备保险、营业中断保险、产品责任保险以及高管人员和关键研发人员团体健康保险等十几种保险产品，基本涵盖了科技型企业在研发、生产、销售及其他经营管理活动中面临的财产损失、人身伤害、研发中断以及民事赔偿责任等各类风险。从2020年试点开展以来，已累计为23家"冠军企业"的300件专利、131家硬科技中小微企业的1 335件专利、189家十大类高精尖小微企业的1 731件专利，提供风险保障33.3亿元。投保企业覆盖了北京市高精尖产业中的九大类，有力地支持了高精尖产业及硬科技中小微企业创新发展。

2022年9月，为深入贯彻党中央、国务院、银保监会关于完善金融支持创新体系、开展中关村新一轮先行先试的决策部署，落实北京市关于建设国际科技创新中心的战略目标，北京银保监局、市科委、中关村管委会、市金融监管局、市经济和信息化局、市知识产权局共同发布了《关于北京保险业支持科技创新和高精尖产业高质量发展的通知》（京银保监发〔2022〕310号）。其中，从聚焦保险服务科技创新重点领域、提升科技保险服务能力、加强组织保障等方面提出了14项工作要求，引导保险业进一步发挥服务科技创新和支持现代产业体系建设的积极作用。

2.上海市

（1）构建"1+4+1"的科技金融服务体系

2010年，上海市被列为国家首批科技金融试点城市，科技与金融相互促进和融合，为上海科技创新事业发展注入了强大动力。经过十多年的发展，上海已逐步探索并形成了"1+4+1"的科技金融工作机制，基本构建了比较完整的科创金融政策与服务体系，初步建立了上海科技金融生态圈。其中，"1+4+1"分别指：一个保障机制；四项试点内容，即科技信贷、股权投资、资本市场、科技保险；一个服务平台。上海科技金融之"1+4+1"服务体系如图1-2所示。

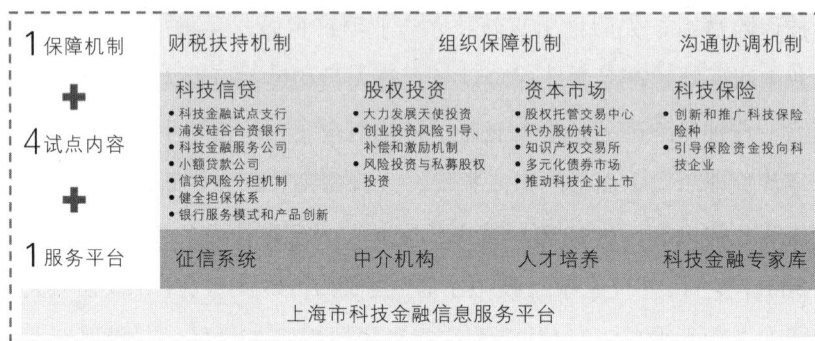

图1-2　上海科技金融的"1+4+1"服务体系

（2）构建"3+X"科技信贷体系

上海市积极探索和推出符合科技型中小企业特点的创新金融产品，形成了"3+X"的上海科技信贷体系。"3"即信用贷、履约保、微贷通；"X"即根据企业的特殊需要设计个性化的金融产品（如信保贷、租赁贷、信用互助、投保贷、集合票据等）。十多年来，上海市通过创新"3+X"科技信贷体系，满足不同发展阶段科技型企业的融资需求，累计为8 000余家科技型中小企业提供金融服务，授信金额达2 162亿元。

（3）加快构建多层次资本市场

上海市通过不断推动科技企业改制等方式，培育更多的细分领域高新技术企业、独角兽企业和隐形冠军企业，推进其在多层次资本市场中上市融资。尤其是科创板的成功推出，有利于上海市建立以"科创板"为引领的科创金融体系，推进科技成果转移转化和优秀科技企业的上市融资。

3.广东省

（1）设立科技金融专项资金

从2014年起，广东省科技厅设立"产业技术创新与科技金融结合"专项资金，重点用于扩大科技信贷和风险投资规模、科技保险补贴、科技金融服务体系建设，引导带动社会资本参与科技创新、支持自主创新成果转化。

（2）建立两大服务平台

第一个平台是依托广东省生产力促进中心建设全省科技金融综合服务网络平台，负责解决企业迫切需要融资和金融机构找项目的信息不对称问题，是科技型企业融资对接中的"最后一公里"。同时，围绕该省级平台在全省建立了31个科技金融服务分中心，各分中心形成了各自的建设特色，有力地支持了当地的科技型中小企业发展。第二个平台是依托广东省粤科金融集团建设全省政策性科技金融平台。粤科金融集团目前注册资本106亿元，总资产351亿元，净资产211亿元，管理政府引导基金12只、投资基金50只，基金总规模超500亿元，累计为2 000多家科技企业提供投融资服务。

（3）构建三大服务体系

第一个体系为科技信贷体系，全省21个地市均通过财政设立风险补偿金池或贷款贴息等方式，鼓励银行扩大科技信贷，全省资金池规模超过60亿元。截至2021年12月31日，资金池共为6 550家企业提供贷款授信达698亿元，累积发放贷款金额达504亿元。第二个体系为科技风险投资体系，整合本省科技创新基金、创业引导基金、新媒体产业基金，成立总规模为71亿元的广东省创新创业基金。目前已设立33只基金，有效推动广东省创新创业基金实现财政资金放大4.6倍，累计吸引社会资本259亿元，对外投资项目（含子基金）232个。第三个体系为多层次资本市场服务体系，2017年颁布的《广东省促进科技企业挂牌上市专项行动方案》，针对不同阶段的科技企业，开展上市培育辅导，完善科技金融外部环境和激励措施，组织推动省内科技企业在不同层级资本市场间挂牌、转板、上市、交易、融资。

1.3.2 国外科创金融的发展

国外对科创金融的研究，主要表现在科技金融上，实践多于理论，经历了几十年的发展，模式已经相对成熟，欧美国家基本上建立了比较完整的资金支持体系。比如，美国凭借雄厚的资本市场，政府实施了一系列鼓励科技创新的政策。除此之外，美国的商业银行在信贷上也对科技企业给予了很大的支持，设立了多层次资本市场，并且建立了比较完善的信用担保体系。风险投资基金是美国科技企业主要的融资方式，美国鼓励自主筹资。再如，德国采取以银行为主导的科技金融模式，采用全能银行制，辅之多样化的政策性金融体系和完善的信用担保体系。

从西方发达国家的经验来看，科技和金融的结合促进了经济的腾飞。世界历次工业革命都始于科技，成于金融。国外科技金融的创新探索大致分为三大类型：一是针对宏观层面国家主导型的科技金融体系，以新加坡、韩国等经济蛙跳式发展的国家为代表，这一科技金融体系以国家政策主导为主要推动力；二是中观层面资源整合型的科技金融发展资源，科研教育资源发达，产业体系完备，唯独缺少的就是资源的有效整合，实现科技金融集聚并形成科技金融中心；三是微观市场化自发形成的科技金融体系，以美国硅谷为代表，这些地区是市场化自发形成的，在没有特殊政策支持的情况下，逐步在科技创新和金融支持两端形成规模，并持续保持竞争优势，成为科技金融中心。

1.新加坡

作为"亚洲四小龙"之一的新加坡，在发展科技金融体系过程中采取极其鲜明的政府引导和扶持举措，意图通过政策引导建立国家创新体系。新加坡制定了体系化的创新政策，通过刺激研发和技术商业化，为高科技企业初创和发展提供支持，以实现科技转化、产业起飞和经济蛙跳式发展。

尽管新加坡国土面积不大，但它是亚洲地区科技金融和高科技产业的集聚地。新加坡将发展科学技术创新能力作为自身经济发展战略的一部分，不断调整产业结构，形成了由政府主导的科技创新体系和创新驱动经济。新加坡在科技金融体系的构建上主要做了三件事：

一是发展创业型大学。学习美国麻省理工学院、哈佛大学、加州理工大学和加州大学伯克利分校的经验，营造商业环境，鼓励大学生自主创业。新加坡国立大学、南洋理工大学、新加坡管理大学，都建立了自主创新中心和产业联络办公室，帮助大学生有效获取金融资源。

二是大力发展风险资本融资和公共融资项目。为了追赶西方国家的科技水平，新加坡建立公共融资项目，资助具有重要战略价值的科技研发创新项目，同时政府参股出资建立风险投资基金，大力推行风险资本融资，促进科技创新项目的推广和发展。比如，新加坡绝大多数风险投资基金都有新加坡国家主权基金淡马锡参股的身影，还有很多基金是由政府或者与政府相关联的公司直接管理。

三是建立健全有效的资本市场。新加坡股票交易所成立了附属的高科交易所，积极引入金融创新，专注于中小企业融资，尤其是处于起步阶段的高科技企业融资，极大地促进了高科技产业的发展。

2.美国波士顿

美国一直以来都处在科技创新和技术竞争的世界领导者地位，并通过技术创新商业化和科技金融项目带动经济增长。美国政府早期就意识到科技型中小企业在经济发展中极其重要，并对这些中小企业采取了相应的措施进行保护和扶持，在立法上制定了一系列法律，在科技创新项目上提供低利息的长期贷款及资金支持。

美国的科研投入并非一直是政府基金投入为主，而是日益倚重市场化的商业资金投入。自20世纪60年代政府资助科技研发的高潮之后，政府资金主导的科技创新逐步退居幕后，从高潮期占国内生产总值（GDP）的1.85%滑落到2013年的不到0.7%；相比之下，商业资金资助的科技创新稳步提升，从1953年占国内生产总值的0.6%稳步提高到1.7%。

但与美国硅谷自发形成的模式不同，美国波士顿沿线128号高科技中心具有鲜明的资源整合特征。由于比硅谷起步晚了40年，美国波士顿沿线128号错过了美国第一次产业浪潮。波士顿地区拥有丰富的科技教育资源，而较为发达的金融体系也成为波士顿地区及时赶上科技发展浪潮的有利因素，通过整合马萨诸塞州在波士顿地区的科技、教育、研发和金融资源，以产业孵化器的形式，培育了一系列优势产业和明星高科技公司，如莲花软件公司、王安电脑公司、通用数据公司等。同时，波士顿经济发展部门积极整合马萨诸塞州丰富的医药资源，培育高科技生物公司、医药设备公司等；依托波士顿大学光电子产业中心发展光电子产业；借助高科技产业的发展壮大风险投资产业，如格瑞洛克公司。通过这一系列的资源整合，波士顿地区成为全美最富活力的高科技产业集群中心。

3.美国硅谷

美国以直接融资和间接融资相结合的形式，为硅谷的科技型中小企业提供了多层次的资金支持，并形成了完善的科技金融政策体系，在强劲的人才吸引模式、独特的风险投资模式、开放的社会文化、强劲的政府支持、完善的中介服务体系、成熟的知识产权保护制度的共同作用下，将硅谷的科技金融产业打造成一种独特的生态环境。

美国硅谷科技产业集群发展的历程，基本就是美国科技创新体系构建的历程，也是美国科技实力突飞猛进的历程。以斯坦福大学为孕育硅谷自发式科技创新发展的母体，结合在其周边的电气工程产学合作研究，产生了一系列如雷贯耳的高科技产业公司，如柯达、通用电气、惠普等。

20世纪50年代后期，贝尔实验室、加利福尼亚硅半导体芯片产业的兴起引发了美国以集成电路为核心的第二次产业浪潮，硅谷半导体产业正式成为硅谷的核心产业，引领世界电子产业发展的趋势。同时，一系列的创新型大学，如圣何塞州立大学、圣塔克拉拉大学逐步兴起和发展，进一步助推了高科技产业发展的商业化进程，英特尔、微软、甲骨文等由此起步，逐步成长为世界级的高科技产业公司。

进入20世纪60年代后，施乐公司的帕洛阿尔托电子产业研究中心开发出了第一台真正意义上的电脑，硅谷再次引领世界，进入了以个人电脑为核心的第三次产业浪潮。尽管施乐公司的电脑在商业化推广上比不上苹果公司，但因此推动了一大批电脑公司的产生和发展，如思科公司等。之后，硅谷再次引领了第四次互联网产业浪潮，以及信息与通信技术产业浪潮。

1983年硅谷银行成立，硅谷银行的成立推动了美国科技金融发展。硅谷银行是一家随着美国高科技产业的发展而发展起来的银行，是美国SVB金融旗下以提供专业科技金融为目的的子公司。硅谷银行提出了独特的经营理念，并将经营理念都落实到运行机制中，创新出具有实用性的客户群、业务实行流程及产品服务、风险控制等方面的运营模式。

从国外宏观、中观、微观三个层面的科技金融发展模式，可以总结出以下发展经验：

一是重视科技金融系统化和体系化对科技创新的促进作用。无论是新加坡的宏观层面模式、美国波士顿的中观层面模式，还是美国硅谷这种微观层面模式，都特别注重金融体系对科技创新的系统化推动作用，要求政策、措施、项目配合形成合力。从这点来看，它们都是科技金融系统化和体系化思路的具体运用。

二是重视解决金融在支持科技创新中容易出现的市场失败问题。国外科技金融之所以能够在促进科技创新中取得成功，是因为在当地环境下，有效解决了科技创新中的市场失败问题。

三是注重科技创新商业化在不同阶段呈现出的不同科技金融需求。国外完备的科技金融体系具备的优势就是因势利导、因需而变，能够针对不同科技创新在商业化中的不同特性、不同阶段，提供个性化、针对性强的金融服务。针对不同的金融企业构建不同的融资服务主体。

4. 日本

自20世纪80年代开始，日本在"自主创新"的过程中，不断对企业的科技创新和科技进步实施了较强的行政干预，从而形成了支持科技创新的金融服务体系。此外，日本的商业银行体系、信用担保体系等在促进科技与金融相结合的过程中起到了至关重要的作用。

（1）政策金融服务体系

政策金融体系是日本政府意志的体现，是合理配置资源的主体。日本政府在其主导的经济体制中，针对不同的领域、目标，糅合了两家政策性银行和六家金融公司，形成了多层次的政策金融服务体系。同时，政策金融服务体系规模化的资金来源使其保持着低成本的优势。日本政府采取行政干预手段，逐步完善了市场经济的法律制度，以此来规范政府自身行为和政策金融服务，以上使得该体系在金融体系中有着重要的作用和地位。

（2）日本政府依托"主银行制度"为科技创新发展提供信贷支持

日本特殊的经济和社会环境所形成的"主银行制度"，对科技的发展有不可替代的作用。日本政府长期保持的低利率以及超额的货币供给，导致利率、价格等机制调节功能较弱，货币调节等传统手段较弱。日本政府推行的以"主银行制度"为主导的企业融资模式与国家创新的战略制度形成高度融合，从资金层面上直接推动了国内的创新效率。"主银行制度"的融资模式的成功施行，不仅对科技创新、研发过程提供了长期资金供给，也通过银行与企业之间的长期合作关系，建立起了银行、金融市场对企业的有效监管，从而克服了在为科技企业贷款时信息不对称的问题。科技型企业需要依靠银行的融资支持，企业向银行借款占据其全部资金来源的很大比例。银行业对企业提供的贷款则有力地推动了日本科技进步。

（3）风险投资对科技创新发展提供支持

日本最早的风险投资始于20世纪60年代后期。日本的风险投资经历了五十年的发展，现已逐步形成完善的风险投资体系。同时，日本政府通过一系列的法律、法规等政策，为风险投资的发展提供了法律保障。1995年，日本通过中小企业事业团建立了总额超过500亿日元的创业风险投资基金；1997年，日本制定了《天使投资税制》，拓宽了风险投资的来源；1998年，日本出台了《投资事业有限责任组合法》，在全国开始设立"中小企业创业支援中心"，为创业投资的中小型企业提供专业的经营管理服务和相应的专业咨询等；2005年，日本出台《关于促进中小企业的新事业活动》，引导风险投资资金流向高新技术产业。

（4）中小企业信用担保体系

20世纪50年代，日本政府就开始着手建立中小企业信用担保体系，分别出台了《中小企业信用保险法》《信用保证协会法》，设立了信用保证协会，为中小企业提供融资担保服务。1999年，日本政府设立了"中小企业综合事业团"。2000年，日本政府采取"特别公司债保险"等一系列措施，丰富了中小企业信用担保体系中的资金来源。

（5）全面的资本市场体系

基于"主银行制度"的支配地位，日本证券市场的发展极为缓慢。20世纪80年代初期，日本政府放松金融管制，日本的资本市场体系才得以快速发展，直接融资来源在企业中的占比才逐步提高。1998年，日本模仿纳斯达克，建立了"JASDAQ"市场，主要面向高科技中小企业融资服务。2004年，日本的"JASDAQ"市场正式转为证券交易所。1999年，日本先后设立了"高增长新兴股票市场"和"Q板"市场等。日本的全面资本市场体系在为不同阶段的科技型中小企业提供资金来源的同时，也为风险投资的退出提供渠道。数据显示，日本资本市场体系的发达程度已位列全球第三，其股票、债券、外汇、金融衍生品等市场，组成了日本全面的资本市场体系。

5.以色列

受政府支持的高科技产业是以色列经济发展中的一大特色和亮点。由于历史原因，直到20世纪60年代，以色列才出现第一家高科技企业。进入20世纪70年代，以色列政府开始认识到发展高科技的重要性，开始推出支持高科技产业发展的计划。20世纪90年代以来，以色列中小企业得以迅速发展，目前已占全国企业总数的98%，而且大多数是高新科技企业。与日本一样，以色列采取的是金融中介主导的金融体系，但由于以色列政府坚信政府能够比市场更有效地配置资源，因此曾一度过度干预和管制金融系统，直到1985年实行经济改革，确立了银行相对独立的地位，调整了汇率和利率，才使得以色列的资本市场重新恢复了活力。但相比其他国家，以色列的金融系统仍然不发达。

（1）政府推动扶持政策，重视强化企业孵化过程

以色列政府于1994年成立了以色列小企业局（ISEA），2000年4月其改名为以色列中小企业局（ISMEA），并形成由ISMEA和地方小企业发展中心组成的中小企业管理和服务体系。这些机构主要提供信息资讯、教育培训、协助融资、商业网络搭建等方面的服务。目前，以色列经济的特点是高科技产业占较大比重。在以色列的中小企业扶持政策中，最具特色的是高科技中小企业孵化器。以色列确立了政府直接参与企业孵化全过程的做法。在孵化的初始阶段，企业的股权分配为：创业者持有50%、公司其他人员持有10%、政府以外的出资人持有20%，而政府的孵化器企业可持有20%。

（2）以色列风险投资市场建设

以色列的金融体系相比于其他国家来说很不发达，但以色列的风险投资市场成就卓著，对推动以色列高科技产业和经济发展起到了非常大的作用。以色列大量的科技型企业由于缺乏风险基金的支持，很多企业最终没有在市场上获得成功。以色列政府于1993年出资1亿美元启动了YOZMA计划，设立了9个风险投资基金，这9个基金的投资结构都是混合型的，每个基金都有私人投资。YOZMA计划的特点在于：一是没有提供损失保证补偿，由私人投资者和基金的管理者共担风险；二是保证了风险投资向前发展的激励政策，YOZMA计划在取得投资回报前允许私人投资者实现购买选择权；三是没有单独作出投资的决定权，在基金运作的过程中，投资项目的选择是由基金管理者和其他受激励的投资者共同作出的。

（3）信用担保和信贷市场建设

自1985年起，以色列政府对银行体系、资本视察功能、外汇市场进行了一系列改革。以色列政府大规模地对银行进行私有化，加强银行间的竞争，同时将准备金率降至5%~8%，符合实际需要的水平，中央银行也放开了对利率和银行收费的管制，使得以色列银行重新恢复了活力。

（4）特有的资本市场模式

以色列的资本市场并不发达，只有特拉维夫证券交易市场，目前在特拉维夫上市的公司有600多家。同时，以色列并没有创业板市场，因此以色列大部分公司将上市目标定位在美国或欧洲。截至2012年11月底，60家以色列创业公司在美国纳斯达克上市，约30家以色列创业公司在欧洲市场上市交易。就非美国公司在纳斯达克上市数量而言，以色列的上市公司数量始终位于前列。

科技是第一生产力，每一次科技的发展都离不开金融的支持。当前科技创新已成为中国发展的时代主题，如何更好地推动科技创新同样也是我国金融市场和金融机构努力发展的方向。科技企业是技术创新的主体,是经济发展中崭新的活力源泉,也是市场经济的核心力量,在提高国家科技创新能力中发挥重要作用。改进科技型企业的金融服务,引导金融资源向科创领域集聚,是金融供给侧结构性改革的重要方面,对于实施创新驱动发展战略、推动经济高质量发展具有重要意义。

1.3.3　国外发展科创金融的经验

1.科技型企业融入全球创新体系

面向未来发展和国际市场竞争,在符合国际规则和通行惯例的前提下,支持通过共建海外创新中心、海外创业基地和国际合作园区等方式,加强与国际创新产业高地联动发展,加快引进集聚国际高端创新资源,深度融合国际产业链、供应链、价值链。服务园区内企业"走出去",参与国际标准和规则制定,拓展新兴市场。鼓励科技型企业开展多种形式的国际合作,支持国家高新区与"一带一路"沿线国家开展人才交流、技术交流和跨境协作。

2.充分利用国内外两个市场资源

在"双循环"新发展格局背景下,科技金融的发展必须更加充分地利用好国内、国际两个市场和国内、国外两种资源,坚持高质量"请进来"的同时,必须实现高水平"走出去""引回来"。通过统筹运用国内外两个市场、两种资源,帮助和促进国内科技型企业融入全球资金链、价值链、产业链,实现国内国际双循环。

3.支持风险投资资本发展

针对科技创新型中小企业的风险资本,鼓励创新和创业精神,提高创新效率。纵观高新技术产业的发展历程,利用风险资本实现技术和资本融合,是推动技术创新、实现高新技术企业快速发展的捷径。2021年以硅谷为核心的旧金山地区风险投资在950亿美元左右,占全美国的36%。活跃的风险投资行业是以色列特拉维夫新型高科技产业取得成功的重要助推器和催化剂,目前以色列已经吸引了全球近35%的风险资本。我国也应借鉴国外经验,将发达的风险投资资本视为科技创新型企业成长的重要动力。

4.健全多层次的资本市场服务体系

硅谷的成功离不开纽约证券交易所和纳斯达克交易所的支持，以色列特拉维夫的经济发展也与以色列本土证券交易所和美国证券市场息息相关。因此，国家要发展多层次的资本市场，包括主板、创业板、新三板和区域性股权市场，服务于实体经济和供给侧结构性改革，支持创新创业。资本市场应该在科创中心上发挥资金融通、资源配置、并购重组等方面的作用。健全适应创新创业的多层次资本市场体系，提供全面系统的投融资服务，加快构建多层次资本市场体系，推动产品创新、服务创新和业务创新，服务和完善市场功能体系，有效支撑创新驱动发展战略。

1.4 江苏省科创金融的发展

1.4.1 金融与科技创新发展

"十三五"时期，江苏省奋力推动金融高质量发展走在前列，金融发展总量稳居第一方阵，金融改革创新迈上新的台阶，金融风险重置取得重要成果，江苏由金融大省量的积累向金融强省质的飞跃变化，为开始全面建设社会主义现代化奠定了坚实基础。

金融综合实力显著增强。"十三五"时期，全省金融业增加值年均增长9.11%，2020年金融业增加值占第三产业增加值和地区生产总值比重分别达到15.58%和8.18%，较2015年分别提高了0.11个百分点和0.74个百分点。2020年年末，地方法人金融资产总量达8.5万亿元，较2015年年末增长68.65%。金融组织体系日渐完善，共有法人银行143家、法人非银行金融机构25家、法人证券公司6家、法人期货公司9家、法人保险公司5家，各类地方金融组织超过1 600家。

金融支撑能力明显提升。2020年年末，全省银行业金融机构本外币存款余额和贷款余额分别为17.8万亿元和15.66万亿元，分别位居全国第三、第二，分别是2015年年末的1.57倍和1.93倍。"十三五"时期新增境内上市公司218家，首发融资额超1 500亿元；非金融企业发行债券规模剔除央企后连续九年位居全国第一。"十三五"时期保费收入累计达 1.72 万亿元，赔款和给付累计近 5 000 亿元，分别是"十二五"时期的 2.26 倍和 1.92 倍。政府性融资担保机构实现江苏省内覆盖，2020年新增融资担保业务 3 185 亿元，其中小微、"三农"业务占比达 63%。

金融改革创新成效突出。泰州市建设金融支持产业转型升级改革创新试验区的经验向全国复制推广；昆山市金融支持深化两岸产业合作改革创新试验区获批落地；苏州市开展央行数字人民币试点和金融科技创新监管试点，获批建设全国首个小微企业数字征信实验区。贸易外汇收支便利化水平不断提升，"十三五"时期累计为企业办理便利化收支业务 244.66 亿美元，2020 年实现贸易新业态，外汇收支 123 亿美元，办理跨国公司新型国际贸易收支业务 65.89 亿美元。跨境人民币创新试点取得良好效益，率先开展跨境人民币结算便利化试点并推广至全国。

2022 年，江苏省坚持稳中求进的工作总基调，扎实做好"六稳""六保"工作，有效应对复杂多变的外部环境和各项风险挑战，金融信贷规模、证券市场和保险业均呈现增长态势，投资结构持续优化，科技创新能力不断增强。

金融信贷规模不断扩大。2022 年年末全省金融机构人民币存款余额 212 372.3 亿元，比 2021 年年末增长 12.11%，比年初增加 22 939.2 亿元。证券市场快速发展，2022 年全省境内上市公司 637 家。江苏省企业境内 A 股上市公司 636 家，总市值为 65 061.15 亿元。保险业稳定增长，2022 年保费收入为 4 317.7 亿元，比 2021 年增长 6.58%。从分类型来看，财产险收入为 1 124.4 亿元，增长 12.19%；人身险收入为 3 193.3 亿元，增长 4.73%。

投资结构持续优化。全年高技术产业投资比 2021 年增长 9.2%，增速高于全部投资 5.4 个百分点，拉动全部投资增长 1.7 个百分点。在主要行业中，医疗仪器设备及仪器仪表制造、电子及通信设备制造、科技成果转化服务等行业投资增长较快，分别增长 13.4%、13.1%、26.4%。制造业投资增长 8.8%，增速高于全部投资 5 个百分点。

科技创新能力不断增强。2022 年，全省专利授权量 56 万件，比 2021 年增长 12.6%。其中，发明专利授权量 8.9 万件，增长 29.7%；

2022年年末，全省万人发明专利拥有量50.4万件，增长22.4%。2022年，认定国家高新技术企业超过1.79万家，国家级企业研发机构达163家，位居全国前列。全省已建国家级高新技术特色产业基地172个。全社会研究与试验发展活动经费支出占地区生产总值的比重达3%左右。截至2022年3月，江苏省在主板、创业板、科创板、北交所上市的公司合计590家。其中，"专精特新"企业66家。在科技创新"新赛道"的科创板中，江苏省同样处于领先地位。截至2022年3月，江苏省在科创板上市的公司合计76家。其中，2019年上市12家；2020年上市30家；2021年上市29家；2022年上市5家，数量和质量均呈现稳定增长的趋势。

2021年6月7日，江苏银保监局出台了《关于开展银行业保险业服务新发展格局"四保障六提升"行动的意见》（苏银保监发〔2021〕20号），指出要着力提升对小微企业、乡村振兴、民营企业、制造业、科技创新与绿色发展等金融服务的质效。2021年8月31日，江苏省政府办公厅印发的《江苏省"十四五"金融发展规划》（苏政办发〔2021〕34号）中提到，经济是肌体，金融是血脉，两者共生共荣。在推动江苏金融高质量发展的过程中，落实服务实体经济、深化金融改革、防控金融风险三大任务，是加快建设现代化经济体系、率先实现社会主义现代化的重要支撑和保障。2022年6月3日，江苏省政府办公厅印发《关于充分发挥融资担保体系作用更大力度支持小微企业和"三农"发展的通知》（苏政办发〔2022〕41号），要求有效发挥融资担保体系增信分险的功能和作用，切实增强融资担保机构服务实体经济的能力和水平以帮助小微企业纾困解难。2022年7月16日，江苏省政府办公厅印发《江苏省加强信用信息共享应用促进中小微企业融资若干措施》（苏政办发〔2022〕59号），旨在有效破解银企信息不对称，提升金融机构、地方金融组织服务中小微企业融资效率，推动中小微企业融资可得性、便利度明显提高，信用贷款持续提升。

根据科技型企业金融需求的特点，针对处于不同生命周期阶段的科技型企业提供差异化的金融支持方案，在江苏省构建多元立体的科技创新金融支撑体系，打通创新链条的各个环节，营造良好的创新生态环境，从而有效解决科创金融市场结构不合理、供求错配和供给不足的问题。全面高效的科技创新金融支撑体系，有助于满足科技型企业的资金需求，解决科技型企业的融资难题，促进江苏省科技型企业的高质量发展。

1.4.2　科技型企业融资发展

近年来，江苏省不断完善配套机制，不断引领金融资本投向新兴产业，在科创金融发展上取得了卓越的成绩，并且正在逐渐形成具有江苏特色的科创金融产品服务体系，为我国科创金融产业的发展添砖加瓦。

1.在结构方面，以银行信贷为主，直融渠道不断拓展

银行信贷在全渠道融资中占据绝对比例，发挥着科技型企业融资主渠道作用。同时，积极支持符合条件的科技型企业通过债券市场获得直接融资，或利用主板、创业板、新三板等实现IPO上市融资及上市企业增发配股获得再融资。2019年和2020年，科技企业发行债券规模均实现倍速增长，上市融资增速分别达到31.14%和51.74%，高于银行信贷增速25.46个百分点和40.67个百分点，科技型企业融资渠道不断拓宽。

2.在期限方面，贷款仍以短期贷款为主，但呈现延长趋势

调研数据显示，2019年、2020年和2021年一季度科技型企业银行信贷平均期限分别为12.37个月、12.84个月和13.11个月，可见贷款期限主要以短期为主。同时，积极引导银行机构加大对科技型企业的中长期信贷投放，支持企业研发、技改和产业升级，贷款期限呈逐渐延长态势。

3.在利率方面，贷款成本呈现下降趋势

银行业不断深化贷款市场报价利率改革，积极引导金融机构将LPR充分运用到内部转移定价和贷款定价机制中，将LPR改革红利充分传导至实体企业，降低实体经济融资成本。2020年江苏科技型企业贷款加权平均利率为4.48%，较2019年下降0.43个百分点，2021年一季度

贷款加权平均利率为4.36%，较2020年下降了0.12个百分点。

4.在金融服务创新方面，知识产权融资规模显著增长

江苏省把知识产权金融作为支持科技型企业的重要抓手，大力推动知识产权质押融资，2020年全省知识产权质押融资金额152.72亿元，同比增长72.37%；质押融资项目数1 799个，同比增长60.91%。2021年一季度全省知识产权质押融资金额26.36亿元，同比增长39.47%；质押融资项目数398个，同比增长5.8%。

同时，融资供给与需求之间仍有较大缺口，省内科技型企业以高科技领域的中小微企业为主，大多具有"四高一轻"（即高技术、高成长、高风险、高收益和轻资产）的特征，一直面临融资难的问题。《2020中国科创企业展望报告》的调查数据显示，中国科创企业的融资环境严峻程度变大，2019年成功融资的比例偏低（32%），失败率却较高（16%），获得银行贷款的占比仅为18%，低于美国、加拿大等国同期水平。科创企业预计下一笔融资贷款的来源主要是战略投资者（22%），而来自银行贷款的占比预计仅为3%。目前，省内科技型企业面临的融资难题主要归于以下原因：

（1）缺乏社会层面的大力扶持

对科技型企业来说，在当前激烈竞争的市场环境下，要想得到进一步的发展，需要政策层面上的大力支持。目前，我国对这些企业的支持，主要表现为对企业进行直接投资、税收优惠和财政补贴。近几年，我国深刻认识到科技创新对社会经济发展的重要意义，逐年增加了在这方面的投资。但是客观地讲，相较于发达国家，我国对科技型企业的财政支出和投资总量较少。另外，从当前政策实施的情况来看，我国科研资金的投入主要集中在国家科研机构以及一些高校，对科技型中小企业的投资十分有限。虽然针对这些科技型企业出台了一些扶持政策，但是很多政策都不能有针对性地解决企业发展过程中所面临的具体问题。总体而言，扶持力度非常有限。

（2）企业融资渠道过于狭窄

较常见的企业融资渠道有两种，即内源融资和外源融资。内源融资主要基于企业充足的盈利。外源融资主要是吸收其他经济主体的资金，如银行贷款、风险投资、产权质押、支持基金等。当前，我国科技型企业的资金主要来源于投资者，但这些资金的数量十分有限。我国大多数科技型企业都处于创业阶段，产品优势、销售渠道都还没有成熟，盈利能力非常有限，基于对融资成本的考虑，企业更多地应用内源融资形式。随着科技型企业的发展，内源融资难以满足企业科研的资金需求，一些企业开始转向外源融资，但是这些企业大都缺乏信用评级，难以通过股票市场发行债券融资，这就使得企业面临融资困境。外源融资由于门槛较高、融资比重太小，导致大部分科技型企业融资渠道狭窄，严重制约企业的进一步发展。

（3）融资成本高

融资成本主要有担保费用、质押评估费用、银行贷款利息等。当前，我国大多数科技型企业都是一些中小微企业，规模普遍较小，很多企业都不符合银行的信贷条件，这就导致这些企业将融资更多地转向民间借贷。由于这些企业的科研能力有限，它们的科技创新具有很大的市场风险，因此这些企业需要承担较高的贷款利率，这在很大程度上增加了融资成本。虽然民间借贷手续简单，但是大多数需要一定的担保，并且这些担保形式多种多样，存在许多不确定因素。尽管通过这样的融资形式能够快速汇聚社会闲散资金，有效地促进企业的科研创新，非常符合企业短期、少量的融资需求，但是由于缺乏对民间借贷行为的有效监管，因此存在较大的违约风险，给企业的民间融资造成了很大的困难。另外，我国的风险投资才刚刚起步，各方面的机制尚不成熟，风险投资的主体也非常单一，资金来源也并不丰富，无法满足大量科技企业的巨大资金需求。

1.5 江苏省推动科创金融发展的主要做法

1.5.1 江苏省金融支持创新发展政策措施

1.强化信贷政策引导

为贯彻落实党中央、国务院"六稳""六保"决策部署以及总行金融支持稳企业保就业工作要求,中国人民银行南京分行制定出台了《金融支持稳企业保就业工作实施方案》(南银发〔2020〕77号),将产业竞争力、创新贡献度高的企业和产业链核心企业等作为重点支持对象,开展"金融助力制造业提质增效行动""龙头核心企业融资对接行动"等八项行动,加大对"专精特新"中小企业、关键核心技术攻关和产业化项目的中长期信贷融资支持力度,强化对先进制造业、高新技术制造业、战略性新兴产业领域的金融支持,"一群一策""一链一策"为龙头企业和核心配套企业制订综合金融服务方案。

2.推动各地制定具体落实措施

中国人民银行南通中心支行联合市科技局、财政局印发《南通市区促进科技金融创新扶持科技型中小企业发展的若干措施》(通科发〔2020〕87号),对科技企业贷款利息给予一定比例补助。泰州市出台《关于打造"科创+资本+平台"联动发展模式助力产业强市的实施方案》(泰金改发〔2020〕2号),推动落地"凤城合伙人股债融合"平台,打造"线上+线下"融资对接模式,深化与头部券商、创投机构战略合作。宿迁市在全国首创"科技创新券"制度,将政府的财政奖补资金转化为"有价证券",用于支持企业科技创新。

3.搭建银企对接平台

以苏南国家自主创新示范区为重点,在全省开展科创金融孵化器行动,组织开展"苏科贷""苏科投""苏科保"科创金融政策宣讲、银企对接、投融资路演等活动,众多投融资机构为众创空间、科技企业孵化器等各类科技载体内的科技型企业提供融资,形成金融机构与孵化器的良性互动。扬州市围绕本市"323+1"集群建设,遴选出中国银行"金融支持高新技术企业集群"项目、招商银行"金融支持科技企业发展"项目等15个金融助力科技型企业示范项目。连云港市针对科技型企业中的无贷企业安排融资服务专版银行，推动科技型企业实现银行正规渠道融资。

4.积极设立财政风险补偿基金

江苏省科技厅以风险成果转化回收资金为基础，设立科技贷款风险补偿资金池，推出"苏科贷"科技信贷品牌，引导合作银行以低息贷款方式支持科技型中小微企业的科技成果转化和产业化。截至2022年年末，"苏科贷"带动了全省83个市、县（区）、高新区参与，实现苏南、苏中全覆盖。江苏省财政厅积极推动全省市、县（区）共建科技型中小企业贷款风险补偿资金池，如推动苏州推出"科贷通"产品，并在辖区内的银行机构开展"科贷通一行一品牌"产品创新，推出市级"人才贷""创易融""高企贷"，支持初创期科技型企业的"科创贷"，配套服务"一号产业"的"生物医药贷"。

5.发展知识产权质押融资

江苏省知识产权局积极搭建银企对接平台，在全省组织开展"知识产权百亿融资行动""一站通全省行""知鑫服务直通车"等活动；培育特色知识产权金融平台"我的麦田"，积极探索"互联网+知识产权+金融"全线上服务模式；探索开展知识产权证券化，江苏首单知识产权证券化产品"苏州工业园区第1期知识产权资产支持专项计划"正式落地。无锡市开展"知识产权金融赋能工程"，加强政策支持，对于知识产权质押融资和保险业务给予50%的财政贴息；整合银行、保险、担保公司、融资租赁等多类型金融机构资源，搭建全流程一站式知识产权金融公共服务平台；启动知识产权金融产品创新实验室，率先落地知识产权评估责任险、知识产权混合险等多项全国性创新业务。苏州市相城区推出知识产权质押融资专项产品"相知贷"，联动全省市、县（区）政策性融资担保公司与银行建立85∶15的风险分担机制，给予50%的财政贴息。

1.5.2 江苏省部分金融机构支持创新的主要做法

1.完善内部机制

作为全国最早推进科创金融专业化经营的银行机构之一，江苏银行在加强顶层设计、构建组织体系、完善内部制度等方面，积攒了有益经验。

一是加强顶层设计。先后出台《科技金融特色发展指导意见》《科技支行专业化经营实施意见》《关于进一步加大服务科技自立自强推动科技金融高质量发展的实施意见》等科技金融特色发展文件。二是构建组织体系。自上而下打造"总行有部门（科技金融事业部）、分行有中心（科技金融服务中心）、支行有队伍（专职从事服务科技型企业的团队）"的三级垂直化管理体系；围绕科技园区、科技孵化器设立23家科技专营机构，实现辖区内科技专营机构全覆盖。三是完善内部制度。围绕科技型企业的金融需求，持续完善考核、授信、风控等多项机制。在资源保障上，坚持"四单原则"，即按年度单列经营计划、单列信贷规模、单列考核维度、单列费用资源。在准入认定上，制定统一的科技型企业认定标准，优选具有"较强研发团队、较强核心技术、较强市场拓展能力"的科技型企业。在授信审批上，围绕科技型企业的研发能力、核心技术等科技属性参数，建立专门的授信审批标准。在风险管理上，依托自主建设的"黄金眼"小微智能风控平台，通过机器学习、知识图谱，实现对科技型企业授信全流程、系统化的闭环管理。对科技型企业不良贷款给予差别化的责任认定和风险容忍政策。

在此背景下，江苏银行科创金融工作成效显著。一是总量持续扩大。二是减费让利服务科技型企业。三是助力科技型企业快速成长。累计支持4 000家科创小微企业通过高企认定，助力400家科技型企业上市或挂牌。

2.投贷联动

全省辖区内银行机构积极开展"投贷联动"业务，满足科技型企业的金融服务需求，改善企业外部融资能力。

一是创新推出"小股权+大债权"投贷联动服务模式。2015年，南京银行创新推出"小股权+大债权"投贷联动服务模式，联合外部投资机构，以"小股权"作为纽带，与企业建立合作，将服务阶段前移，全面把脉企业发展脉搏，结合企业实际资金需求，量身配比"大债权"及综合金融服务方案，变"远距离"服务为贴身定制化的"融入式"服务，为企业发展壮大"备足粮草"，逐步形成江苏鑫智公司（南京银行控股的股权投资公司）领投，其他创投机构跟投的格局，为进入资本市场夯实基础。2020年年末，南京银行首家落地的投资联动客户成功登陆科创版。

二是推出选择权贷款业务。中国银行江苏省分行加大投贷联动力度，推出选择权贷款业务，发挥集团优势为科创型企业拓宽融资渠道。截至2022年年末，江苏中行与集团内综合经营公司累计互荐项目超100笔。其中，常州某能源、南京某半导体、宿迁某科技等投资联动项目合计带动投资152亿元、贷款22亿元。招商银行南京分行推出"贷款—选择权"产品，体系内三大投行持有科创型企业的股权选择权，银行发放2年期以内的贷款。

三是加强与集团子公司联动，开展股权投资业务。江苏工行与集团子公司联动开展股权投资，以债转股业务为例，2020年该行联合工银投资成功参与了雷神山医院、火神山医院建设的常州环亚医用科技集团1亿元股权投资，参与徐工集团混合所有制改革，战略性股权投资6亿元。招商银行南京分行引入体系内投行资源（如招银国际、招商财富、招银理财子公司）和招商银行新动能股权直投基金，对创新成长型企业直接进行股权融资。

四是与外部私募管理人合作，设立专业股权投资基金。2013年，江苏工行与天津优势创业投资管理成立了南京优势股权投资基金，基金规模1.02亿元，基金共投资6家企业，其中2家分别在上交所和创业板上市，2家已被上市公司并购，银行先后为被投企业累计发放表内融资 1.65 亿元，通过"投资+融资"的以投促贷模式全方位支持科技型企业做大做强。2018 年，江苏工行与省内知名私募机构江苏毅达资本合作设立了江阴毅达高新股权投资基金和江阴毅达高新创业投资基金。

3.知识产权质押

全省辖区内银行机构积极丰富科技创新企业服务内涵，回归信贷业务本源，基于科技创新型企业的轻资产、软实力、成长快等特点，借助知识产权质押等措施，解决其在传统授信条件下融资难的问题。

一是推出风险补偿专项产品。兴业银行南京分行联合江苏省知识产权局推出知识产权质押融资特色产品"知保通"，通过建立风险共担机制，支持科创型中小微企业发展壮大。

二是创新知识产权评估体系。江苏银行围绕知识产权的"三性"（即先进性、经济性和关联性）特征，以内外部数据为基础，将数据模型打造为载体，探索构建知识产权自评估体系。

三是创新知识产权金融产品。中国银行江苏省分行围绕知识产权先后创新研发了"中银税贷通""中银知保通"等特色授信产品，关键创新点在于减免了耗时、费事、高成本的传统知识产权价值评估手续，实现线上申请贷款业务。江苏银行陆续推出"专利权质押信用贷款""苏知贷""地方特色知识产权质押（如版权质押贷、文化创业贷）"等创新产品。

4.供应链金融

全省辖区内银行机构为解决传统供应链的问题及不足，结合核心企业需求，创新发展供应链金融业务。

一是创新推出数字供应链融资产品。江苏工行采用区块链技术，推出供应链产品"工银 e 信"，该产品具有标准化程度高、操作流程简便等特点，有效推动数字供应链业务提速发展。

二是搭建线上金融服务平台。中国建设银行专门成立子公司——建信融通有限责任公司搭建在线金融服务平台，为产业链链条企业提供全流程在线的金融服务，助力企业实现降本增效、供需匹配和产业升级。同时，平台上线供应链金融产品"e信通"，帮助供应链企业获得融资支持。例如，将中建八局第三建设有限公司作为核心企业，为其上游几十家建材企业签发1亿余元贷款，缓解了企业资金紧张的局面。

三是创新商票融资业务模式。中国人民银行苏州中支与市财政局、地方金融监管局联合创新票据融资业务模式：建立供应链中小微企业"白名单"管理机制，目前已确立首批以"专新特精"企业为主体的473家企业名单；建立担保额度管控机制，针对"白名单"内企业提供额度不超过1000万元的政府性融资担保；建立风险分担机制，再担保机构、信保基金、担保机构之间所承担的风险比例为10：5：85。

四是推出线上全流程"政采贷"业务。中国人民银行无锡中支与市财政局积极合作对接，2020年11月底完成中征应收账款融资服务平台与无锡财政采购系统对接，全面支持实现线上申请变更贷款账户、线上审批等功能，帮助政府的采购供应商更加快速、便捷地获得融资。

1.5.3 江苏省开展科创金融相关政策

落实服务实体经济、深化金融改革、防控金融风险三大任务，是加快建设现代化经济体系、率先实现社会主义现代化的重要支撑和保障。为进一步完善科技金融政策体系，发挥财政资金四两拨千斤的作用，引导和鼓励金融资源投向科技型企业，进而推动科技创新，江苏省将"政府引导、市场主导、公开透明、风险共担"作为总体思路，坚持以"市场在资源配置中起决定性作用，更好发挥政府作用"为基本指导思想，设计出一揽子财政支持的科技金融产品，既能通过给企业提供合适的融资服务来激发科技型企业创新动力，又能在防范风险的前提下，保证财政资金安全有效地使用。江苏省的部分科技金融政策见表1-1。

表1-1 江苏省的部分科技金融政策

发布时间	政策/文件	重点内容
2023年1月	《江苏省专精特新企业培育三年行动计划(2023—2025年)》(苏政办发〔2023〕3号)	发挥省综合金融服务平台作用,推动银行业金融机构为"专精特新"企业量身定制金融服务方案。用好国家开发银行"科创专项贷款",大力支持"专精特新"企业技术攻关和成果产业化。建立健全"专精特新"企业新增5 000亿元以上的授信。支持保险机构开发复核"专精特新"企业发展阶段和需求的保险产品,推进首台(套)重大技术装备保险和新材料首批次应用保险补偿机制试点。深入实施重点产业链优质中小企业和科技型企业上市培育计划,开展专精特新企业上市挂牌精准服务,优选1 000家以上"专精特新"企业纳入上市后备资源库,精选500家以上"专精特新"企业在江苏股权交易中心"专精特新"专板挂牌
2022年5月	《江苏银行业保险业深化科技金融服务行动方案》(苏银保监发〔2022〕25号)	优化融资供给,银行业金融机构要结合科技企业所处生命周期各阶段金融需求,提供个性化综合金融产品服务,积极支持高新技术企业、"专精特新"中小企业等创新发展;充分利用政府风险补偿基金,针对纳税守信、经营状况和发展前景较好的科技型企业研发信用贷款类产品,试点为入选国家人才计划的高端人才创新创业提供中长期信用贷款。创新保险服务,积极运用贷款保证保险、知识产权质押融资保证保险等产品,为科技企业融资提供增信;根据科技企业需求和保险资金特点,支持保险资金、符合条件的资产管理产品投资面向科技企业的创业投资基金、股权投资基金等,拓宽科技企业融资渠道;鼓励保险机构完善科技保险产品体系,加大科研物资设备和科研成果质量的保障力度,分担企业创新风险
2022年5月	《江苏银行业保险业深化绿色金融服务行动方案》(苏银保监发〔2022〕23号)	从主要目标、重点任务、组织保障三个方面明确25条工作意见,指导银行保险机构深入践行绿色低碳发展战略,助推经济社会全面绿色转型,助力落实碳达峰碳中和目标

发布时间	政策/文件	重点内容
2022年5月	《"苏创融"政银金融产品工作实施方案》(南银发〔2022〕36号)	推出与再贷款再贴现挂钩的服务于科技型中小企业的"苏创融"产品。在省部门文件的指导下,结合省级政银合作产品"苏科贷"和市级政银合作金融产品"宁科贷"的深入实施,进一步推动银行为江苏省科技型企业发放贷款,提供金融支持
2022年4月	《中国银保监会江苏监管局关于优化金融供给增强服务效能深化"四保障六提升"行动的意见》(苏银保监发〔2022〕15号)	鼓励各银行机构统筹运用信贷、债券、融资租赁等方式,切实为全省重大产业项目、技术改造项目等领域投资提供高效配套金融服务;鼓励保险资金以股权投资、债权投资等形式支持江苏省重大项目建设;鼓励银行保险机构加大对先进制造业集群和战略性新兴产业的信贷投入,积极对接全省制造业智能化改造和数字化转型三年行动计划,支持传统产业的设备更新和技术改造,促进制造业向高端化、数字化、智能化转型;支持保险机构开展首台(套)重大技术装备保险试点和新材料首批次应用保险试点;加强对关键核心技术攻坚和科技成果转化的金融支持,助力解决重点领域和关键环节"卡脖子"问题
2022年4月	《关于开展科技型中小企业银企融资对接专项行动的通知》(苏银保监发〔2022〕8号)	要求各银行机构根据实地走访情况,梳理不同企业融资需求。对没有贷款并存在有效融资需求,且符合本行授信条件的企业,根据企业融资需求匹配金融产品和服务,探索"股权+债权""创投+保险+贷款"等投贷联动和"专利+商标"知识产权质押融资等业务,利用"苏科贷""人才贷""小微贷"等产品,为处于不同发展阶段的企业提供定制化综合金融服务;对没有贷款但暂不符合本行授信条件的企业,要深入分析原因,积极帮助企业查找合适的信贷产品;对已有贷款的科技型企业,结合企业经营发展及存量贷款情况,制订针对性个性化服务方案
2022年3月	《省政府办公厅关于印发昆山市建设金融支持深化两岸产业合作改革创新试验区实施方案的通知》(苏政办发〔2022〕18号)	鼓励金融机构按照市场化原则为试验区内高新技术产业等重点领域发展提供长期信贷支持;推进供应链金融规范发展,探索全国性金融机构围绕试验区内供应链核心企业,为其上下游企业提供跨区域融资服务;鼓励保险资金入股试验区内科创类投资基金或直接投资于试验区内企业;支持试验区建立科技金融服务中心,搭建资本与项目对接沟通平台;推动试验区内金融机构设立科技支行、科技支公司等专业机构,制定科技信贷等奖励与风险补偿政策;增强保险服务科技创新功能,鼓励保险机构针对科技型企业适度提高承保额度和风险容忍度等

发布时间	政策/文件	重点内容
2022年1月	《省政府办公厅关于新形势下进一步加大配套督查激励支持力度的通知》（苏政办发〔2022〕8号）	对金融服务实体经济、防范化解金融风险、维护良好金融秩序成效好的地区，在申报金融改革创新试点和金融改革试验区等方面给予重点考虑和支持；支持符合条件的全国性股份制银行、保险公司在上述地区开设分支机构；支持发展政府性融资担保机构；支持符合条件的企业发行"双创"、绿色公司信用类债券等金融创新产品；支持运用省综合金融服务平台、当地子平台开展普惠金融业创新
2022年1月	《省政府办公厅关于印发江苏省制造业智能化改造和数字化转型三年行动计划（2022—2024年）的通知》（苏政办发〔2021〕109号）	开设"专精特新"企业金融服务绿色通道，推动投贷联动；鼓励金融企业运用大数据探索产融合作新模式，推进基于工业互联网平台的产融协作服务创新；引导金融机构增加制造业中长期贷款，支持中小企业设备更新和技术改造；支持企业通过融资租赁方式开展"智改数转"，融资租赁费用可享受同等财政补助政策
2021年9月	《省政府办公厅关于印发江苏省"十四五"金融发展规划的通知》（苏政办发〔2021〕60号）	加快完善科技金融体制机制；大力发展知识产权金融；加强对科技金融体系的政策支撑和保障；加快发展创业投资；充分运用创新创业金融工具和产品；探索支持产业创新链前端的信贷模式；加强对基础研究和科技成果转化的金融支持；提升金融科技示范引领能力；优化金融科技产业生态；加强金融科技底层技术研发攻关
2021年9月	《省政府办公厅关于印发南京江北新区"十四五"发展规划的通知》（苏政办发〔2021〕43号）	围绕"长三角区域科技金融改革试验区"开展金融创新工作，鼓励金融机构提供定向科技金融产品服务，构建完善以科技支行、科技保险支公司、科技小额贷款公司、融资担保公司、风险投资等为主的多层次科技金融服务体系
2021年8月	《关于印发江苏省普惠金融发展风险补偿基金项下苏科贷产品工作方案的通知》（苏财金〔2021〕46号）	为"苏科贷"备选企业库内符合国家划分标准的科技型中小微企业提供低门槛、低成本的信贷支持。"苏科贷"依托省普惠金融发展风险补偿基金专版（简称"普惠基金专版"）实现全流程信息化管理。省财厅根据省与市（县）风险补偿基金规模、不良贷款情况等，每年确定"苏科贷"年度投放额度上限

发布时间	政策/文件	重点内容
2019年9月	《省科技厅关于印发江苏省科技企业孵化器管理办法的通知》（苏科技规〔2019〕206号）	修订完善"苏科贷"实施细则；深入实施省天使投资风险补偿工作，发挥省天使投资联盟作用；修订完善"苏科保"实施细则；充分发挥省级科技金融服务中心等线下服务平台作用；充分利用苏南科技企业股权路演中心，为孵化器内科创型企业提供项目展示、投融资对接、融资辅导和技术交易等服务
2018年8月	《省政府办公厅印发关于促进科技与产业融合加快科技成果转化的实施方案的通知》（苏政办发〔2018〕61号）	围绕江苏省重点部署的产业创新链，完善天使投资、创业投资、风险投资、产业基金全程资金链；发挥天使投资风险补偿资金作用，扩大创业投资管理资金规模；探索股权投资与信贷投放相结合的模式，为科技成果转化提供组合金融服务；引导"苏科贷"中的合作银行支持科技型中小微企业开展科技成果转化，加快建设科技金融专营机构；深入实施"创业江苏"行动计划，鼓励以企业为主体投资建设一批专业服务水平高、辐射带动作用强的众创空间
2016年8月	《省政府印发关于加快推进产业科技创新中心和创新型省份建设若干政策措施的通知》（苏政发〔2016〕107号）	支持科技创新企业通过发行债券融资；落实省科技成果转化风险补偿政策；鼓励银行业金融机构设立科技金融专营机构；鼓励银行业金融机构加强差异化信贷管理，适当提高对科技型中小微企业不良贷款比率的容忍度；积极开展投贷联动试点；试点科技保险奖补机制，推动科技型中小微企业利用科技保险融资增信和分担创新风险，加快推进各类知识产权保险；研究特殊股权结构类创业企业到创业板上市的制度设计，推动符合条件的互联网企业和科技型企业到创业板发行上市
2016年7月	《关于完善省级创新创业人才风险补偿贷款业务的通知》（苏财行〔2016〕45号）	江苏银行每年按照不低于15亿元的新增配套贷款规模（1∶10），重点支持列入省辖市及以上人才计划的人才个人或人才企业，主要包括国家"千人计划"和"万人计划"、省"双创计划"、省"333工程"、"凤还巢"计划、科技企业家培育工程等省辖市实施的重大人才项目。凡符合条件的人才个人或人才企业，均可向江苏银行申请人才项目贷款，用于科技开发、新产品试制和生产经营业务

发布时间	政策/文件	重点内容
2012年8月	《省政府关于印发国家促进科技和金融结合江苏省试点实施方案的通知》（苏政发〔2012〕117号）	突出苏南科技金融合作示范区建设这一重点，建立健全科技信贷风险分担、科技企业成长培育两大机制，推进科技投入方式、新型科技金融组织、科技金融产品与服务三大创新，完善科技企业信用、科技担保、科技金融中介服务、科技金融政策保障四大体系
2012年6月	《省政府关于加快促进科技和金融结合的意见》（苏政发〔2012〕79号）	着力发展科技支行和科技信贷业务部，创新与科技结合的有效信贷支持体系；大力发展创业投资企业和创业投资基金，构建与科技结合的多层次资本市场体系；加快发展科技小额贷款公司，打造与科技结合的新型金融组织体系；积极发展科技保险和科技担保业务，健全与科技结合的金融风险分散体系；开发建立科技金融支撑平台，完善促进科技和金融结合的综合配套服务体系；探索发展科技金融合作示范区，加强对不同区域科技和金融结合的分类指导
2011年5月	《省政府办公厅转发省科技厅等部门关于加快促进科技和金融结合若干意见的通知》（苏政办发〔2011〕68号）	开展科技和金融结合试点；创新财政科投入方式；加强对科技信贷的引导；完善区域多层次资本市场；推进科技金融服务创新；建立健全区域科技金融服务体系
2010年9月	《省政府办公厅转发人民银行南京分行关于加快江苏科技金融创新发展指导意见的通知》（苏政办发〔2010〕114号）	加快构建科技金融组织体系；积极发展新型科技金融组织；建立科技金融绩效考核制度；丰富科技金融产品；改进科技金融服务；创新科技金融风险管理技术；推进科技企业在创业板和主板上市；扩大科技企业债券市场融资；推动江苏省更多高新技术开发区进入国家"股份代办转让系统"试点；鼓励科技金融组织错位竞争；推动科技金融组织互惠合作；发展科技金融中介服务平台；健全科技金融信息共享平台；加快科技企业培训辅导平台建设；提升科技金融人才服务平台；加大科技金融财政投入机制；优化科技金融奖补机制；建立科技金融创新发展联席会议制度

数据来源：江苏省人民政府网站、江苏省财政厅网站。

1.5.4 南京市建邺区在科创金融中的主要举措

建邺区地处南京主城西南，西临长江，东依秦淮河，区域面积81.75平方千米，因三国东吴孙权定都"建业"得名，寓意"建功立业"。2002年，南京区规划调整，建邺区告别老城进军河西，成为河西新城的主体。建邺区的二十年新城建设史，起初与国内大多数新城一样，比较依赖房地产业，房地产业占地区生产总值的比重一度超过20%。建邺区的金融业经过十年磨一剑，加之近两年坚定不移调结构，经济总量从2018年的400亿元增加到2021年的1215亿元，房地产业占地区生产总值的比重已不足10%，金融业增加值占地区生产总值的比重已近30%，成为第一主导产业。此外，建邺区还拥有南京主城最丰富的高端优质载体、极其便利的区位优势，是最能展现南京现代化建设成果的地区之一。

2021年，江苏省第十四次党代会、南京市第十五次党代会均提出建设重要金融中心，并以金融"十四五"规划形式，明确建邺区"一体两翼""一核两翼"的核心地位。建邺区锚定"一城三区"（即国内一流的金融城；国际知名的中央活力区、国内领先的金融监管模范区、东部卓越的金融创新先行区）的目标定位，聚焦产业金融、科技金融、可持续金融、新兴金融产业方向，打造"一轴两廊四谷两湾"（即江东路金融总部黄金轴；河西大街金融商务走廊、江山大街科技金融走廊；产业金融示范谷、科技金融创新谷、可持续金融生态谷、新兴金融智慧谷；滨江金融港湾、滨河金融港湾）。按照2025年、2035年"两步走"战略节奏，实现核心区10平方千米、载体总量超500万平方米、金融从业人员突破20万人的发展愿景，努力为南京建设东部地区重要金融中心打造"资本引擎"，为全省金融业发展贡献力量。

1.主要做法

（1）为企业导流增信，让银行愿意贷、让企业容易贷

组建南京滨江融资担保有限公司，与江苏省再担保公司、商业银行合作，按照40%、40%、20%的比例，设立代偿资金池，经三方联合尽

调的企业可进入银行"白名单"，享受无抵押纯信用贷款，累计授信1 752笔，共计52.4亿元，累计放款超47亿元，惠及企业超1 000家。创新推出"建邺高新进园保"系列金融产品，根据企业短期、中期、长期需求进行针对性融资服务，解决高新技术企业债权融资问题，让中小微企业贷款实现基准利率、线上办理、随借随还，有效拓宽企业融资渠道，实现银行和企业的互利共赢，企业融资实现了由原先的"跑3~5次"缩短为"最多跑1次"，让"不能贷"能贷、"贷得少"多贷、"贷得慢"快贷、"贷得贵"便宜贷。

（2）为企业引投跟投，让政府基金引导投、让社会资本精准投

组建南京建邺高投资本管理有限公司，设立5亿元的区级科创引导基金、20亿元的东南产业基金，以及智慧城市基金、城市更新基金、停车场基金等专项子基金，引进八大产业链子基金，通过配资、直投、跟投等方式，参与社会化基金配资，吸引更多基金落户，撬动更多的社会资本投向科技创新领域，更好助力科技型企业发展。探索"领投+跟投"模式，依托社会化基金领投人的市场资源、专业能力和丰富经验等优势，优选跟投优质企业和项目，不断放大产业基金的"乘数效应"。推动S基金设立和份额转让平台试点，基本形成首只S基金设立方案，联合江苏股交中心向省金融监管局提交份额转让平台试点申报材料。与交银国际合作设立南京首只QFLP科创股权投资基金——南京建邺交银恒暄股权投资合伙企业（有限合伙），总规模6 400万元，于2022年1月正式落地。

（3）为企业成长做市，让融资渠道更多元、让资本要素更集聚

基于不同成长阶段的新型研发机构和科技型企业的资金需求，积极探索"基金+服务+生态"资本要素供给模式，建成全市首个基金街区——南京金鱼嘴基金街区，集聚基金和基金管理机构超900家，管理基金规模4 500亿元，连续两年入选头部机构十强榜单。打造"金鱼嘴每日路演"资本要素撮合平台，以"专业化、精准化、品牌化、市场化"为原则，打造投资机构与中小企业之间的资本对接平台，有效降低

融资对接成本，提高融资效率，努力成为新型研发机构孵化企业的"催化剂"、成长型企业的"孵化器"、新资本要素的"做市商平台"。

（4）为企业精准评估，让信用更透明，降低金融风险

研发金融风险监测预警系统，汇集"政府部门+人行征信+互联网第三方数据服务"资源，形成中小企业信用信息基础数据库，积极打通银行、担保风控评价标准的"数据孤岛"，定期向银行推送增信企业"白名单"，有效降低金融机构风险。2022年1月，挂牌成立建邺区金融法庭，推动金融案件集中管辖，截至2022年3月底已收案2163件、结案2318件。与江苏省信用再担保集团有限公司合作，探索设立长三角地区首个多元金融调解中心，标准化解决企业与银行间的小额贷款纠纷。完善金融风险缓释政策和应急处置机制，形成金融预警信息报送、反馈和处置的工作闭环。

（5）为企业招才引智，让金融人才留得住、用得好

组建建邺区人才集团，市场化招聘高端金融人才。从合作银行中遴选优秀金融人才到部门、园区、国企担任区管金融工作专员，选派优秀年轻干部到金融一线锻炼。加快配建人才公寓，已建成首批40套金融高管周转房、1000套金融人才公寓。与清华五道口金融学院、南京市地方金融监管局签订三方合作备忘录，设立清华大学五道口金融学院南京教室，开展培训课程，举办行业高端论坛，为金融人才学习交流提供优质平台。

2.特色品牌

（1）"金鱼嘴每日路演"资本要素撮合平台

"金鱼嘴每日路演"是建邺区2021年5月重磅推出的全国基金街区中首个资本要素撮合平台。围绕南京市八大产业链，秉承"每日金鱼嘴，创投汇活水"的宗旨，解决创投机构投资信息不对称、获取信息成本高的痛点和难点，从项目筛选、赛道比选、机构遴选、专家优选等多个环节进行优化和耦合，"金鱼嘴每日路演"平台为全国投资伯乐找到心仪的创业黑马，为创业黑马找寻驰骋万里的沃土，进一步优化创新生

态，提升营商环境，将"金鱼嘴每日路演"打造成为全国基金街区中最具吸引、影响最广、首屈一指的创投活动标杆品牌。

同时，建立"金鱼嘴每日路演"媒体矩阵，开设"金鱼嘴每日路演"两微一抖和小红书账号，微信公众号目前有近6 000个粉丝，除宣传报道外，还开启了活动报名、路演回放、资讯发布等实用性功能。打造4D大屏，在南京南站、禄口机场、上海虹桥等长三角重要交通枢纽进行户外广告投放。充分对接路演企业、银行与创投机构，入库合作银行20家，联动投资机构62家，通过创投机构推荐被投项目路演匹配银行授信，银行推荐存量客户路演匹配股权融资，有效推进投贷联动。

（2）"建邺高新进园保"系列产品

建邺区于2019年4月25日正式推出"建邺高新进园保"，"建邺高新进园保1.0"由"初贷保""助贷保""增额保""过桥保""补贴贷""政府采购贷"6个产品组成。2020年4月21日，正式推出"建邺高新进园保2.0"，由15个金融产品组成，在原有产品的基础上新增"抗疫保""复业保""纾困贷""园中园装修贷""园中园租金贷""研发机构母子贷""云税贷""云电贷""产权保"9个产品。

"建邺高新进园保"通过建立四项机制，让"不能贷"能贷、"贷得少"多贷、"贷得慢"快贷、"贷得贵"便宜贷。一是"政企合作"机制。与中国银行、建设银行、交通银行等11家银行，打破"信息孤岛"，实现信息互联互通；搭建省、市、区三级担保增信机制，与省再担保、紫金担保、滨江担保3家担保公司建立合作关系。二是"导流增信"机制。通过多种方式对接企业，梳理企业融资需求，结合企业实际经营情况，帮助企业匹配金融产品服务并对接金融机构。针对自身征信存在不足的企业，通过担保增信等方式，丰富金融夹层服务，帮助区内企业增信。三是"风险分担"机制。担保公司与银行按比例承担区内企业风险。发生金融风险后，担保公司可依据相关政策申请代偿。四是"主动服务"机制。自2020年起，与多家金融机构建立人才交流机制，选派金融人才专职担任区金融专员，累计走访企业超1 500家、梳理融资需求245项。

（3）金鱼嘴金融科技产业生态中心

2022年，建邺区紧抓南京获批全国资本市场金融科技创新试点的机遇，瞄准金融科技产业赛道，以科技创新产业园C4栋为主要载体，建设金鱼嘴金融科技产业生态中心。项目载体总面积约3.6万平方米，共19层，计划分为产品体验功能区、共享服务功能区、创新平台功能区、领军企业办公区四部分，打造技术与产品体验平台、课题与项目孵化平台、实验室共享服务平台、人才与学术交流平台、创新监管试点平台，实现体验、孵化、服务、交流与试点五大功能。力争3年内引进金融科创企业不少于40家，其中细分赛道龙头企业10家以上；引进博士以上及相关顶尖人才不少于30人。

在金融科技的技术研发和应用上，聚焦证券科技、私募基金科技领域，计划争取国家证券科技研发基地挂牌；与相关基金管理机构合作推动投资基金大数据风险预警系统的研发与应用；与证券、银行、保险、数字人民币研究所等重点机构和相关高校聚焦后量子加密技术的研发，发布研究课题与应用场景，吸引相关人才与企业落户。在金融科技产业发展上，对接数字人民币研究所，计划通过数字人民币应用场景，吸引相关人才与企业落户，构建"数字钱包"生态产业链。同时，借助南京本土研究机构的力量，以数字资产与数字安全为主要方向，引进或打造数字资产交易平台，加快金融科技领域的高新技术企业与"专精特新"企业集聚。

1.5.5 苏州市在科创金融中的主要举措

在苏南国家自主创新示范区的带动下，苏州积极打造具有全球影响力的产业科技创新高地，坚持把产业高端化作为创新驱动发展的出发点和落脚点，全市科创产业发展动能显著提升：一是科技创新主体不断壮大。截至2022年年末，苏州新登记各类市场主体29.22万户，实有各类市场主体286.95万户。其中，新登记从事科学研究和技术服务业市场主体2.73万户。二是科研投入持续增加。2022年，苏州市全社会研发投入占国内生产总值的比重接近4%，苏州市技术合同成交额达800亿元。2022年，苏州市规模以上工业总产值迈上43 642.7万亿元的新台阶，其中制造业、新兴产业、高新技术产业的产值占规模以上工业总产值的比重，基本都在50%左右。电子信息产业实现工业产值12 819.7亿元，同比增长6.2%，占全市规模以上工业产值的比重，达到29.4%。目前，苏州市全省高新技术企业达4.4万家，国家专精特新"小巨人"企业709家，境内上市企业274家。

1.苏州市金融机构服务科创产业的实践

（1）商业银行

①完善内部组织架构。

一是设立专营机构。各商业银行普遍已设立企业自主创新金融支持中心，部分银行通过设立科技支行或在江苏省自贸区苏州片区设立支行，重点服务科技型企业。二是单列信贷计划及评审制度。有的银行通过信贷投向政策对科创金融业务加以引导，并对内部管理机制进行流程再造，建立独立的科创金融内部体系，扩大对科技型企业的支持力度。有的银行通过制定科技企业贷款操作规程，将知识产权、非上市公众公司股份纳入可接受抵质押物。有的银行对于优质的科创型企业给予FTP名单制补贴。三是单独设置考核及尽职免责机制。大部分商业银行通过设置单独的考核机制、配置专项绩效提高业务人员的积极性，同时设置专门的尽职免责机制，保障业务人员在合规尽职的基础上积极开拓客户市场。

②扩大金融服务范围。

一方面，各商业银行积极对接苏州市综合金融服务平台，扩展科技型中小微企业的客户范围，提高"首贷"覆盖面和规模；另一方面，各商业银行积极与有关部门、企业征信平台开展合作，在扩展业务规模的同时控制业务风险，降低企业融资成本。具体来看，主要包括以下金融服务：向科技型中小企业提供贷款，并辅以贴息及风险补偿；依托企业征信平台，向轻资产型企业提供小额线上纯信用贷款，并辅以风险补偿；为向企业提供小额、中长期贷款的银行和担保（保险）公司，提供风险共担；依托征信平台数据，为小微企业提供小额、短期流动性贷款，通过再贴现对接，降低企业融资成本，并通过信保基金担保。另外，还有部分银行通过区域性产品为工业园区企业发展中心认定的科技型企业提供贷款，并辅以风险补偿。同时，为生物医药、人工智能和纳米技术领域的科技型小微企业提供知识产权质押支持，由专项资金提供风险补偿。

③加强自主产品创新。

一是针对企业各成长阶段创新产品服务。浦发银行苏州分行进行投贷联动创新，推出"科技含权贷"。招商银行苏州分行对已上市或拟上市的新三板企业推出"三板贷"，对区域性股权交易中心的挂牌企业推出"挂牌贷"。苏州银行推出知识产权质押类产品"苏知贷"。太仓农商行推出科创、人才型小企业贷款"科才通"。

二是完善产品服务体系。交通银行苏州分行加强供应链业务对链属科技型小微企业的带动作用，搭建"信贷+债券+投贷联动"的科创金融产品体系。江苏银行苏州分行打造覆盖全生命周期的"债权+股权"的产品体系。

三是扩展投贷联动业务客群。浦发银行苏州分行以API为媒介打造数字架构综合服务平台——"小企业在线融资平台"，为企业提供在线融资服务；招商银行苏州分行联合市科技局举办"群鹰荟展翼行—创新创业赛后有招"活动，积极提供投融资一体化服务；南京银行苏州分行通过"'鑫高企'金融服务直通车"整合优惠利率信用贷款、快速审批通道、投贷联动、"鑫转贷"无本转贷等服务。

（2）投资机构

"创投力"已成为苏州创新发展的重要动能。作为江苏省经济第一大市，在2022年苏州市地区生产总值突破2.4万亿元大关，经济总量继续领跑长三角。苏州市的创投实力在江苏省内遥遥领先，尤其是在创投机构实力、创新实力、政府支持等方面表现突出。从创投机构规模来看，苏州优势凸显，江苏共有股权/创投基金管理人994家，管理基金规模9 584亿元。其中，苏州共有391家私募股权、创业投资基金管理人，管理规模为4 680亿元，占比分别为39%、49%，两项指标均位居全省前列。

其中，高新技术企业与"独角兽"企业都是科技创新的排头兵，也是壮大新兴产业、促进产业转型升级的生力军。苏州市科学技术局披露的数据显示，苏州市2022年拟认定国家高新技术企业5 531家；高新技术企业累计数量达13 473家，总量和增速均位居全省第一。近年来，苏州市"独角兽"后备企业在不断扩大。

在创投政府支持方面，苏州政府创投引导基金起步较早。目前，苏州工业园区创业投资引导基金、元禾创投、苏州国发创投都在行业内享有较高影响力，特别是元禾创投至今仍是国内规模最大的创投母基金，并多次获得最佳政府引导母基金荣誉。苏州创投业集聚了一批国内知名创投机构，其中元禾控股、苏高新创投集团、苏州国发创投构成了苏州本土创投的三大阵地；位于苏州工业园区的东沙湖基金小镇，则通过科创项目提供全链条金融服务，构筑了良好的创投生态。

作为苏州最大的创投机构，元禾控股已累计投资苏州项目440个，累计培育苏州上市企业43家，天准科技、江苏北人、博瑞生物等多家科创板公司背后均有元禾控股的身影。除本地企业外，元禾控股也积极参与外地企业的投资，如上海的澜起科技、深圳的汇泰医疗等。目前，工信部公示第三批"专精特新""小巨人"企业名单，前三批企业中，共有17家元禾控股投资的企业入选，这些企业来自北京、上海、深圳、武汉等多个地区。

一是吸引更多的创投机构入驻，构建更好的创投生态。截至2022年年末，苏州市累计备案创投企业162家，累计注册资本740亿元，实收资本488亿元。二是以资本撬动产业，推进战略性新兴产业的发展。作为工业大市，苏州第二产业占比高于杭州、上海，第三产业占比相对较低。苏州将生物医药、新一代信息技术、人工智能、新材料、新智能作为当前核心技术攻关工程。未来，创投机构在助力产业结构优化、推进苏州新兴产业发展上继续前行。三是提高资本市场转化能力，继续做大做强苏州板块。苏州资本市场规模具备一定的优势，但与上海、杭州相比，苏州上市公司数量与市值均不足，资本市场规模仍有待提高，尤其是行业龙头企业相对缺乏。

2.苏州市金融机构服务科创产业协同

根据《金融支持长三角G60科创走廊先进制造业高质量发展综合服务方案》，苏州将精准聚焦重大科技创新及研发项目，重点支持先进制造业（特别是科技型企业）的发展，有效缓解融资难、融资贵、不适配、不对称的问题，有力推动长三角G60科创走廊先进制造业高质量发展。目前，苏州市金融机构服务科创产业协同发展的主要举措有：

（1）设立专项机构

交通银行苏州分行根据总行工作部署，成立长三角一体化工作专项推进小组，推进长三角一体化相关工作的议事、协调和决策，统筹长三角一体化相关推进工作；光大集团已在上海成立长三角协同发展办公室，并在长三角区域7家一级分行所在地成立了7个协同中心。

（2）推进金融协同

一是集团内部机构间的协同。例如，光大集团成员已开展协同联动，光大银行苏州分行已与光大证券开展联合营销，为苏州地区部分企业发行债券。交通银行苏州分行将与交银国际子公司联合发起区域子基金。二是金融同业间深化交流合作。多家银行参与苏南沿江城际铁路项目联合贷款，积极助力长三角地区交通运输结构改善，有效促进长三角一体化发展。交银科创基金与东吴证券等10家机构签署合作协议，推动长三角科创投贷联动业务的开展。苏州农商行与东吴证券建立战略合作关系，以推介人和投资者的身份先后助力苏州革新百集传媒科技股份有限公司、昆山龙腾光电有限公司完成创新创业公司债券的发行，并为昆山龙腾光电有限公司"双创债"创设了国内首批创新创业公司债信用保护合约。

（3）合作设立产业基金

光大控股、苏州国发、吴江东方国资三方共同签署战略合作框架协议，成立长三角一体化示范区光控吴江创新基金，基金总规模100亿元，首期规模15亿元，运作模式为母基金，由光大控股旗下子公司担任基金管理人，投资对象包括子基金和直投项目，投资方向包括基于长三角一体化发展背景下符合苏州市和吴江产业定位、符合科创定位的新一代信息技术、高端装备、新材料、新能源、节能环保以及生物医药等高新技术产业和战略性新兴产业，推动互联网、大数据、云计算、人工智能和制造业深度融合。

（4）建设金融小镇

苏州金融小镇由苏州高新区管委会携手招商局集团合作开发，位于高新区科技城核心区域，总投资4.5亿元，总规划用地4.05平方千米，总规划人口1.3万人，旨在建成融生态、金融、科技、产业、人文于一体的"科创金融服务创新区"。通过搭建金融创新研究院和新三板大数据研究中心等高端要素平台，以产业链布置研发链、以研发链配置资金链的新型产研投联动的创新模式，实现项目流、资金流、信息流、人才流的汇聚，助推产业资本与金融资本融合发展，引导各类基金助推区域产业转型升级。目前，小镇集聚各类金融投资机构900多家，资金规模达1 943亿元。

第2章

江苏银行业科创金融的模式与创新

中国科技创新的瓶颈，主要表现在科技成果向生产力转化的过程中，资金的支持则是技术走向市场实现产业化的核心要素。因此，要填补科技成果转化过程中的投资真空地带，必须加快科技成果向生产力的转化，需要不断提升金融供给的质量，大力发展科创金融。近年来，我国银行业金融机构积极研究科创金融产品与管理模式，取得了初步成效。

2.1 银行业与科技型企业发展

2.1.1 银行业与科技型企业发展协同共进

1. 外部政策的激励

国家实施创新驱动发展战略，党的十八届五中全会将创新放在发展理念的首位，《中华人民共和国国民经济和社会发展第十四个五年规划和2035年远景目标纲要》在第二篇指出，坚持创新驱动发展，全面塑造发展新优势。要实现创新发展，离不开金融支持。已有研究表明，间接融资对科创活动具有较强的作用，商业银行作为主要的间接融资供给主体，作为金融体系的四大支柱之一，承担着融通社会资金、支持科技创新发展的重要使命，是科技以及实体经济最重要的融资渠道，在支持科技创新和科技型企业发展中发挥着重要作用。2021年11月26日中国银保监会颁布的《中国银保监会关于银行业保险业支持高水平科技自立自强的指导意见》也明确提出，商业银行应该将高水平科技自立自强作为重点服务领域，积极支持高新技术企业、"专精特新"中小企业等创新发展，充分发挥在促进科技创新中的积极作用，助力科技型企业的发展。

2.实现自身发展的内在需要

近年来，外部环境的变化也对银行的发展提出了更高的要求，传统的发展模式难以适用外部不断变化的需求。随着经济转型升级和产业结构的调整，传统产业，诸如钢铁、煤炭、有色金属等，融资需求下降，政府融资平台和房地产企业融资受限，导致银行传统的授信范围收窄。金融脱媒加快，商业银行作为主要金融中介的地位相对降低，将资金供需双方直接联系起来的融资方式不断发展，股票融资、债券融资日益便利化，造成银行业务范围减少。利率市场化进程的不断推进，银行息差率不断收窄，影响了银行的获利。在多重因素的综合作用下，银行探索新的业务模式，发掘新的客户，实现自身的转型升级。在当前国家大力推进科技型企业发展的背景下，积极发展科创金融业务，赋能科技创新有利于实现银行自身的健康发展。2020年，财政部下发的《关于印发〈商业银行绩效评价办法〉的通知》（财金〔2020〕124号）中提出，要对国有独资和国有控股商业银行从服务国家发展目标和实体经济、发展质量、风险防控、经营效益四个维度进行绩效评价。其中，服务国家发展目标和实体经济维度主要考核商业银行服务生态文明战略情况、服务战略性新兴产业情况、普惠型小微企业贷款"两增""两控"完成情况；而对商业银行的战略性新兴产业贷款、绿色信贷、小微企业贷款提出了明确的考核要求。科技型企业一般属于战略性新兴产业，也有部分属于普惠型小微企业和绿色信贷范畴，所以发展科创金融业务也是提高银行经营绩效的需要。

不论是促进国家创新型战略实现的外部需求，还是实现自身转型升级发展的内在要求，银行业金融机构应该充分利用科创金融的机遇，在为科技型企业提供金融产品和金融服务的同时，提升自身的经营表现和竞争能力。在为科技型企业提供金融服务的过程中，银行业金融机构需要充分认识和把握企业高成长性和高风险的特征，将企业发展的周期性规律与商业银行的经营发展逻辑相结合，从而为企业提供更优质的服务。

2.1.2 银行业支持科技型企业发展

1.银行传统业务发展模式

与传统企业相比，科技型企业在融资需求、经营特征等方面具有自身的独特性，传统的融资供给不能很好地满足科技型企业的融资需求。商业银行普遍倾向于向大企业、成熟企业等能够产生稳定现金流的企业提供信贷资金，投入到交通运输、房地产、租赁和商务服务、水电燃气、公共设施五个行业中的信贷资金占比较高，为国家的经济建设与发展提供良好的资金保障，促进了国家经济的发展。但是这也会导致银行依赖传统的业务发展模式，不利于银行自身的健康发展。此外，商业银行更看重那些经过市场检验、市场需求不断提升、进入大规模生产阶段的企业，更愿意为这样的企业提供信贷支持。同时，对于固定资产占比较高的企业，因其拥有相对充足的合格抵押物，信贷风险相对较低，拥有较强的偿付能力，也更容易获得银行的信贷支持。

另外，长期以来，贷款和存款之间的息差一直都是银行的主要利润来源。由于科技型企业发展初期的风险较高，银行为科技型企业提供资金带来的利息收入难以覆盖较高的风险，因此出于防范风险的考量，银行对科技型企业采取"惜贷"的措施。虽然《关于支持银行业金融机构加大创新力度开展科技型企业投贷联动试点的指导意见》发布后，银行与风险投资机构的合作力度不断加强，也建立起了多层次的风险补偿机制，但是投贷联动应用的范围比较有限，带来的收益比较有限，银行不能分享科技型企业的成长收益。随着利率市场化和金融脱媒的加快，商业银行的息差收益进一步收窄。

2.银行服务科技型企业现状

（1）银行与科技型企业之间信息不对称

科技型企业在发展初期的关注点主要集中在技术研发以及如何实现科技成果转化等方面，而对企业管理不够重视。同时，由于在发展初期，企业缺少有经验的管理人员，内部管理可能不规范，并没有建立起完善的内部治理体系。受此影响，企业的财务管理制度也不健全，企业财务信息可能无法准确反映企业真实的经营状况和财务风险。此外，企业核心的资产主要是无形资产，企业掌握关于无形资产的详细信息，但是可能并没有建立起比较完备的无形资产管理体系。在以上因素的综合作用下，银行很难准确了解企业的实际情况和未来的成长价值，因此为科技型企业提供资金的意愿较低。

（2）收益与风险不匹配

银行的主要收益来源于息差，银行向科技型企业提供信贷支持，只能按照借款合同获得约定的贷款利息收入。然而，对于发展初期的科技型企业，技术研发、科技成果转化、产业化等各个阶段均存在较大的不确定性，企业规模较小、收益非常有限，基本处于亏损状态，财务风险也较高，未来还本付息的能力较差。在任何一个阶段失败，都会给银行带来损失，因此对银行来说，向科技型企业提供信贷资金获取的收益无法补偿其承担的风险。

（3）金融产品供给不符合科技型企业的经营特征

传统的信贷服务主要依赖于企业有形资产带来的现金流，而科技型企业以轻资产为主，没有合适的抵质押物品，通过有形资产判断企业的偿债能力不符合科技型企业的特点。出于资金安全性和流动性的考虑，银行普遍倾向于投放短期资金，因而无法满足科技型企业的科研投入需求。

（4）缺乏专业的考核评价体系

银行现有的成熟的考核机制，也不适用于考核对科技型企业的融资支持。科技型企业除了具备一般企业的风险，诸如经营风险、市场风险和信用风险外，还具有与自身特征密切相关的技术风险、成长的不确定性风险，因而风险水平更高。传统信贷对于不良贷款率的管理比较严格，不适用于考核对科技型企业的信贷，银行信贷对于科技型企业风险的容忍度有待提升。

（5）人才队伍的专业化水平有待提升

科技型企业的专业性较强，其业务范围会涉及电子信息、互联网、生物技术、新医药、人工智能、虚拟现实、航空航天、新材料、新能源、节能环保等专业性很强的领域，需要具有相关领域专业知识的人才提供符合企业所处行业特点的金融产品或金融服务。银行体系中现有人才储备的知识和能力结构可能不能满足科技型企业对银行产品与服务的需求，无法准确分析科技型企业的发展前景和成长能力。

（6）银行与其他主体的合作与联动比较有限

自投贷联动业务试点以来，银行与风险投资机构的合作取得了一定的成果，但是应用的范围仍然比较有限，合作的深度有待进一步深化。此外，银行与资本市场、证券公司、保险公司等之间的合作尚未建立起较为完善的体制机制，信息的共享机制有待进一步推进建设。

3.银行科创金融的"不可能三角"

结合科技型企业的发展规律，影响科技型企业与银行之间良性循环的基本因素包括科技型企业的融资可获得性、商业银行的市场化选择、相对较低的融资成本。这三个因素在很多情况下很难实现统一，成为"科创金融的不可能三角"，只能三选二，不能三者兼得。

若想要提高融资的可获得性和较低的融资成本，科技型企业的特殊性使得其很难成为商业银行的选择，除非是优质的科技型企业，或者是政府的政策性要求，或者享有政府补贴的科技型企业。如果追求融资的可获得性和商业银行的市场化选择，与科技型企业较高的风险相匹配，商业银行必然要求获得较高的风险补偿，因而会提升科技型企业的融资成本。如果追求较低的融资成本和商业银行的市场化选择，商业银行更倾向于为国有企业、成熟稳定的大型企业或信用较好且风险低的其他企业提供信贷资金，而科技型企业很难满足银行信贷资金的授信要求，因而融资的可获得性较差。以上分析充分表明，在科技型企业的发展过程中，这三个因素很难实现统一，从而影响了科技型企业的发展。

2.1.3 银行业提升服务科技型企业效率与质量的措施

科技型企业的发展可以为银行带来丰厚的回报，银行增加对科技型企业的支持力度，贯彻国家的发展战略，这对商业银行自身的发展具有积极意义，有助于提升商业银行的竞争力。但是由于科技型企业存在特殊性，因此需要密切结合商业银行的特点提供科创金融服务。对商业银行而言，科创金融是信贷技术、业务模式、风控理念的创新，对推动经济发展和创新能力的培育均具有重要意义。

1.设立科创金融专营部门

由于科技型企业的专业性及特殊性，商业银行应该单独设立专营部门，提供符合科技型企业特点的金融产品和金融服务。

（1）重构科创金融服务架构

转变对现有经营架构的依赖性，结合科技型企业特点，组建专门的科创金融服务机构，通过组建事业部、科创金融服务中心、科技支行等方式，将服务科技型企业作为主要的金融服务内容，加大对科技型企业的金融服务力度，促进科创金融的发展。

（2）重构科创金融服务考核体系

根据科创金融的特点，优化业绩考核的内容，引导分支机构树立正确的业绩观；增强对风险较高的科技型企业的容忍度，调整不良贷款的考核范围；强化各分支机构的风险意识，推进中短期贷款绩效发放周期与贷款信贷周期的匹配。针对科技型企业的特点，建立专门的信贷评审体系和信贷管理机制，在对科技型企业提供信贷支持时，减少对历史放贷标准的考核，增加对企业的技术与专利水平、研发与管理团队、商业模式以及未来市场前景等要素的考量。在对科技型企业的贷款进行贷中审核时，应该建立更全面的审核专家团队，知识结构和能力结构都应该与科技型企业的特点相符合。在贷后检查过程中，既要关注企业的财务指标，也要关注企业的成长性和市场环境的变化。

这样既可以提升银行内部的经营协调效率，汇集相关领域的专业人才增强对科技型企业的服务能力，也可以按照科技型企业的所处行业特征或者其他方面的特征进行细分，在此基础上深化对科技型企业的金融支持。

2.创新科创金融产品

科技型企业的主要资产是知识产权、品牌、市场接受度、研发团队，以及未来的升值空间等，商业银行应该根据科技型企业的特点提供金融服务、创新金融产品。针对科技型企业的科创信用贷款、知识产权质押贷款等，商业银行应该充分认识到知识产权是科技型企业的重要资产，应该从长远视角正视知识产权资产对于科技型企业的价值，探索与资产评估机构等中介机构合作，在知识产权质押融资中，客观地对知识产权的价值进行估算，并在此基础上为科技型企业提供融资服务。对企业合法拥有的发明专利、商标、著作权等，可以采用"优惠固定利率+共盈浮动利率"的定价模式，从而使银行的收益与风险相匹配。商业银行根据企业真实的经营情况提供贷款，以原材料为起点，以企业的存货和应收账款为担保物，为科技型企业提供资产支持贷款，这在一定程度上可以解决科技型企业缺乏担保物的问题。商业银行应积极探索支持产业创新链前端的信贷模式，探索创新利率定价机制，开发"远期共赢利率定价""LPR+科创优惠定价"等信贷产品，降低科技型企业特别是在种子期、初创期的融资成本。

除此之外，商业银行可以为科技型企业提供创业培训、创业辅导、创投对接等服务，加强对科技型企业的指导和支持；整合银行内部资源，搭建共享金融服务平台，为科技型企业提供全方位的综合服务；利用互联网、大数据、云计算等技术手段，增强自身的服务能力，满足科技型企业多层次、多样化的需求。

3.构建符合科技型企业特点的风险评估体系

风险防控对银行业的持续发展至关重要。科技型企业由于自身的特殊性，可能会被银行业严格的风险防控排除在银行信贷体系之外。为了更好地支持科技型企业的发展，银行业需要针对科技型企业的特点和融资需求构建适用于科技型企业的风险评估体系。第一，确保科技型企业融资的真实性；第二，增强对科技型企业所处内外部环境的研究分析能力，为具有良好发展前景的科技型企业提供融资服务；第三，根据科技型企业特点，构建适用于科技型企业的风险评估指标体系，将企业品牌、技术、创新能力、可持续发展等作为核心指标；第四，利用人工智能、大数据、区块链的技术手段，建立成熟的风控模型和客户筛选模型，有效控制风险，从而提升贷前、贷中和贷后各个环节风险识别的精准程度；第五，与产业主管部门、监管部门和地方政府合作构建预警机制，落实风险分担和补偿机制，引入科技贷款保险、科技贷款担保等，活跃科技再贷款、资产转让市场，明确勤勉尽责制度，保护员工的积极性。

4.探索健全多层次的风险分担机制

构建科学、富有弹性的风险定价策略，针对科技型企业的特点，制定和执行差异化信贷政策，对战略性新兴产业、先进制造业集群、高新技术制造企业单列信贷计划，降低科技型企业融资的成本。提升对不良贷款的风险容忍度，制定符合科技型企业特点的授信业务尽职免责制度，增强员工为科技型企业提供金融服务的积极性。

为充分发挥风险分担、补偿作用，商业银行除了升级优化自身风控体系，还可与政府贷款风险补偿基金、投资引导基金、担保机构加大合作，构建多层次的风险分担机制，继续优化担保、风险补偿流程。比如，由保险公司设立科技型企业贷款保险，当商业银行信贷出现违约时可用保险理赔进行补偿；配合地方政府搭建风险资金池，对小微企业贷款损失申请补偿等。

5.继续发展推进投贷联动业务

在国家政策的大力支持下，科技型企业呈现出快速发展的态势，但是由于科技型企业自身存在的特殊性，面临着融资难、融资贵的问题，金融供给不足成为阻碍科技型企业持续健康发展的主要障碍。银行为科技型企业提供资金支持存在风险与收益不匹配的问题，导致银行对科技型企业的金融供给意愿下降。风投机构投资标的是科技型企业具有高风险、高收益的"股权"，只要有一家企业最终投资成功，其获取的股权红利就可以覆盖其他企业投资失败所造成的损失。不同于风投机构的服务逻辑，银行为科技型企业提供融资服务后，成为企业的"债权人"，无论企业未来发展得多么成功，银行只能收回本金及约定好的利息，难以充分分享企业的成长红利。

银行信贷活动产生的收益无法覆盖其所承担的风险，投贷联动业务的开展，通过模式创新，银行可以通过股权投资获得潜在的高收益，弥补向科技型企业贷款存在的高风险，提高银行支持科技型企业的积极性。对科技型企业而言，投贷联动模式的引入，丰富了资金来源，为其发展提供了较为充足的资金供给，还可以改善资本结构，降低资产负债率，改善财务状况；同时，改变了银企关系，双方是一种合作共赢的伙伴关系，科技型企业可以借助银行的优势获取更多的支持，实现进一步发展。而且，在投贷联动模式下，银行可以通过投资子公司向科技型企业进行股权投资成为企业的股东，参与企业的生产经营决策，有助于缓解银企之间的信息不对称问题，提升银行的风险防控效率。此外，投贷联动对银行的专业化水平也具有较高的要求，银行通过投贷联动业务支持科技型企业发展，既促进了实体经济发展，也有助于增强自身服务实体经济发展的能力。

6.加强合作共建科创金融生态圈

加强与外部机构的合作，共同建设科创金融生态圈，为科技型企业提供全生命周期的金融服务。与政府机构共建政银合作生态圈，加强与政府之间的信息交流，及时获取政策动态和投资项目清单，做好精准服务；同时，积极争取政府财政支持，创新风险补偿模式，降低银行投向科技型企业的信贷资金风险。与实体经济深度融合，与科研院所及科技人员合作，构建产、学、研融合生态圈，不断创新产品和服务模式，支持科学技术转移、转化和产业发展，为科技型企业提供启动和发展资金。与产业龙头企业加强合作，建设企业联盟生态圈，提升自身的风险管理能力；利用互联网头部企业的技术优势，推进"科创金融+金融科技"的深度融合，提升金融服务和金融创新的技术优势。

7.组建专业的人才队伍

银行的信贷服务人员大多拥有经济学、金融学背景，缺乏对所服务科技型企业的专业认知，很难准确评估拟授信企业的真正价值和未来的发展前景。加快人才储备，提升金融服务人员的科技素养，从专业角度认识科技型企业，进行信贷的审查与评估。商业银行也可以与高等学校、科研院所合作，培养关键人才，培养具备金融专业知识、科技创新行业背景、企业管理能力的跨领域、多学科交叉的创新型、复合型和技术型人才。同时，完善金融人才评价体系，建立良性循环的金融人才动态管理机制。

本书选取了江苏省具有代表性的银行，分别阐述了江苏省银行业在科创金融中的实践。

2.2 中国农业银行苏州分行

中国农业银行苏州分行（以下简称农行苏州分行）将服务科技型企业作为服务国家战略、优化信贷结构、提升经营效益的重要抓手，围绕区域科技型企业金融需求，持续加大金融服务力度。

2.2.1 科创金融产品

目前，农行苏州分行设立了"科技型企业金融服务苏州中心"专营机构，为更多企业提供全生命周期的个性化服务方案。例如，运用"科贷通""苏科贷""苏微贷"等特色产品，帮助面临启动资金短缺、研发成本偏高、无抵质押物等问题的初创期企业，畅通发展通道；通过普惠理财、项目对接、政策服务等业务，助力培育期的企业加快发展；对拟上市的辅导期企业，利用投贷联动、资金池、公司理财等综合服务，支持企业挂牌上市；借助并购融资、定向增发、跨境结算等服务，为上市公司的发展注入金融活水等。

1."科贷通"

截至2022年年底，"科贷通"本年度为全市1 886家科技型企业提供贷款87.05亿元，其中属于重点产业领域企业占比超70%。累计为11 742家科技型企业提供贷款643.40亿元，研发资源共享服务平台提供各项服务24 800余项，解决各类企业需求5 861项。苏州市综合金融服务平台共为63 972家企业解决11 291.63亿元融资，46 976家企业获得约1 534.65亿元"首贷"资金。总规模150亿元国家工业母机产业投资基金在苏州设立，全市管理基金规模超8 000亿元、数量超2 400只，成为资本与产业结合最好的城市之一。

2."苏微贷"

"苏微贷"是指农业银行对中小微企业发放的、以财政风险补偿基金为主要担保形式，用于解决企业生产经营中所需资金的一项融资业务。该产品充分发挥了财政资金的杠杆作用，显著降低了中小微企业融资成本，有效破解了中小微企业融资难、融资贵的问题。

2.2.2 金融科技的技术研发与应用

农行苏州分行还通过专营机构协同内外资源，依托集团内部农银国际等股权投资平台，与苏州地区政府机构、政府投资平台、知名创投机构、产学研机构等深入合作，对科技型企业提供"股债集合、投贷联动"的融资支持。为了更好地对接科技型企业的金融需求，农行苏州分行对科技型企业实行名单制管理，引入"独角兽""科创板""高新技术企业""国际知识产权优势企业"等外部名单，纳入直营直销体系运作，落实更加专业化的服务团队。通过引入"白名单"，可以为重点企业在客户准入、客户分类、授信管理、担保管理等方面，提供更加差异化的保障和更加丰富的场景与产品。

1.战"疫"急先锋——助力企业抗疫，加速复工复产

面对疫情，农行苏州分行第一时间发起战"疫"急先锋项目。该项目建立敏捷团队，采用敏捷开发方式快速推出"疫情报送""千人走万企""权益平台"三大战疫产品。

敏捷团队仅用48小时推出一套企事业单位实时线上采集员工健康状况的疫情报送系统，智能生成员工行程轨迹和健康报告。该产品免费

向社会开放，累计帮助1 000家企事业单位在疫情防控期间实时掌握员工健康动态。积极响应国家助力企业复工复产的号召，敏捷团队仅用72小时上线"千人走万企"产品，全行上下组成30个金融服务团队，走访超10万家企业，第一时间提供复工复产的金融服务产品。保障民生生活，敏捷团队上线权益平台，直连本地农场，疫情防控期间为苏州市民提供新鲜蔬菜免费配送。

创新技术/模式应用：

（1）敏捷开发模式创新

面对疫情突袭，战"疫"急先锋项目时间紧、任务重，为了快速交付项目上线，疫情报送产品和"千人走万企"产品均采用了敏捷开发的方式。受疫情影响，项目组人员无法当面沟通，项目组更是创新性地采用了线上敏捷的方法：在接到项目后，产品负责人第一时间确认需求，项目组成员将产品需求拆分为用户故事，并对用户故事进行精细化拆分；开发人员采用TDD结对编程，由2名开发人员共同远程编写代码，保证代码质量和A/B人员支持；项目组以2小时为标准组织线上会议及时同步工作。如果遇到项目阻塞，第一时间反馈给对接人，并给出解决方案。

为了缩短开发时间，架构、前端、后台、测试、UI设计、文案等多条支线并发执行，共同攻克项目大关。同时，采用测试驱动开发的敏捷方法，极大地缩短了测试时间，最大限度地发挥了敏捷团队协作、共克时艰的精神。

（2）技术创新

战"疫"急先锋项目按照数字金融科技的特色，结合开放式平台的架构模式，使用苏农银行金融云平台，尝试了"前后分离""容器化""微服务""devops"等多项技术成果，实现了应用的平滑升级和弹性扩展。同时，使用先进的PaaS平台，充分利用平台现有的"服务注册与发现""服务治理""调用链跟踪""日志中心""统一配置"等技术，既可以实现银行内部的架构管控，又可以实现软件资产的可复用，从而将应用场景、开放式平台有机融合在一起，提升了平台的可复用性和扩展性。

2.金融科技与区块链相结合

2022年上半年，中国农业银行发布了《中国农业银行金融科技创新年度报告（2021）》，全景式展现了农业银行2021年金融科技创新实践成果与创新能力，报告中提到农业银行已经初步建立了以大数据、人工智能、移动互联网、云计算、物联网、区块链等新兴信息技术为主体的创新技术体系，在业务应用和科技支持方面开展了多项研究探索、应用试点。

中国农业银行还通过区块链技术关注智能增值服务与借贷服务的提升。通过与多方签署战略协议，构筑区块链技术新格局。比如，2019年11月与京东数字科技集团正式签署了《框架合作协议》，启动双方联合打造的"智能托管平台"，与国内专业区块链电子签约平台君子签达成合作，解决目前银行借贷面临的业务效率低，存证举证难等困扰，实现银行在线借贷业务的电子合同签订、全流程存证举证服务及签约后的司法配套服务，从而构建更高效、智能、安全、放心的银行借贷服务。

中国农业银行前副行长郭宁宁表示，以大数据、云计算、人工智能、区块链等为代表的金融科技重塑了整个金融产业的生产力体系。金融与科技的深度融合催生了新产能，提升了整个金融产业链的服务效率和风控能力，进而推动商业银行进行根本性变革，产生从量变到质变的飞跃，实现金融服务全面转型升级。

中国农业银行董事长周慕冰在《中国金融》上撰文表示，农业银行要提升金融科技软实力，把金融科技人才队伍建设作为人力资源改革的重点，加快培养一批懂科技、懂业务、懂管理的复合型人才，积极开发储备移动互联、云计算、大数据、区块链、人工智能新技术，抢占金融科技制高点。

2.3　中国银行江苏省分行

江苏省是中国银行最早设立分支机构的省份。经过百年的发展，中国银行江苏省分行（以下简称"江苏中行"）目前在全省设有11家二级分行（不含苏州）和10家南京地区直属支行，现有各级机构750余家，员工19 000余人。

江苏中行建立了全方位金融服务的新型业务运作模式和全面风险管理架构，全方位经营公司金融、个人金融和金融市场业务，并通过与总行全资附属机构联动，开展投行、基金管理、资产管理、飞机租赁、保险等金融业务，国际化和多元化程度在当地同业领先，是系统内经营效益、业务规模最大的分行之一。

近年来，随着创新型经济的深入推进，江苏中行日益体会到知识产权作为企业最核心的无形资产，对于企业尤其是科技型中小企业的重要意义。为充分挖掘企业知识产权金融价值，让"知识"变为"资本"，江苏中行以知识产权为突破口，深入开展业务创新。同时，江苏中行通过科技加持、创新赋能，以"滴灌"姿态精准"资"润，让"金融血液"流入科技创新"毛细血管"。

根据江苏省知识产权局的数据，2022年1月至12月，全辖区专利质押贷款客户数574户、专利质押融资金额76.61亿元，占比分别为22.15%、24.32%；质押融资金额较上年年末增长38.41%，市场份额蝉联"双第一"。此外，江苏中行通过"债权+直投"及"债权+选择权贷款"的方式为65家小微知识产权企业提供了投贷联动服务。

2.3.1 科创金融发展的业务痛点和破解之策

1.科创金融发展业务痛点

（1）价值识别难

作为无形资产，知识产权的价值识别涉及技术、法律、市场等多方面因素，专业性强、复杂性高。金融从业人员由于知识结构等原因，对知识产权工作的了解与知识产权专业人员相比有较大的差距，很难识别以及判定知识产权的"含金量"。

（2）评估变现难

单一的知识产权并不能带来较高的现金回报，必须与专业的生产条件相结合才能创造价值。国内知识产权评估机构数量较少，执业质量参差不齐，知识产权资产评估费用较高，转让交易程序复杂，处置成本高。

（3）风险控制难

许多拥有自主知识产权的企业存在高成长、轻资产的特点，且知识产权本身具有的无形性、不可复制性、不确定性、时间性、地域性等特点，决定了知识产权金融创新必须对多个独特风险点进行防控。

2.科创金融发展业务痛点的破解

（1）面对"价值识别难"

江苏中行率先打破对抵质押物的依赖和风险补偿的传统思维，关注焦点从单个知识产权本身的价值，逐步转向拥有自主知识产权企业的整体价值，明确了知识产权"分级定档"的管理思路。在企业准入指标设置上，重点考察企业在知识产权创造、运用、保护和管理方面的整体水平，据此将企业分为A、B、C三个类别。分级管理为江苏中行的知识产权价值判断提供了标准——对于A、B、C三类企业，江苏中行可分别提供最高500万元、350万元、200万元的知识产权质押贷款额度。

（2）面对"评估变现难"

江苏中行借助外部知识产权大数据平台的专业能力和渠道资源，在贷前，运用区别于传统资产评估方式的"专利评价"方法，从多维度对企业专利价值实施定性分析；在贷后，一旦企业出现经营困难，可通过知识产权转移、回购、并购等形式完成变现操作。

（3）面对"风险控制难"

江苏中行充分发挥知识产权大数据功能，积极推动知识产权数据应用于贷前、贷中、贷后的各个环节，对企业知识产权开展动态调查和评价。同时，充分运用互联网、移动通信等金融科技手段，通过系统设计和流程控制，在贷前呈现企业的"数据画像"，降低信息不对称，在贷后及时提示风险预警信号，便于业务端开展动态分析、调查核实、处理隐患、控制风险，有效提高了知识产权质押融资的风险可控性。

2.3.2 科创金融产品和客户生态

1. "中银税贷通"

江苏中行在开展知识产权质押融资的过程中，用心倾听企业需求，持续开展产品升级。为进一步匹配中小企业短、频、急的用款需求，江苏中行对"中银税贷通"业务流程做了大幅度的优化，实现了贷款申请的线上化，并支持"先发放贷款、后办理质押"。2020年以来，江苏中行大力推进科创金融授信业务。作为中国银行科创金融授信业务首批试点银行，江苏中行持续优化产品服务体系与业务服务机制，打造包括"人才贷""苏科贷""中银税贷通"等在内的产品体系，加强科技创新再贷款政策工具的运用。"中银税贷通"产品如图2-1所示。

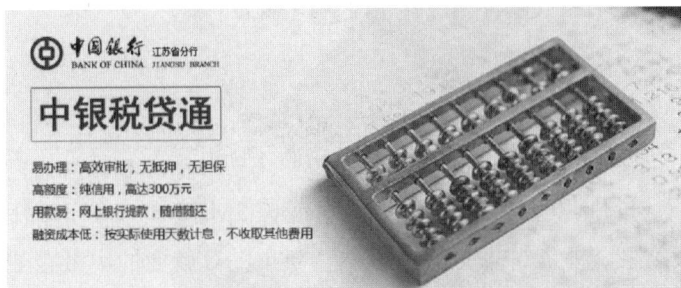

图 2-1 "中银税贷通"产品

2. "中银商圈贷"

为精准化解商户切实之困的，江苏中行的"中银商圈贷"产品采用信用免担保方式，单户最高授信金额50万元，高度贴合市场经营业主的需求。江苏中行成立专项服务小组，精准服务市场内新市民。自2020年9月以来，江苏中行在红太阳装饰市场中累计投放"中银商圈贷"1.08亿元，服务客户420余户。瞩目全省，江苏中行服务消费类商圈市场达100个，累计发放个人经营"中银商圈贷"共计4.42亿元，服务商圈市场客户1 179户。"中银商圈贷"产品如图2-2所示。

图2-2　"中银商圈贷"产品

3. "苏岗贷"

为了助企纾困、稳岗惠民，江苏中行不断开辟新路径。江苏中行与江苏省人力资源和社会保障厅、江苏省联合征信有限公司合作推出了"苏岗贷"融资业务，重点服务吸纳"新市民"就业的小微企业，三方开拓"政策+金融+征信"普惠金融新思路。自2022年4月下旬正式推出以来，"苏岗贷"已先后与各地级市人力资源和社会保障部门完成战略签约，700多家中小微民营企业也已收到近30亿元的"苏岗贷"信用贷款，而企业需要支付的平均年利率仅为3.83%。"苏岗贷"产品如图2-3所示。

4. "惠如愿·知惠贷"

2021年6月21日，中国银行与国家知识产权局（以下简称"国知局"）签署了全面战略合作协议，共同推进知识产权市场化运营，创新科创企业知识产权投融资模式，深化专利供需撮合，协力破解科技型企业发展的"痛点"。中国银行成立"知识产权融资创新实验室"，并发布"惠如愿·知惠贷"产品。"惠如愿·知惠贷"产品聚焦企业（潜在）高

图2-3 "苏岗贷"产品

价值专利，结合企业知识产权综合能力和水平等诚信数据，为科技型小微企业提供知识产权全链条场景化应用方案。江苏中行作为首批试点分行参与"惠如愿·知惠贷"产品的研发和推广。

2.3.3 金融科技的技术研发与应用

作为中国银行科创金融授信业务首批试点行，江苏中行持续优化产品服务体系与业务服务机制。银政联动与产品创新互促共进，提升服务能力。江苏中行将"服务民营企业"作为战略规划重要内容，在全辖区集中业务骨干力量成立服务民营工作小组。江苏中行将优质民营企业统一纳入总行信贷结构优化白名单；灵活运用各项政策组合，实施差异化利率授权，对经营质态好、社会效益强的优质民营项目，给予更大让利空间。江苏中行与省知识产权局密切合作，自2018年起，携手打造了"知识产权融资一站通全省行"服务模式。"一站通"是一个以具有知识产权融资需求的企业为中心，提供面对面一站式综合金融服务的银企对接平台，具有"政策专属"和"服务直通"的特色。对于现场参会企业，江苏中行除了提供"中银税贷通"专属产品以外，还特别提供"一企一策、成本最优"的贷款方案，给企业最大的实惠。每一场活动，江苏中行均集结各层级业务骨干，组成专业服务团队，与企业面对面深度洽谈，现场确定服务方案，给企业最好的体验。"一站通·全省行"活动开展四年来，江苏中行已在省内12个城市累计举办195场专场活动，现场对接服务企业3 500余户，融资意向达成率近30%。

2.4 南京银行

2.4.1 科创金融的发展战略和组织架构

1.科创金融发展战略

南京银行科创金融主要是南京银行南京分行科技文化金融服务中心以准事业部制管理模式开展业务，以"1+7+2"营销模式为主导方向，针对科技文化型企业，采取完全专营、特色鲜明的业务模式，陆续开发了"鑫智力""鑫动文化"品牌，并在专属品牌项下，有针对性地开发了相关科创金融专属产品，如专利权质押贷、投联贷、投贷联动等。

近年来，南京银行科技文化金融服务中心（以下简称"科文中心"）持续优化运营模式和服务质效，采取单独授权、单独管理、单独考核、单独资源配置的管理模式，形成了"完全专营、特色鲜明"的运营模式。

其中"完全专营"主要体现在四个"专"上：一是专业的机构。中心负责业务的授信审批、牵头推动和条线管理，与经营机构形成上下联动、点面结合的营销推动与服务支撑网络。二是专业的团队。针对南京市政府重点扶持的产业与行业，科文中心成立相应的营销团队，在2019年又搭建了科文中心支行，至2020年年末已向7家科文中心支行派驻专业人员搭建服务团队。三是专门的流程。科文中心对科创金融业务设定简化的专业流程，根据企业的发展规划制定长期的综合授信方案。科文中心拥有500万元自主审批权限，审批更快捷。四是专业的产品。

"特色鲜明"主要体现为"两高两低"。业务审批效率高。建立科创金融绿色审批通道制度，同时引入专家评审机制，提高审批效率和质量。风险容忍度高。支行将科文中心抵补后风险容忍度放宽至5%。客户准入门槛低。制定差别化的信用评价体系和审批标准，淡化财务因素，更关注非财务因素和行为表现。产品综合定价低。对纳入市政府重点支持和扶持的科技型企业，给予贷款利率优惠；对其他科技型企业，给予适度优惠。

根据科技文化型企业轻资产、重科技含量、创意水平极具备爆发式增长条件的特点，科文中心为科技文化型企业量身定做了丰富的金融产品，为科技文化金融发展提供了有力的产品体系支撑。积极打造"鑫智力"与"鑫动文化"品牌，并不断优化专门服务于科技型小微企业的"鑫智力"品牌，根据科技文化型企业特点推出的知识产权质押贷、股权质押贷、应收账款质押贷、订单融资等创新特色产品，获得了市场的广泛好评。针对南京市"两落地一融合"及创新名城建设，量身打造"鑫融合""鑫人才""鑫高企""鑫转化"产品。在市场内，大部分产品均是南京银行首创的业务产品，且大多数采用了信用贷款的方式。在以"小股权+大债权"为核心模式的"投贷联动"产品的探索创新上进一步做深做强，为初创期科技型小微企业发展壮大提供了有力支持，并获得了"市金融创新奖"。

科文中心坚持把渠道建设作为业务发展的一项重点工作，持续推进"深耕园区"计划，与南京地区15家高新园区、各区科技部门建立合作关系，全方位参与园区的企业服务、金融创新，扩大科创金融覆盖面，引导并协助各经营机构推进园区"小微企业拓展计划""新园区开拓计划""园区提升计划"。科文中心负责人带队与各主要职能部门对接，拜访市（区）相关政府部门与监管机构，摸排融资需求，开辟绿色通道，为企业注入发展动力，助力创新名城建设。

2.组织架构

南京银行南京分行科技文化金融服务中心现有员工63人。其中，总经理3人、部门负责人11人、客户经理33人、风险经理7人、法审合规综合员5人、授信审批员4人。

2.4.2 科创金融产品和客户生态

1.创新信贷文化

科技型企业的融资难，很大程度在于轻资产、缺少合格抵质押物、行业专业性强、发展不确定性高等特点，不符合银行传统的信贷审批偏好。南京银行跳出重抵押、重担保的传统思维，追本溯源企业经营实质，重塑前瞻性信贷文化，以投行的视角看客户，深入"了解客户、了解业务"，从"基本看过去"转向"参考过去，主要看未来"。在投放中围绕企业经营现金流，以信用方式支持为主，解决科技型企业缺乏抵押担保的痛点，增强其生存和发展能力。

2.创新产品体系

针对科技企业"轻资产、高成长"等特点，南京银行创新推出"鑫智力"专属服务品牌，为科技企业提供全方位、多层次、广覆盖的产品服务支撑。南京银行即将推出"鑫e高企"，这是科创金融首款纯信用、线上化的标准化产品，将为高新技术企业提供高效、便捷的金融服务。自2015年起，南京银行联合省、地方相关政府部门，组织"鑫智力杯"创新创业大赛、"鑫园区深耕"计划、"鑫高企"金融服务直通车、"瞪羚服务行"等系列品牌活动。近期，启动了专项行动赋能"专精特新"中小企业，以"综合金融服务商"的理念，为"专精特新"中小企业提供金融专属服务。近年来，系列品牌活动组织开展了数百场企业路演，吸引超6 000家科技型企业参赛，与数千家企业建立深度金融合作关系。系列品牌活动得到了社会各界的高度评价，被誉为"回归本源，服务实体"的有效举措，助推地方经济高质量发展。

科文中心拥有"鑫智力""鑫动文化"等多个金融服务品牌。例如，"鑫动文化"系列文化金融专属品牌及产品，专门针对文化型企业"轻资产、重创意、高发展"的特点量身打造，有效拓宽了涉及教育服务及广告、设计、体育等行业文化型小微企业的融资渠道。

在服务品牌下，科文中心还针对性地陆续开发了专利权质押贷、投联贷、投贷联动等相关专属产品，可覆盖小微企业的全成长周期。通过精准对接的"1+7+2"营销机制,帮助南京市数以千计的中小型科创文化企业茁壮成长。

3."小股权+大债权"投贷联动

"小股权+大债权"投贷联动业务,是南京银行在科创金融服务经验积累的基础上,大胆创新,于2015年在全国率先创新推出,把"远距离"服务变为定制化的"融入式"服务,做到既能雪中送炭,又能与企业长情陪伴。这种业务跳出传统银企合作关系,通过"小股权"纽带连接,银行和企业成为一家人。一方面,为企业未来2~3年的发展备好"资金粮草",打造安全稳定可持续的资金链;另一方面,企业可以共享南京银行资源整合优势,提升品牌和形象。目前,南京银行投贷联动客户超百户,资金支持累计近百亿,并落地全国首笔"知识产权+投贷联动"业务,真正以小股权撬动了大债权,各方面综合评价较好。

2020年7月,南京银行投贷联动中心正式成立,不断深化投贷联动合作的内涵和外延。在活动现场,南京银行向首批选定的20家投资机构战略伙伴授牌,并聘请了10位科创金融行业专家,他们深耕生物医药、半导体、新材料、新一代信息技术等行业,完善了南京银行科创金融"智力库",形成"客户共享、品牌共建、行业共研"的投贷联动共赢机制。

目前,南京银行已服务百余家科技文化型企业,大部分企业业绩增长迅速,外部融资能力持续改善。该模式被央视财经频道作为江苏省供给侧结构性改革的创新举措重点报道,同时该模式也相继荣获省、市金融创新奖。

4."政银园投"

在创新成为经济结构转型升级主动力的当下,南京银行坚持"领先市场半步"的创新理念,推出"政银园投"新模式,致力于打造科创金融生态圈。

"政银园投"是南京银行投贷联动再次升级的新模式,由南京银行、政府园区、投资机构等多方参与,共同为科技创新企业全生命周期提供

"股权投资+信贷资源+政策支持"的全方位服务。该模式已在无锡新区、南通临江新区、日照高新区等9个园区成功落地，上海、江北新区、常州武进高新区等超10只基金即将落地。实践证明，该模式切实解决了政府、园区、银行、投资机构、企业等多方参与主体的需求痛点，较好实现了"协同创新、多方共赢"的目标。

2.5　招商银行南京分行

招商银行南京分行成立于1996年，辖区内现有7家二级分行和19个南京同城公司客户经营团队，在江苏省八个城市已拥有78家经营网点，形成了"立足南京、服务江苏"的机构布局，业务规模不断增长，在招行体系内排名第四，截至2021年12月，对公存款余额超1 800亿元，贷款规模超过1 300亿元，服务对公客户8万余户。在26年的发展过程中，招商银行南京分行与江苏地区客户共同成长，已累计为省内经济发展提供信贷支持服务7 600亿元，投向交通、能源、城建等基础设施领域，支持高端装备、信息技术、生物技术、医药等支柱产业，以及现代服务业和个人消费金融领域，实现了与省内经济同样的跨越式成长。近年来，招商银行始终把支持战略新兴行业的科技创新型企业发展作为服务实体经济的重要着力点，作为银行自身履行社会责任和转型发展的内在要求。

2019年，招商银行南京分行成立新动能研究小组，聚焦以创新驱动、技术进步、消费升级为牵引，以知识、技术、信息、数据等新生产要素为支撑，以数字经济、智造经济、绿色经济、生物经济等为主要方向的企业，为新动能企业提供从成立开户、现金结算、股权+债权融资需求的综合金融服务。南京地区科技型企业累计开户13 590户，2019年净增514户，占比3.7%；南京地区科技型企业贷款余额186.49亿元，占贷款总额的15.9%。

2021年是"十四五"规划的开局之年，在加快推动科技强国的战略导向下，涌现出一批重大科技创新平台以及以新动能行业为代表的创新型企业，展现出了强大的市场活力和发展潜力。招商银行高度重视对新动能企业的金融支持和金融创新，将其作为招商银行批发业务结构调整的重点方向。

招商银行总行提出大财富管理价值循环链的经营理念，不拘泥于传统信贷撬动的思维，发挥招商系子公司如招银国际、招商财富、招银理财的联动效应，为不同发展阶段的科技型企业提供差异化的金融服务，如创业融资、投资引荐、资源撮合、跨境结算、零售中高端服务等，并开发招募圈小程序，搭建线上化的服务平台，赢得了广大科技型企业和风投机构的好评。

为做好科技型企业金融服务，招商银行南京分行从源头入手，持续优化业务模式，创新产品。针对企业成长期的特点，创新产品服务，为授信客户提供多样化的产品解决方案。例如，初创期的企业可直接使用"QUICK"号、企业APP或移动支票等线上化产品，大幅度提升了企业的财务效率；成长期的企业则可使用高新贷、知识产权质押贷、投联贷、服贸贷等信用类融资产品；成熟期的企业可申请抵押贷、供应链融资，也可申请住宅抵押，抵押率最高达到100%，融资期限最长为5年。

2.5.1 科创金融的发展战略和组织架构

1.科创金融发展战略

招商银行以创新作为企业发展的原动力，将各种发明创造运用到实际生产经营中，以掌握核心技术、拥有自主知识产权以及拥有创新的商业模式为主要手段获取竞争优势的企业。

为契合新动能行业和客群发展特点，从信贷政策、评级模型等维度对新动能行业客户制定单独的风险政策，并以行业和客户深度经营为目标，在客户经理尽职的基础上设定一定的不良容忍度。从授信审批、业务定价、业务运营等方面，建立适应新动能行业和客户特点、技术发展特征等维度的单独的业务流程。建立与新动能客群投商行一体化和公私融合相适应的评价考核体系，打通传统银行基础业务、股权投资业务，以及和客户经营相关的企业代发工资、个贷等零售业务考核，全面评价经营成效。

招商银行南京分行在绩效考核中不断倾斜资源配置，激励全行人员拓展科技型中小企业业务。对新动能客群（含拟 IPO 企业、PE、VC 已投企业、"专精特新"企业、双创大赛获奖企业、"独角兽"企业）的开户、授信、贷款发放进行客户经理积分奖励，鼓励全行客户经理向科技型中小企业提供投联贷、高新贷、服贸贷等产品，加大对科技型中小企业的信贷投放。

招商银行一直以来积极与科技厅、各区科技局、高新园区等开展互动，探索线上化、批量化的小企业获客经营模式，运用"金融+科技"，重点聚焦科技型中小企业客群集聚渠道，并积极探索线上化评审模型及优质客群增长模式，如与各地科创中心探索数据对接，实现园区客户线上化预评估，实现批量获客。依托"宁创贷""宁科贷""小微贷""苏信贷"等产品对科技型中小企业提供融资支持。

招商银行结合自身的优势零售产品（如云端卡、薪福通）、优势现金管理产品（如多账户智能通知存款）、服务优势（如运营绿色通道、一对一专属服务等）、资产投放业务（如结算流量贷、"千鹰展翼"、上市辅导等）以及费用减免政策，打造较丰富的客群权益包，针对不同客群设计差异化权益，更好地服务科技型中小企业的发展。

2."千鹰展翼"组织架构

科技型中小企业一直都是资本市场中具有无限潜能的后备军，它们的健康发展影响着整个经济生态环境。招商银行总行早在 2010 年就启动了"千鹰展翼"计划，南京分行响应总行号召，将培育科技创新型中小企业登陆资本市场作为重要战略布局，专项培育科技创新型中小企业成长，至今已建立拥有 1 300 多家高科技企业的数据库。招商银行南京分行为数据库内的企业提供股权投资服务合作平台、创新的债权融资系列等多项产品，直接融资和间接融资相匹配，累计为数据库内的企业发放了 100 多亿元的贷款。

自2010年"千鹰展翼"计划开展以来，招商银行南京分行积极响应，坚定执行，始终将培育科技创新型中小企业登陆资本市场作为重要战略布局，在"千鹰展翼"客群特色经营上从未停止探索。

（1）创设部门，专营科技创新型企业

根据招商银行总行小企业专营改革要求，招商银行南京分行于2018年年初在小企业金融部内设"千鹰展翼"团队，该团队主要由1名负责人、2名产品经理、5名客户经理组成。2名产品经理负责搭建生态合作圈，牵头经营全行新动能企业、拟IPO企业、股权投资等业务，5名客户经理负责落地"千鹰展翼"企业（行业属于15大新动能）的贷款业务。

（2）发挥科技专营智能

"千鹰展翼"团队的职能：一是向总行推荐新动能基金股权直投项目；二是聚焦名单制，推动全行科技创新型中小企业的经营；三是运营招募圈小程序，搭建企业和投资机构沟通的平台，撮合科技创新型中小企业获得股权投资；四是实施一户一策的差异化经营策略，分行深度研究新动能行业及客户经营，针对名单内新动能授信客户一户一策，形成差异化经营策略。

（3）擅长渠道扩展，建立生态合作圈

为扩大"千鹰展翼"品牌的知名度，广泛获取优质企业信息，由"千鹰展翼"团队牵头，招商银行南京分行与江苏省科技厅、江苏省高新技术创业服务中心、省生产力促进中心、上交所、深交所、港交所、头部投资机构、券商和中介机构、产业园区等逐步建立多渠道、多层级的生态合作联盟。

获客主要通过四个渠道：知名风投机构、科技主管部门、券商和中介机构、园区招商部门。"千鹰展翼"团队上下秉持着精挑严选的工作原则，对企业坚持多问、详查、细究、总观、定论的操作流程，在与授信审批部门的沟通中，以"审贷官+风险经理+客户经理"铁三角模式，参考领投风投机构尽调形成的投资观点，仔细研判风控手段。在与客户谈判中，以最优的授信方案积极争取主承办银行的地位。

招商银行南京分行积极组织客户参加资本市场动向的交流活动，提升服务水平。通过举办新动能行业客户研讨会，邀请新动能行业专家、新动能行业客户共同探讨新动能行业发展机遇，加强新动能行业客户交流，进一步提升分行对新动能客户的综合经营服务水平。

2.5.2 科创金融产品和客户生态

1．"招募圈"小程序

长期以来，困扰科技型企业的一个难问题就是发展初期融资难的问题。招商银行在服务新经济、新动能企业的过程中，发现这类客群具有"轻资产、重资本"的特点，依照传统的授信逻辑难以介入合作，为了解决这个困境，并寻求与优质初创期企业的合作，2019年招商银行总行决定以优质投融资标的为核心，围绕上市公司、私募股权机构、被投企业的投融资场景，开发了一款投融资撮合平台——"招募圈"小程序。

"招募圈"小程序发布后，已合作投资机构超500家，推荐优质股权融资标的超300家，成功撮合股权投资15笔，募集资金净额达30多亿元。

招商银行南京分行为了加大"招募圈"的影响力，特别加大广告投放，制作了宣传片在城市频道财经栏目播放。通过线上融资项目向线下投贷联动导流新模式，探索出一条线上线下融合的高效率的服务路径。招商银行南京分行将进一步为PE、VC机构及被投企业提供优质、便捷的股权投融资服务，不断延伸实体经济的广度和深度，用科创金融业务，打造最佳客户服务体验的"资本市场主流朋友圈"。

2．投联贷与小额股权直投

招商银行针对一年内获得招行白名单的PE机构投资，推荐有一定经营规模的、财务稳健的、快速成长的科技创新型中小企业，结合企业实际经营、纳税、现金流、偿债能力等情况，给予一定额度信用贷款——投联贷。招商银行投联贷优先支持节能环保、新兴信息产业、生物产业、新能源、新能源汽车、高端装备制造、新材料七大战略性新兴产业和以新技术、新产业、新业态、新模式"四新"为核心的产业驱动力量的新动能企业。

投贷联动是近年来很多银行宣传的创新产品，而绝大多数银行目前仍采用认股期权形式实现银行体系内的"投贷联动"，而且国内银行投资主体多为外部投资机构，在客户识别评估上始终存在投贷风险不统一的矛盾。2017年年末，招商银行总行成立了展翼基金，以小额股权投资基金的业务模式实现了在总分行同一条线内完成"信贷+投资决策"，将信贷风控和投资观点有机结合在一起，总行的投资决策部门引导分行对已投企业加大信贷资金支持。对客户来说，招银系基金入股企业，使得企业具有招银系列的股东背书，对其未来融资及上市有良好助推作用。优秀的科技创新型企业不仅得到了招商银行的资金注入，更是享有招商银行的资源倾斜。

客户特征（原则上的筛选标准）有：

（1）行业：关注先进制造、节能环保、医疗健康、新材料、新能源汽车、信息技术以及消费升级相关产业中的成长型企业。

（2）规模：纳税收入初具规模，净利润保持增长。

（3）成长：近三年营收及利润呈现增长态势，增长率高于同行业平均水平。

3. "高新贷"

招商银行通过前期业务推广中各分行客户反馈的建议，对客户准入、授信额度、担保方式、业务模式等方面进行优化，为充分融合高新技术科技企业发展的特点，针对获得国家认证的、有一定销售收入规模的、研发投入稳定的高新技术企业，招商银行给予其纯信用贷款额度最高800万元、担保或风险补偿金增信的最高额度1 500万元。2020年，招商银行南京分行"高新贷"余额近4.5亿元，存量52户企业，户均贷款865万元。其中，以纯信用方式发放的贷款余额占比为30%。

"高新贷"四大特色是：

（1）额度灵活：信用额度最高800万元；增信提额最高1 500万元；抵押组合额度最高3 000万元。

（2）担保方式多样：可通过个人或组合增信；与政府补贴/风险补

偿等优惠政策相结合。

（3）用款便捷：招行银行内部设置绿色通道，额度快速获批；500万元以内自主支付，支持线上随借随还。

（4）模式丰富：专属200万元小额信用快贷，最快一周放款。

客户准入条件为：

获得国家高新技术认证；江苏省入库科技型企业；纳税收入初具规模，净利润保持增长；负债适度，未在多家银行融资；近2年研发费用投入稳定。

4.供应链金融服务

招商银行供应链金融依托招商银行深厚的供应链金融服务经验和专业经营团队，不断迭代完善产品种类，创新推出付款代理、商票保贴、创新型保理、供应链自助贷等特色融资产品，为供应链上下游客户提供"融资+智融"一体的覆盖全产业链条的综合化金融服务。

2020年，招商银行"全国服务一家"模式促进了客户与银行的高度开发融合。

概念：全国招商银行共同服务一家核心企业。

模式：核心在主办行，供应商遍布全国各地。开户、收集资料等在供应商当地分行操作，最终放款由主办行负责。

（1）付款代理

优势：获得充裕的账期，经营性现金流显著增加，不上征信、不上贷款卡，正常应付，无须披露，以极简的融资条件解决企业的账期困扰。

（2）商票保贴

优势：流转灵活，资产流动性强，可转贴卖断实现快速再融资；开票简易，不需要保证金、手续费；供应商可跨行发起贴现且没有行业限制；融资人可以为供应链上任何一手持票人，不要求是核心企业的第一手上下游企业，可密切链上关系；目前已创设背书人/保证人模式，免追索等类型商票保贴模式；报价市场化，放款效率高。

（3）"承贴通"

优势：承贴一体（整合现有承兑、贴现业务流程，闭环管理）、无感支付（收款人无感收票、无感贴现，资金自动到账）、综合服务（实现承兑到贴现的全流程综合服务、综合定价）、资料简便（大幅度简化收票人的贴现资料）。

（4）国内信用证议付

优势：贸易范围广，包括货物贸易和服务贸易；额度高、期限长，保证金比例不限，开证金额无上限，期限最长1年；速度快、价格优，承兑当天即可收到融资款，与当地银行相比，议付价格更有优势；品种、渠道多样化，有议付、福费廷、质押开证等品种，有丰富的国内证包买商渠道，保证客户融资规模。

5.选择权贷款

2021年，招商银行聚焦新动能科技企业的经营，为满足新动能客户的资金需要，招商银行推出了专门为新动能客户定制的产品服务——选择权贷款。

选择权贷款以"贷款+认股选择权"组合的方式为新动能科技企业提供融资，招商银行境内商行给企业提供贷款资金支持，招商银行投行与企业签订认股选择权协议。投资主体行权时，可以由招商银行体内的投行自主投资，也可由投行指定的第三方参与投资。同时，与招商银行签订选择权贷款的企业可纳入本行投资标的库，招商银行会把这类新动能企业优先纳入"走进交易所"服务名单，优先安排参加资本市场系列活动，协助对接券商、交易所、会计师事务所、律师事务所等各类机构，以招商银行的品牌影响力助力企业吸引投资机构和客户。

2.5.3 金融科技的技术研发与应用

1.股权激励系统

招商银行面向已经获得融资的科技型企业、新动能企业、核心人员需要股权激励和股权税务筹划的企业，包括人工智能、大数据、物联网、云计算、信息安全、金融科技等行业。为企业提供一站式股权激励解决方案，从股权激励方案设计到搭建持股平台，通过股权激励管理系统进行期权发放、行权、回购等一系列的动态管理进行全生命周期服务。一般企业为吸引、激励和留住核心人才，将员工的个人利益和公司的长远利益紧密联系在一起，保证企业长期可持续发展，实现收益和风险共担，在收益延期支付的原则上实施股权激励。但从企业HR和员工反馈的情况来看，招商银行的权激励系统解决了以下痛点：

对HR来说，一是程序复杂、经手人多、流程拖沓；二是从产生一个新的激励需求到真正签署授予协议，需要几个月；三是传统的股权激励授予需要HR打印几十份合同，分别发给几十人，进行确认签字；四是员工离职了怎么办？

对员工来说，一是权限无法随时查看；二是融资计划无法随时查看；三是沟通不顺、行权困难；四是需要反复进行纸质文件签字；五是耽误日常工作。

招商银行的股权激励系统为解决企业股权激励痛点，满足企业实施股权激励的数字化建设，帮助公司高效规范股权激励计划的管理和运作，提供以下系统支持：

（1）在线提供合约范本、方案模板等文件参考；

（2）电子化存储公司决策文件、合约、方案等文档；

（3）在线授予权益，线上化认购、缴款；

（4）支持线上协议签署，解决线下集体签约；

（5）认购款线上对账，免去手工账；

（6）实时生成可视化图表分析，支持报表导出及全流程数据分析，支持自定义指标监测；

（7）分权限管理界面，实现流程节点提醒，推送最新税务优惠政策；

（8）个人所得税计算报表生成，企业所得税税务处理提示；

（9）智能权益分配，支持多种股权激励工具；

（10）手机APP查看操作权益，收益一目了然；

（11）轻量级线上平台支持企业直接部署实施激励。

2. "薪福通"

招商银行"薪福通"是以代发为核心，提供人事管理、个税服务、薪资代发、财务服务等一站式企业数字金融服务。围绕三大使用者共15类功能，为解决企业入职信息难采集、合同到期无提醒、工资卡开卡不方便、员工基础资料不完整、人员数据难统计、假勤管理效率低、税前工资计算不够高效、税后工资计算不够准确等问题，招商银行提供免费使用的"薪福通"系统，帮助企业零成本提升工作效率。

2.6 宁波银行南京分行

在数字化时代，企业正在经历经营方式的巨大变革。传感器、大数据、云计算等新兴科技正在全方位地赋能管理，企业可以借此打通研发、生产、销售、订单、物流、财务、人力等各个领域，从而为数字化经营奠定基础。为了顺应企业数字化经营的转型，宁波银行南京分行将传统的物理网点，升级成一种随时、随地、随需、永远在线的服务。通过金融科技应用的扩展，让客户可以自主地办理业务。

宁波银行南京分行集中资源打造开放的银行，推出了财资大管家、外汇金管家、票据好管家、政务新管家、投行智管家五大服务。其中，外汇金管家、投行智管家都是行业里首创的，通过开放银行服务，将银行系统无缝对接到企业系统中，服务于企业"系统化、数字化、智能化"的转型需求，确保企业在"业务流、信息流、管理流、资金流"之间能够无缝对接。

自2013年宁波银行南京分行"财资大管家"集团资金管理系统推广以来，其凭借"场景化应用""数字化生态"等优势，获得了市场的广泛认可，特别是疫情防控期间通过"移动化办公"，为客户居家办公提供系统技术支持，提高办公效率。目前，客户总量将近5 000户，在各区域市场覆盖率名列前茅，具有较强的知名度。

2.6.1 科创金融的发展战略和组织架构

1. 科创金融发展战略

宁波银行南京分行高度重视金融科技工作，以金融科技战略为指引，聚焦"iSMART+"智慧银行愿景，强化运行安全、组织人才两大保障，实施系统化、数字化、智能化三化战略，赋能金融产品领域、服务渠道领域、营销经营领域、营运风控领域四大领域，打造业务中台、数据中台、技术中台、研发平台、运维平台五大平台，从而提高宁波银行南京分行核心竞争力，建立起在同类银行中的比较优势，连续三年在商业银行信息科技监管评级中，位列同类银行前列。宁波银行南京分行架构如图2-4所示。

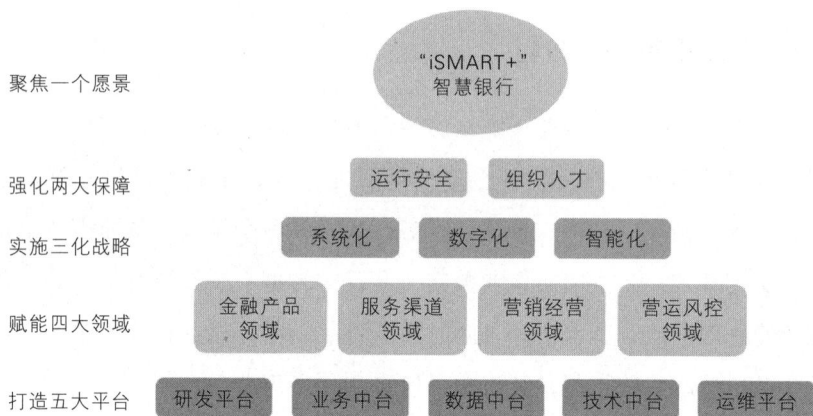

图2-4 宁波银行南京分行架构

（1）聚焦一个愿景——"iSMART+"智慧银行

"iSMART+"智慧银行战略，即通过融合创新的智慧银行，落实系统化、数字化、智能化的发展策略，依靠科技驱动实现商业模式变革，实现为业务赋能、为客户赋能的目标。

"i"代表融合创新（Integration & Innovation）：加强金融与科技的深度融合，推动组织融合、思维融合、机制融合，并通过模式创新、应用创新、技术创新等，全面提升本行金融科技竞争力。

"SMART"代表智慧银行，具体为：

S是系统化发展，以体系化的信息系统群支撑商业模式革新；

M是数字化经营，全面推动传统经营模式向数字化经营转型；

A是智能化管理，推动智能化成为管理模式的有效抓手；

R是全面变革，通过金融科技赋能，实现商业模式、展业模式和管理模式的全面变革；

T是科技驱动，通过强化技术平台，为金融科技发展和转型提供不竭动力。

"+"代表为业务赋能、为客户赋能：通过商业模式创新、经营模式升级和管理模式提升，为业务赋能；提供全流程、全周期、全场景的金融产品和服务功能，为客户赋能，如财资大管家为企业资金管理赋能等。

（2）强化两大保障

运行安全保障。一是在运行保障方面，确保系统稳定运行。全面落地双中心双活架构，推进实现基础架构的高可靠性、应用系统的高可用性、基础设施的高保障性，持续提升基础架构支撑能力和应急保障能力。二是在安全保障方面，实现系统安全护航。根据行业规范标准，持续完善应用安全、系统安全、网络安全、终端安全、数据安全、物理安全等方面，持续构建涵盖管理、技术、运营三位一体的信息安全保障体系。

组织人才保障。一是推动组织变革。以创造业务价值为根本导向，通过组织架构变革、团队协作变革、人员管理变革、考核机制变革等来强化业务与科技的融合创新，推动全行业务快速发展。二是探索人才管理新模式。通过探索多元化的人才供给策略、科学化的岗位配置和分工来匹配战略发展诉求。

（3）实施三化战略

商业模式系统化。明确"商业模式为道，金融科技为术"的理念，以商业模式创新和重塑为主要引领，金融科技研究和应用为重要支撑，以此驱动系统规划和建设的发展路径，实现金融服务的持续创新和发展。

经营模式数字化。以探索数字化经营模式转型为主要方向，通过营销驱动数字化、线上经营数字化、客群分析数字化等手段，推动数字化成为经营模式有力支撑，成为经营活动的有效抓手。

管理模式智能化。智能化是管理模式的主要抓手，要在各领域推进智能化技术的应用和实施，实现智能分析、智能投顾、智能投研、智能托管、智能风控、智能审计、智能安防等，全面提升银行的经营管理效率。

（4）赋能四大领域

金融产品数字化转型。加强全域金融产品的数字化改造，遵循端对端客户旅程设计理念，重构业务流程，实现从"纯手工"的1.0模式、"半自动、半人工"的2.0模式向"自助化、自动化、智能化"的3.0模式转型升级，为B（商家客户）、C（个人客户）、G（政府客户）、F（金融同业客户）等多端客户提供统一服务。B端产品以网银、开放银行为主要入口，通过自助化的业务办理体验，配套自动化的快速处理流程，并结合智能化的风险控制手段，进一步提升服务效率和客户体验。C端产品以APP为主要入口，全面诊断客户旅程地图，实现全线上、全自助的操作流程，推进自动化、智能化的审批流程，提供安全、便捷、高效的金融产品和服务体验。

服务渠道数字化转型。遵循"移动优先、体验优先"的原则，不断延伸渠道触点，覆盖更多用户，提升经营效率，打造"立体覆盖、协同作战"的新一代数字化渠道。

一是完善渠道平台体系：搭建开放银行新渠道，以"3+4+N"为推进策略，全面对接B端和C端应用场景，实现无处不在的银行服务；强化自助渠道升级转型，个人电子渠道强化"APP移动优先"，企业电子渠道推动"APP+网银+开放银行"三轮驱动。

二是强化渠道获客能力：通过线上引流、合作获客、O2O获客、网周获客等手段，充分发挥线上渠道获客的优势，增强批量获客的能力。

三是提升渠道运营能力：借鉴互联网运营思维，将渠道平台与产品服务解耦，推动C端渠道从"交易平台"向"运营平台"转型，B端渠道从"交易平台"向"全周期、全流程、场景化的平台"转型，通过营销活动、运营服务吸引客户，增强客户黏性。

营销经营数字化转型。通过搭建智慧营销大脑，推动客户经营系统从"营销人员辅助管理"的2.0模式向"系统驱动营销人员展业"的3.0数字化展业模式转型。一是构建智慧营销大脑，实现客户经营转型。通过对用户特征、服务需求、客户旅程地图等进行全面采集，构建基础数据体系；通过客户标签、行为分析和数据挖掘等手段，挖掘营销机会，实现精准推送；通过客户分层管理、生命周期分析等，针对获客、存量经营、流失预警等不同阶段，制定相应的营销策略和资源配置方案。二是打造营销驱动平台，实现营销体系转型。在线下营销推动转型方面，通过智慧营销大脑和掌上银行等，借助标准化的营销推动机制，实现系统驱动营销人员的数字营销管理；在线上营销推荐转型方面，打通商机挖掘平台和线上服务渠道，实现服务渠道中营销方案的精准推送，构建全面、自动、有效的营销体系。

营运风控数字化转型。以"提质增效"为核心目标，通过建立数据引擎、引入管理工具、提升营运视角，实现企业经营管理的全数字化转型。一是营运服务体系转型。构建智慧运营体系，全面梳理和诊断客户旅程地图，从触点渠道、产品板块、服务体系等全方位入手，持续推进流程重塑；推动作业平台升级，通过ICR、RPA等新技术赋能，实现STP直通化处埋，实现作业平台自动化、智能化转型；提升内部管理效能，在办公、人力、财务等领域，通过数字化转型，提高管理效率。二是风控管理体系转型。完善系统化风险管理支撑体系，通过金融科技赋能打造平台，支撑信用风险、市场风险、操作风险、合规风险等领域的自动化、智能化的管理，提升风险管理的有效性；健全智能化监测体系，基于内外部大数据，完善"4+N"风险防控体系、强化风险预警机制，加速从"人控"向"智控"的转变，提升风险管理的敏锐性和前瞻性。

2.科创金融组织架构

宁波银行科创金融通过总行、分行、支行三线联动组成项目小组，及时响应个性化需求，提供售前解决方案、售中需求沟通、售后实施维护的一站式服务。宁波银行南京分行的科创金融组织结构如图2-5所示。

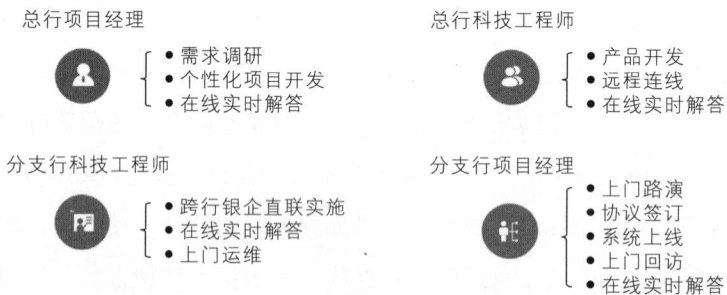

总行项目经理
- 需求调研
- 个性化项目开发
- 在线实时解答

总行科技工程师
- 产品开发
- 远程连线
- 在线实时解答

分支行科技工程师
- 跨行银企直联实施
- 在线实时解答
- 上门运维

分支行项目经理
- 上门路演
- 协议签订
- 系统上线
- 上门回访
- 在线实时解答

图2-5 宁波银行南京分行的科创金融组织结构

2.6.2 科创金融产品和客户生态

1.产品介绍

财资大管家（TMS）是宁波银行南京分行结合科创金融的发展，基于云平台架构，为大中型集团企业量身定制的资金管理系统。在系统应用层面，企业可实现跨区域、跨分子公司、跨银行的资金管理。对管理层来说，等于在每个分子公司装上了"摄像头"，资金管理更实时、更安全，资金使用更高效、收益更高。对财务操作人员来说，精力从重复的工作中解放出来，工作更高效，操作风险更低。在系统集成层面，通过开放银行服务，财资大管家能够无缝对接企业的系统，服务于企业"系统化、数字化、智能化"的转型需求。通过提供一整套系统集成方案，让企业的OA系统、采购系统、预算系统、财务系统等无缝对接起来，从"信息孤岛"变成"协同作战"。宁波银行南京分行的产品展示如图2-6所示。

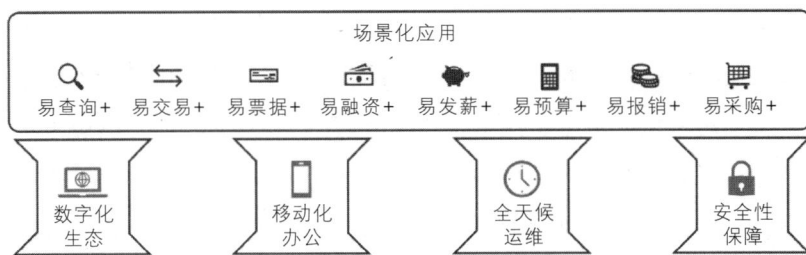

图2-6　宁波银行南京分行的产品展示

创新一：创新智能报表。

智能报表创新是为企业打造自己的大数据中心，可自定义标签，形成个性化报表，提供企业经营效益、现金流量等多维度的经营分析。智能报表打通结算、报销、预算、采购、融资等各个环节，通过银企直联/ERP、OA直联，将企业内部系统与财资大管家联结的各类数据汇总成池，形成大数据中心，通过可视化的报表进行分析和展示，全面、实时、准确地把握经营数据，提高风险防控能力。

创新二：创新便捷办公模式。

由于携带不便、易丢失等问题，Ukey登录的方式已经不能满足疫情下日益增长的移动化办公需求，为此财资大管家强化APP端功能，新增业内首创的扫码登录新模式。用户可以用APP代替Ukey，扫描二维码即可使用PC端，正式进入无Key时代。更便捷的登录方式、更丰富的APP功能、更及时的消息推送，让资金管理随时随地、便捷高效。

创新三：创新智能运维机器人。

为了让业务咨询、系统运维摆脱时间和空间的限制，财资大管家成立"空中工作室"，通过智能机器人"小i同学"，7×24小时提供专业、准确、实时的总行级运维咨询服务。"小i同学"具有"全渠道接入""全渠道同步"的特点，不仅覆盖PC端和APP端客服模块，实现不同操作渠道的接入，还能将来自各个渠道的客户咨询信息同步，实时问题解决率达90%以上。

创新四：创新行业全覆盖。

为了满足不同行业的个性化需求，财资大管家除了提供功能强大的标准版本外，还可根据企业所属行业类型定制行业方案。2021年财资大管家在制造企业版本、进出口企业版本、政府版本、国资版本的基础上，新增教育集团版本、线上销售企业版本、中小企业 Smart 版本，完美贴合不同类型企业的需求。例如，针对国资企业对下辖机构资金动态监控、资产负债统筹的需求，国资版本强化了资金信息更新的灵活性，可按需配置查询规则，并将融资信息与预算管理结合起来，转账支付时可选择管理合同，资金收付进度尽在掌握。

创新五：创新系统集成方案。

随着企业信息化水平的提高，企业内部多套系统并存成为一种常态，使得信息系统的集成和整合成了迫在眉睫的问题。宁波银行南京分行迎合企业需求，秉持"以客户为中心"的服务理念，基于开放的PaaS平台为企业提供系统集成方案，现已与用友、金蝶、SAP、Oracle、泛微等主要的财务软件和办公系统供应商完成对接，全面降低企业系统生态建设成本，大幅度缩短集成周期。

创新六：创新供应链解决方案。

在大国博弈和疫情暴发的背景下，全球产业链布局面临重构，供应链问题更加突出，对国内实体经济发展造成一定影响。宁波银行南京分行致力于服务实体经济，破解供应链难题，推动产业链现代化发展，推出了创新的"易采购"模块。围绕客户"管理提质增效、资金易融互通"的两大核心需求，"易采购"模块将传统的供应链系统功能与银行的供应链金融业务相结合，打造了一站式的供应链管理与融资解决方案。

创新七：创新融资管理方案。

集团企业的生息资产和有息负债种类众多，单纯依靠人工登记和汇总已无法满足数据准确性和完整性的要求。财资大管家提供贷前、贷中、贷后的全业务链条管控的融资管理方案，驱动业务与财务一体化进程、防范融资风险。财资大管家打造更有针对性的企业咨询平台，与万得资讯系统直联，自动获取企业发债信息，包括种类、期限、金额、利率等，并提供发行前债券市场信息、发行后债项管理、存续期信息披露等咨询服务。

创新八：创新会员服务体系。

财资大管家的每一位用户都会被纳入总行级的会员服务体系中，由客户经理、项目经理、工程师组成专家服务团队，及时响应客户个性化需求，提供售前解决方案、售中需求沟通、售后实施维护的一站式服务。除此之外，宁波银行还为用户举办财资开放日活动。由客户经理一对一邀请用户去宁波银行总行，总行的科技团队会带领用户参观宁波银行数据中心、CQC国家A级机房、ECC大屏等核心的精密设备，能够直面地感受到系统的技术强大和安全。此外，还有与宁波银行总行项目经理交流的环节，用户可以了解财资系统的更多细节，面对面地向宁波银行总行提出需求，让总行可以更好地服务。

2.客户生态描述

近年来，财资大管家的市场份额不断扩大，在全国各地已引入小型集团客户2 400家，大中型集团客户6 000家，预计2022年交易金额达3万亿元，增幅达20%。这是因为财资大管家从始至终致力于为客户提供丰富且实用的产品功能、全面高效的运维服务、敏捷高质的开发效率，客户不但自己使用，也乐于帮忙转介，为更多企业提高经济效益。

财资大管家依托先进的业务处理系统，以集团资金管理的基本需求为基础，充分考虑不同行业的个性化需求，已赢得了大量企业的肯定。从行业分布上来看，财资大管家的客户主要分布在批发与零售业（占23%）、商务与专业服务业（占16%）、制造业（占25%）、房屋与建筑业（占7%）四个主要行业，客户群体覆盖跨国集团、全球500强企业、国企央企、上市公司和区域龙头企业。

2.6.3 金融科技的技术研发与应用

宁波银行南京分行立足"以客户为中心"的服务理念，一直伴随着国内经济与科技的发展而不断创新，不断提高对集团企业和政府机构的服务能力，助力企业转型升级。集团企业和政府机构在国内经济发展和"一带一路"建设中起着"挑大梁"的作用，助力其提高财资管理能力，有助于我国经济质量提升。集团企业和政府机构都迫切地需要一个线上化、集成化的资金管理系统。对集团企业而言，提高资金管理水平就要提高资金收益、降低融资成本；对政府机构而言，对各级账户加强资金监管也需要金融科技的支持。

为此，宁波银行南京分行通过多年的研发投入和优化升级，以及在5 000多家集团企业的成功实践，逐渐形成了一套完整的集团企业资金管理解决方案——财资大管家。在系统应用层面，财资大管家量身定制八大应用场景，包括"易查询+""易交易+""易报销+""易票据+""易发薪+""易融资+""易预算+""易采购+"，聚焦集团企业和政府机构的痛点。以"数字化生态、移动化办公、全天候运维、安全性保障"为支撑，为企业提供高效、优质、专业的服务。

1."易查询+"

由于各家银行网银之间的数据互不连接，以网银操作账户的方式已不适用于"分支机构众多、合作银行众多"的大中型集团企业；对政府机构来说，实时监管下属机构、分子公司的资金也难以实现。财资大管家为境内外集团企业和政府机构提供一体化、可视化的资金查询方案。以账户开立为起点，境内企业账户通过"银企直联+RPA机器人"模式、境外企业账户通过"SWIFT直联+MT940报文"模式，实现全球资金可视化管理，覆盖境外200多个国家、1万多家银行和非银机构的账户。"易查询+"不仅使财务人员摆脱了海量且重复的数据报表工作，节约了财务人员的精力和时间；还赋予了集团企业和政府机构从全局角度把握资金信息的能力，提高资金管理的安全性。

2."易交易+"

在收付款业务中，集团企业和政府机构往往有多重难点，即多账户支付操作难、收款匹配难、资金利用率低等问题。财资大管家提供便捷支付和收款匹配功能，收款后一秒匹配，资金流向更清晰。为了提高资金利用率，财资大管家配套了资金池功能，集团企业通过对各账户闲散资金统一管理、统一调度，达到最佳的资金使用效果。"易交易+"的功能如图2-7所示。

人民币交易		外汇交易	
◆转账汇款	◆跨行回单	◆极速收汇	◆极速交易
◆资金归集	◆明细匹配 ✓	◆极速付汇	◆跨境资金池 ✓

图2-7　"易交易+"的功能

3．"易报销+"

在传统的线下报销模式中，员工贴票繁琐、财务核对耗时、管理层难以进行费控。

财资大管家搭载报销管理功能，提供出差前标准核定、出差中差旅预订、出差后费用报销的全流程服务，全面聚合消费平台，对接发票平台、移动办公平台、银行、财务软件，打造一站式生态化报销平台。通过"易报销+"，员工拍照识票，无需手工录入，节省了80%的单据填写时间；财务高效审核，发票自动查重验真、批量付款；管理层通过内置大数据分析报表，结合业务背景可有效优化报销费用结构。"易报销+"的功能如图2-8所示。

4．"易票据+"

票据作为企业融资和支付的普遍工具，在信息化发展的今天也面临企业在功能的全面性、操作的便捷性上更高的诉求。财资大管家的智能电票功能以智能化为核心，持续优化开票、收票、背书、贴现、托收等业务，为企业提供更高效、更便捷的票据业务。例如，它简化了开票操作，并三步为一步，且支持直接操作各家银行票据，相当于在一个平台上搭建了所有银行的票据池。财资大管家的集团资产池功能，支持将集团内分子公司的流动性资产汇聚成共用池，除了随时调剂余缺，办理资金池额度下的各类表内外、本外币融资服务外，还支持"大额拆小额、小单凑大单""期限打散、长短互换""外币换本币、本币换外币"的多种交易方式。"易票据+"的功能如图2-9所示。

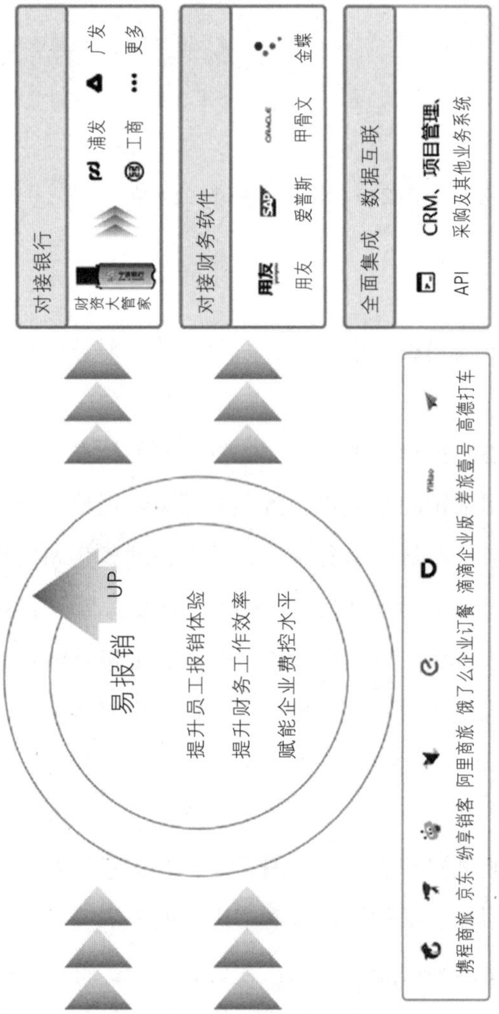
对接发票平台
微信电子发票
支付宝
票易通
国家税务总局
聚合消费平台
打车
酒店
火车票
国内机票
国际机票
对接移动办公平台
钉钉
企业微信
云之家
Welink
飞书
易报销
UP
提升员工报销体验
提升财务工作效率
赋能企业费控水平
携程商旅
京东
纷享销客
阿里商旅
饿了么企业订餐
滴滴企业版
差旅壹号
高德打车
对接银行
财资大管家
浦发
广发
工商
更多
对接财务软件
用友
爱普斯
甲骨文
金蝶
全面集成 数据互联
API
CRM、项目管理、
采购及其他业务系统

图 2-8 “易报销+”的功能

图2-9 "易票据+"的功能

5. "易发薪+"

在算薪方面，企业计薪方式复杂多样，员工入职和离职清算、请假扣款等各种公式计算，工作量巨大；专项附加扣除信息不同步，个税计算易出错，需反复核对数据。"易发薪+"提供数十种薪资规则，同时支持企业自定义算薪公式，企业算薪更灵活。在发薪方面，工资代发需手工制表、来回导数据繁琐复杂易出错。财资大管家通过创新技术来实现薪酬管理新业态，接入国税总局个税数据和跨银行代发接口，实现全银行、全地域、全时段的薪酬结算服务，解决传统发薪中流程繁琐、差错率高、工作量大的问题。"易发薪+"的功能如图2-10所示。

6. "易融资+"

大中型集团企业的融资管理有四大难点，即登记难、查询难、统计难、提醒难。财资大管家提供统一的融资管理平台，从企业的融资特性出发，实现贷前、贷中、贷后全流程的管控。在贷前和贷中，融资信息可在线登记，数据云端储存，安全便捷。信息登记台账可支持多维度查询，包括单位、起始日、金额范围、业务币种等，信息快速定位，一键生成统计报表。在贷后，"易融资+"提供还款到期提醒功能和预约还本付息功能，加强了企业资金排期管理。

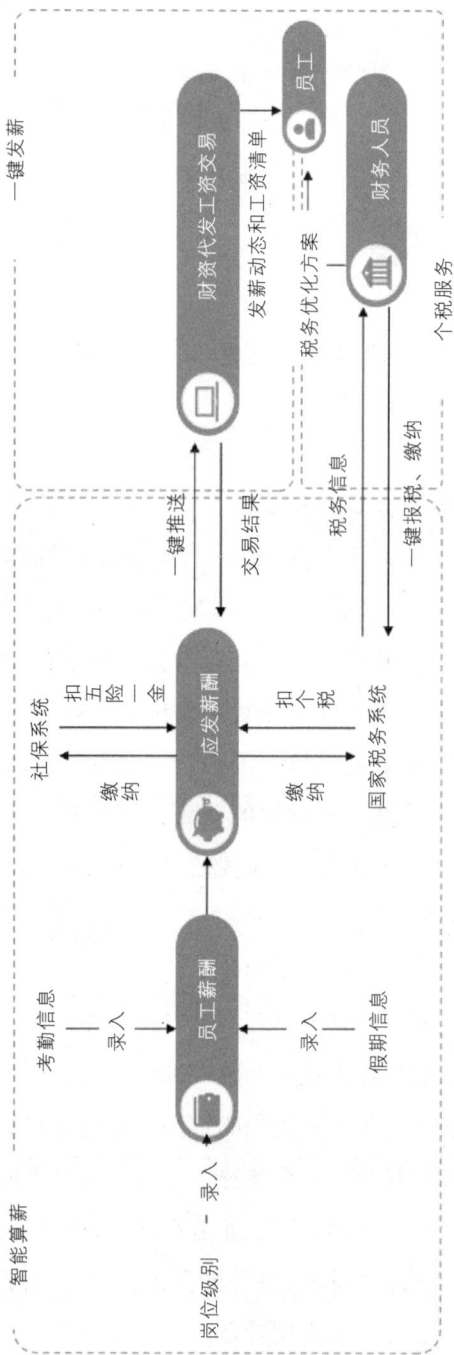

图2-10 "易发薪+"的功能

7. "易预算+"

企业在预算管理上往往面临制作预算易、执行预算难，原因出在资金支出与计划不符、项目与资金收付脱节、现金流量无法实时掌握的关键问题上。面向集团企业预算管理人员，财资大管家提供预算编制、预算控制、预算执行和预算分析四位一体的功能，支持多级组织架构的预算应用，帮助企业根据发展目标，加强经营运作时的事前规划、事中控制和事后评估，有效提高企业对日常经营管理的精细化程度。例如，"易预算+"支持交易同步关联功能，系统直接对收付交易关联预算科目，从月度、季度一次预算执行汇总变为实时更新，业务交易控制更严格了，也减少了预算支出事后管理。"易预算+"的功能如图 2-11 所示。

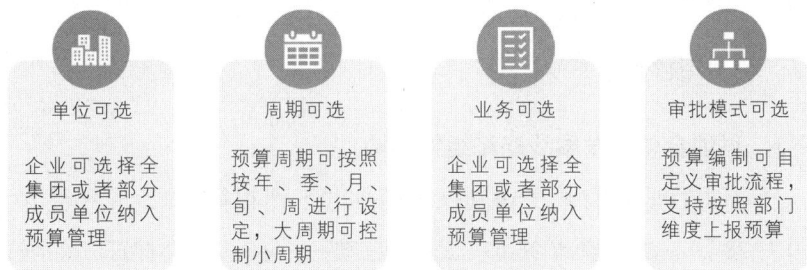

单位可选	周期可选	业务可选	审批模式可选
企业可选择全集团或者部分成员单位纳入预算管理	预算周期可按照按年、季、月、旬、周进行设定，大周期可控制小周期	企业可选择全集团或者部分成员单位纳入预算管理	预算编制可自定义审批流程，支持按照部门维度上报预算

图 2-11 "易预算+"的功能

8. "易采购+"

集团企业在有采购需求时，面临的是从海量的供应商当中选择合格的产品和优惠的价格，在全线下管理招标和采购时，由于人工处理信息的局限性往往做不到这一点。"易采购+"通过供应商管理、智能招采、合同管理的全生命周期管理，实现资金流、信息流与货物流的快速匹配，提升产业供应链价值。此外，宁波银行南京分行还将供应链管理与银行融资业务相结合，通过特色产品"宁信保理""买方信贷"打造一站式的服务方案。"易采购+"的功能如图 2-12 所示。

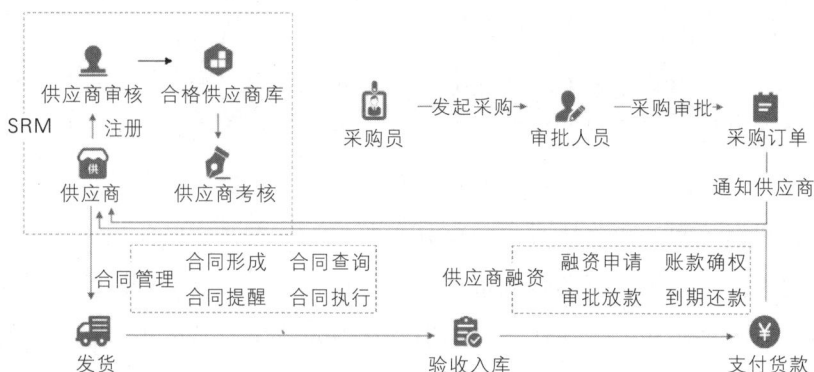

图 2-12 "易采购+"的功能

随着经济和科技发展，集团企业和政府机构对系统的功能和便捷性提出更高的要求。宁波银行南京分行将坚定不移地走科技创新和金融服务优化的道路，提供更高质量的金融科技服务。

2.7 苏州银行

2.7.1 科创金融的发展战略和组织架构

苏州银行股份有限公司（以下简称"苏州银行"），成立于2010年9月28日，注册资本36.67亿元，是唯一一家总部设在苏州的城市商业银行。苏州银行成立以来，专注"服务中小、服务市民、服务区域经济社会发展"的市场定位，坚持"以小为美、以民唯美"的发展理念，立足苏州，面向江苏，融入长三角，现已拥有171个机构网点，下设苏州分行、南京分行等12家分行和1家境外代表处；设立了苏州金融租赁股份有限公司以及4家村镇银行；入股2家农商行。截至2022年年末，苏州银行总资产达5 245.48亿元，贷款规模2 506.33亿元。不良贷款率0.88%，拨备覆盖率530.81%，在英国 *The Banker* 杂志发布的"2022年全球银行1 000强"榜单中，苏州银行首次跻身300强，跃居285位。

1.科创金融发展战略

苏州银行是全国率先全面实施事业部变革的商业银行，现已形成公司银行、零售银行、金融市场和数字银行总部四大专业化经营事业总部，持续在小微金融、科创金融、普惠金融等领域精耕细作，不断提升差异化竞争能力，更好地服务经济社会发展。同时，树立"勤勉智慧、简单快乐"的文化宗旨，积极推动慈善公益事业，创建"爱苏州"等特色公益品牌，努力践行企业社会责任。苏州银行努力打造成为"客户体验友好、合规风控有效、数据驱动转型、特色专营突破、精准管理赋能"的新时代普惠银行。

科技型企业作为创新发展的源泉，已成为全社会重点关注的主流经济群体，发展潜力巨大。一大批手握核心技术、茁壮成长的"硬科技"企业频频登上资本市场舞台。苏州银行作为立足苏州、辐射全省的法人城商行，已深度融入江苏省科技型企业发展的脉络当中，科创金融已提升至全行战略高度，未来苏州银行将秉承"以金融之臂，拥抱硬核科创"的发展理念，持续向省内科技型企业输送金融活水。

2.科创金融组织架构

苏州银行在总部设立科创金融专职部门——绿色及科创金融部，作为全行科创金融的产品创新、业务管理、业务推动的扎口管理部门，部门内部设立科创产品中心和业务推动中心，专门从事科技型企业的金融产品设计、金融生态圈搭建、业务推动以及各项政策支撑。此外，该部门积极引导各区域配置专属科创金融专职客户经理，审批部门设置专职科创金融信贷审查人员，从而打造前台、中台、后台一体化、专业化的科技型企业金融服务团队。

2.7.2 科创金融产品和客户生态

1.产品介绍

苏州银行持续构建完整的科创金融产品体系，拥有科技金融、人才金融、智造金融、智权金融、工业互联网金融、投贷联动六大科创金融产品线。

2.客户生态

苏州银行服务的科技型企业地域分布主要集中在江苏省内，包括省内"独角兽"企业、"瞪羚"企业、各级领军人才企业、高新技术企业、"专精特新"企业、科技型中小企业、民营科技企业等。行业主要聚焦于生物医药、节能环保、新一代信息技术、新能源、新材料、高端装备制造六大战略性新兴行业，144个子行业。图2-13和图2-14分别为苏州银行科创企业数据库、江苏省科技型企业的行业分布。

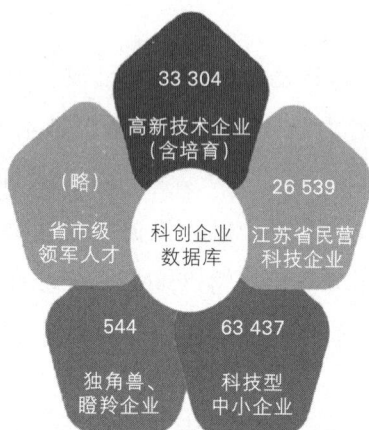

图2-13　苏州银行科创企业数据库（单位：家）

图2-14　江苏省科技型企业的行业分布

通过长期跟踪服务，苏州银行发现科技型企业的金融需求多元化、个性化，与传统企业金融需求有较大区别。由于初创期的科技型企业营收不多、研发投入较大，自身造血能力尚不健全，因此其金融需求主要体现在融资层面，股权融资为初创期企业的主要融资手段；成长期的科技型企业已基本实现商业化，具备一定的造血能力，融资需求主要来自流动性短缺、产线扩张等，股权、债权融资均为其主要融资手段；成熟期的科技型企业自身信用良好，融资渠道畅通，金融需求更加个性化，并有多种形式如战略配售、员工持股、公司治理、并购等。这些多元化、个性化的金融需求对银行的创新能力提出了较高要求。

3.科技型企业分层管理

针对科技型企业的发展生命周期，苏州银行打造了三大金融扶持计划："伴飞计划""展翅计划""领航计划"，分别针对初创期、成长期、成熟期的科技型企业，利用苏州银行优良的金融生态资源和丰富的金融产品线，形成特色化、定制化的科创金融服务体系。

针对初创期的科技型企业，苏州银行专项打造"伴飞计划"，秉持"做早不做晚、做小不做大"的原则，引导企业合理分布债权融资和股权融资。除了解决企业融资需求外，苏州银行还积极通过自身金融生态资源，为企业对接创投机构、搭建路演平台、培养企业良好的金融习惯。

针对成长期的科技型企业，苏州银行专项打造"展翅计划"。对于成长期企业，债权融资需求较大，苏州银行通过特色信贷产品给予资金支持。除解决企业债权融资需求外，苏州银行积极引荐战略合作的创投机构与企业进行对接，以完成战略或财务投资者的引入；针对上市融资需求，苏州银行整合内外各种资源，提供资产重组、债务优化、引进投资、上市辅导等一系列服务。

针对成熟期的科技型企业，苏州银行除了为企业提供传统的银行业务外，还积极通过与专业的中介机构合作，推进企业再融资，并提供再融资贷款服务，如股票质押式回购、债券承销等直融业务。另外，苏州银行积极协助上市企业寻找适合的并购目标，推进并购交易，并提供以并购贷款为主的融资服务，促进战略扩张和产业整合；提供公司理财及股权投资顾问相关服务；提供高管个人高端财富管理服务等，促进财富增值。

2.7.3 金融科技的技术研发与应用

1.产品背景

为贯彻落实党中央、国务院关于知识产权工作的一系列重要部署，促进银行保险机构加大对知识产权运用的支持力度，扩大知识产权质押融资，苏州银行自2021年8月推出"苏知贷"——知识产权质押融资产品，通过创新知识产权质押融资贷款模式，引入第三方专业机构提供知识产权的全流程服务，包括评估质押以及后续处置等手续，有效缓解评估难、变现难、风险高等知识产权融资难题；通过引入担保公司对企业贷款进行担保，有效缓解中小企业因缺乏抵质押物而无法获得信贷支持的现状。

2021年10月28日，国务院印发《"十四五"国家知识产权保护和运用规划》，提出要积极稳妥发展知识产权金融。在知识产权发展主要指标中，提出到2025年全国知识产权质押融资金额预期达到3 200亿元。为进一步促进知识产权运用与资金融通，提高知识产权金融服务的普及度和惠及面，支持创新型企业发展，苏州市出台了一系列政策，2021年发布的《苏州市知识产权金融奖励补贴实施办法（试行）》中针对企业的知识产权质押融资，按照实际融资额的1%、不超过10万元给予企业奖励。通过财政政策支持，进一步降低企业融资成本，可见知识产权质押金融业务未来市场空间广阔，是一片还未被完全挖掘的蓝海。

2.应用场景

本产品的服务对象是在苏州市市场监督管理局登记注册，拥有自主知识产权（专利、商标等），具有较强创新性、较高科技水平和良好市场前景的中小企业。

3.技术框架

知识产权质押融资作为一种新兴的知识产权资本化形式，除了具有传统有形资产质押融资风险外，还具备其特殊风险，如质押前的价值评估风险、质押期间的经济风险以及质押过程中的法律风险等。知识产权的非物质性和独特性决定了其估值的难度，同样随着日新月异的技术创新，知识产权的价值波动也影响着银行贷后风险的管控。

"苏知贷"产品引入知识产权专业机构，提供知识产权的全流程服务，包括知识产权大数据评估分析、快速质押登记通道以及贷后预警、质物处置等服务。在知识产权评估阶段，从法律价值度、技术价值度、经济价值度三大方面，细分到专利类型，专利寿命，专利侵权可判定性，专利的自由度、稳定性、应用性、新颖性和创造性，技术原创性和重要性，市场需求度，竞争优势等数十个维度对企业进行综合评价打分，描绘企业全貌画像，为银行评审提供有力参考。在贷后阶段，运用大数据模型进行分析，实时监控企业专利价值及研发情况，将企业专利价值的变动情况及时反馈给银行机构，作为银行贷后管理的重要手段之一。如果贷款发生风险，第三方机构也可以通过其专业能力进行质物处置，减轻了银行的后顾之忧。通过这种技术创新模式，有效缓解了知识产权评估难、变现难、风险高等融资难题。

同时，"苏知贷"产品采用风险分担的模式，引入担保机构进行风险分担，有效缓释银行信贷风险，提高银行信贷投放的积极性，而且企业无需提供抵押担保即可申请贷款，大大降低了企业融资门槛，变"知产"为"资产"，让企业实现"技术变现"，更好地开展技术创新和技术改造升级活动。

4.功能特点

一是企业可通过微信小程序在线申请，无需抵押担保，一键直达，方便快捷；

二是银行开辟绿色审批通道，使得企业融资快速且高效；

三是贷款额度可达300万元，解决企业"短、小、急、频"的资金需求；

四是贷款期限可达1年，企业在额度有效期内可按照实际需求分批提款、还款，节约企业成本；

五是运用大数据风控机制，引入第三方大数据分析模型，对申请企业的贷前、贷中、贷后环节进行全流程评价，形成多维度立体化的大数据画像，客观有效地评估企业的前景和价值。"苏知贷"产品宣传页面如图2-15所示。

图2-15　"苏知贷"产品宣传页面

"苏知贷"申请流程：

系统跳转产品详情界面，点击"立即申请"即可申请"苏知贷"，填写融资需求并提交，信息将直接进入银行公贷系统，供需对接，一键直达，方便快捷。

2.8　江苏苏宁银行

江苏苏宁银行将自身定位为"科技驱动的O2O银行"，围绕"科技使金融更简单"这一使命，运用数字技术助力产业服务升级。截至

2022年年末，江苏苏宁银行总资产达到1 033亿元，2022年营收40.21亿元，净利润10.07亿元，净资产60.74亿元，ROA1%、ROE18%，不良率0.99%，均好于商业银行平均水平，也优于江苏法人银行。总资产规模位列江苏地区法人银行第12位（全省143家法人银行），在21家新型银行中仅次于微众银行（腾讯）和网商银行（阿里）。个人贷款户数857万户（累计用信），小微企业贷款客户数62万户（累计用户），个人存款客户达到161万元，并获评国家高新技术企业资质。江苏苏宁银行以"科技使金融更简单"为使命，通过金融科技破解融资难题，实现降本增效。江苏苏宁银行实现低成本运营，让利用户，从而获得更大的市场竞争力。

江苏苏宁银行提出了三大战略重点任务：

一是潜心打造银行界"美团"，通过科技赋能简化金融服务，将金融服务像外卖、电商一样送到客户身边。

二是大力发展金融科技，持续投入资源，开展小微数据风控"卡脖子"工程。

三是发展一条新的业务线——科创金融。当前，全行已形成微商金融、产业链金融、科创金融、消费金融、支付金融和财富管理六大业务线。

为顺应国民经济转型升级趋势、解决科技型企业融资难、融资贵的问题，江苏苏宁银行全力打造科创金融产品线，致力于为科技型企业提供更简单、便捷的信贷服务。截至2022年年末，"科创贷"产品累计发放近20多亿元贷款。江苏苏宁银行将在未来加大对生物医药、集成电路、人工智能、云计算、大数据、高端制造等高新技术产业的资金支持，为产业发展提供源头活水。

2.8.1　科创金融的发展战略和组织架构

1.科创金融发展战略

江苏苏宁银行重点瞄准高新技术企业、"专精特新"企业等国家认可的优质制造业企业，从服务体系、产品业务、客户获取方式、风险控制机制、经营机制五个方面出发，致力于打造线上和线下结合的服务于小微企业的科技型银行。

（1）打造全产品服务体系

江苏苏宁银行开发覆盖科技型企业全生命周期的全产品服务体系，构建江苏苏宁银行与科技型企业的中长期合作关系和合作机制，打造一条服务企业完整成长周期的金融服务链。具体来说，江苏苏宁银行根据企业成长阶段的变化，及时调整企业信贷支持标准，建立与其成长周期相适应的评级授信评估标准，结合企业的经营情况和金融需求，有序推进匹配科技型企业生命周期阶段的产品落地，并整合多方资源，为科技型企业持续提供综合化、个性化的金融服务。

（2）开发特色产品和业务

江苏苏宁银行探索开发专利权和商标权质押融资、订单融资、商票保贴、税务贷、补贴贷等更加灵活的融资类服务，锁定企业还款来源（如图2-16所示），满足企业多元化融资需求。

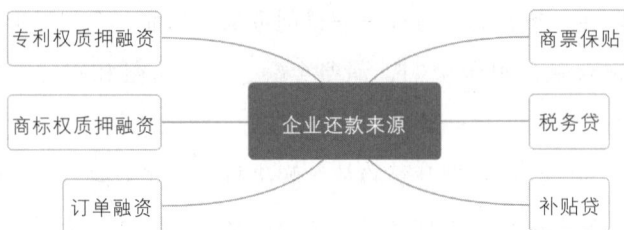

图2-16　企业还款来源

江苏苏宁银行深入运用科创金融服务科技型企业，利用大数据、区块链、云计算等技术优势从数据流、资金流、物流等多维度解决科技型企业信息不对称问题，更加广泛、深入地介入科技型企业市场，围绕科技型企业成长周期，推动产品和服务的标准化、线上化、专属化、场景化，根据科技型企业各发展阶段的融资需要，分门别类设置相应的产品库，对应标准化、可复制的整体金融服务方案，可参考借鉴同行业优秀经验。

（3）优化客户获取模式

江苏苏宁银行建立更为细化的准入机制，可以进一步细化行业分类、企业规模、研发规模、盈利标准、市场领先程度等，将目标对准已过初创高风险期、技术领先、产品已得到市场检验、营业收入相对稳定的科创客户。积极探索与政府部门、风投、基金、科创平台、大型券商、大型国企、知名会计师事务所、律师事务所等多方机构展开合作，通过多方资源整合、信息集成共享、科技型企业项目收录构建核心生态圈。例如，江苏苏宁银行已经和南京市江北新区、南通市创新区紫琅科技城等达成战略合作，并向科技型企业、投融资机构、上市公司等创新链条上的核心主体开放，提高科技型企业投融资服务效率，以此拓宽科技型企业营销渠道，提升对科技型企业的吸引力。

（4）完善风险控制机制

一是建立"防火墙"。严格执行科创金融前台、中台、后台的分离，充分落实贷、审、投相分离，实行投贷联的资金分账管理和封闭式管理，严格限制贷款和股权投资资金的交叉往来和串用。

二是建立多方合作的风险分担机制。积极与政府的引导基金、平台基金合作；引入多方资本参与，建立明晰的股权、债权结构化融资安排；积极引入保险、担保公司，建立"政府+银行+保险或外部担保"的风险分担机制。

三是建立前瞻性的风险预警机制。江苏苏宁银行针对科技型企业建立评价、交易和资金监控体系，充分利用商业银行的信息优势和渠道优势，开发针对科技型企业的特定评级授信模型、风险预警模型和预警体系，通过收集科技型企业的生产经营数据、股东行为特征、市场行情变化等信息，前移风险关口，增强风险防控的前瞻性能力。

（5）完善专业经营机制

鉴于科技型企业的专业性和特殊性，江苏苏宁银行已单独设立科创金融部进行经营管理，为科技型企业提供零售业务、资金结算、投融资服务和资源等全流程、综合化、一站式专属金融服务。江苏苏宁银行在组织架构、人员配备、产品开发上具有了一定突破，但在机构搭建、人员配备、产品开发、流程设计、风险控制、资源配置、考核设置等经营机制上，还或多或少存在环节的缺失和不足。因此，江苏苏宁银行首先从战略定位上明确科创业务板块的地位和发展总体目标，形成对科创金融部的统一认识与行动；其次筹建专门的领导机构并发挥领导、统筹、协调的作用，以此解决在加快建设科创金融专营机制上的各项障碍。

2.科创金融组织架构

图2-17为江苏苏宁银行科创金融组织架构。

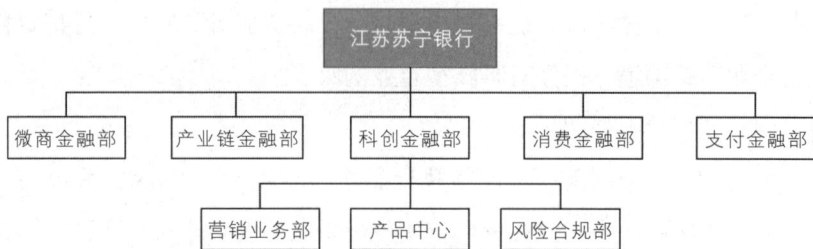

图2-17　江苏苏宁银行科创金融组织架构

科创金融部作为江苏苏宁银行专业服务科技型企业、创新型融资合作类业务的经营管理部门，专门为创业前期、中期的高成长性，拟上市以及已上市的科技型企业提供综合金融服务方案，打造针对科技型企业的特色服务体系。科创金融部主要负责牵头科技型企业的业务政策制定、产品创设、业务推动、市场营销和科创金融客户经理队伍建设和管理等。产品主要是"科创贷"，包含4个子产品：

（1）"普惠科创贷"——针对高新技术企业、科技型中小微企业、"小巨人"企业、"专精特新"企业等科技创新类客户的流动资金贷款产品，授信品种包括贷款、票据贴现、票据承兑、贸易融资、保理、保函、信用证等表内外授信和融资业务。

（2）"科创人才贷"——满足科技型、创新型、创业型高层次人才的创新创业需求，向其个人发放的用于支持科技成果转化、企业发展的个人经营性贷款产品。

（3）"认股权贷款"——银行在对目标客户提供授信支持的同时，与该客户及其股东签署《认股权协议》，通过特定的约定和安排，赋予银行一项对该客户的认股权，银行为该认股权的权利人的贷款产品。

（4）"科创链式贷"——对已上市的科创型企业或优质核心企业，围绕其供应链提供延伸的金融产品，主要针对其上游供应商和下游经销商中科技型企业的纯线上贷款产品。

2.8.2 科创金融产品和客户生态

1.产品介绍

（1）"普惠科创贷"

申请条件：获得高新技术企业、科技型中小微企业、"小巨人"企业、"专精特新"企业、"瞪羚"企业、"独角兽"企业培育等资格证书；年营业收入不低于 1 000 万元。

优点：贷款额度最高可达 3 000 万元，贷款期限最长 1 年，具有免抵押（仅需法定代表人或实际控制人配偶担保）、成本低（贷款利率低于 5%）、审批快（享受江苏苏宁银行科技专属审批通道）三大优点。

（2）"科创人才贷"

申请条件：借款人被纳入国家、省、市级人才计划。例如，千人计划、万人计划、长江学者奖励计划、国家杰出青年科学基金、中科院百人计划、国家百千万人才工程等国家重大人才工程入选人员，享受国务院政府特殊津贴的专家；借款人获得国家、省、市级科技发明或创新类奖项；最高学历为知名高校本科学历，知名高校包括 985 高校、211 高校、双一流、世界大学 TOP500（满足 ARWU、泰晤士、USNews、QS 排名之一）等，或者为普通高校硕士及以上学历。

优点：贷款额度最高可达 300 万元，贷款期限最长 2 年，并且具有免抵押（如果有，则需配偶提供担保）、成本低（贷款利率低于 5%）、审批快三大优点。

（3）"认股权贷款"

申请条件：获得高新技术企业、科技型中小微企业、"小巨人"企业、"专精特新"企业、"瞪羚"企业、"独角兽"企业培育等资格证书；年营业收入不低于1 000万元；VC、PE投资机构有意向进入或已经进入，具备高成长性，盈利模式清晰。

优点：贷款额度最高可达3 000万元，贷款期限最长3年，具有保护初创人股权比例被过早地稀释、期权定价机制灵活（包括估值定价和协议定价两种选择）、初创人优先回购权三大优点。

（4）"科创链式贷"

申请条件：核心企业获得高新技术企业、科技型中小微企业、"小巨人"企业、"专精特新"企业、"瞪羚"企业、"独角兽"企业培育等资格证书。

优点：贷款额度最高可达500万元，贷款期限最长1年，具有纯信用（无需核心企业提供担保）、效率高（上下游企业的开户、贷款申请和提现全部为线上操作）、覆盖广（全国范围内的供应商或经销商均可申请）三大优点。

2.客户生态描述

（1）江苏苏宁银行科创金融的主要目标客群

经区市及以上政府职能部门认定的科技型企业，如国家高新技术企业、科技型中小企业、"小巨人"企业、"专精特新"企业、科技成果转化项目企业、双软企业等。

具有较高学历背景、较高专业技能、较高价值创造能力的人才创办的企业，优先支持法定代表人、实际控制人或股东为院士、长江学者；各类经县区级以上人才主管部门认定的人才、科技镇长团成员；规模以上企业、高新技术企业、科研院所的创始人或技术骨干创办的企业；

省、市、区（重点支持区域：南京、南通、苏州、无锡等）政府产业基金投资的企业，或知名VC或PE投资的企业；

所属行业为国家、省、市支持发展的高新技术产业、战略性新兴产业，且拥有发明专利、集成电路布图设计专有权、植物新品质、新药证书等自主知识产权的企业。

（2）优先支持以下地区产业

南京：新型电子信息、绿色智能汽车、高端智能装备、生物医药。

无锡：先进制造业、物联网、集成电路、生物医药。

苏州：核心信息技术、共性基础材料、新型医疗器械、生物医药。

常州：碳材料、新光源、通用航空、轨道交通、智能数控、机器人。

南通：船舶海工、高端纺织、电子信息。

淮安：农副产品精深加工、盐化新材料、电子信息。

徐州：工程机械、节能环保产业。

扬州：汽车及零部件、高端装备。

镇江：高端装备、新材料。

盐城：新能源装备、节能环保高端装备。

连云港：生物技术、新医药、高性能纤维及复合新材料、风电装备新能源。

泰州：生物医药、高性能医疗器械、高端装备、高技术船舶、节能与新能源、化工新材料。

宿迁：生物医药、高性能医疗器械、高技术船舶及海工装备、节能与新能源。

（3）深入场景，服务科创中国

江苏苏宁银行作为省内规模相对较小、起步相对较晚的一家银行，要想在服务科技企业这条路上打通道路，必须做好自身的定位，与市场上的国有行、股份行和城商行进行差异化定位，融入到客户的业务场景中去，做好市场的补位者。以江苏苏宁银行服务的一个科创客户江苏碧松照明股份有限公司为例，该客户是启东交投的市政照明项目主要供应商之一，也是国内外龙头照明企业的供应商（包括上海亚明照明、昕诺飞照明、三雄极光、欧普照明等），公司产品具有一定的产品竞争力，有一定的应收账款累计。江苏碧松照明股份有限公司拥有累计40多项发明专利和新型实用性专利，是国家高新技术企业、科技型中小企业，并于2014年挂牌新三板基础层。

随着江苏碧松照明股份有限公司销售规模和生产规模的扩张速度超过了公司自身资源积累的速度以及产业化建设步伐的加快，资金需求量较大，企业提出了融资方面的需求，然而公司处于扩张阶段，研发和生产支出较高，并且有和其他科技型企业相同的特点——重资产轻、轻资产重，与传统银行信贷模式之间存在错位，导致借贷较为困难。客户经理在尽职调查过程中，主要发现以下困难：

一是因为江苏碧松照明股份有限公司从初创期到成长期、成熟期，需要的时间较长，面临的不确定性因素较多，所以公司本身价值难以准确评估。同时，由于技术的专业性，技术的拥有方可能会夸大技术的价值、隐藏风险，使江苏苏宁银行难以准确判断。

二是风控难度大。江苏碧松照明股份有限公司的土地、厂房，甚至实际控制自住的住宅等都已经为公司的经营需要做了抵押，没有额外的抵押物来供银行作为增信措施。实际经营过程中大部分的科创企业都会面临这种情况，要么企业轻资产经营，要么已经将资产抵押给利率相对较低的国有银行，而科创活动的失败率高达90%以上，这对江苏苏宁银行的风控提出了挑战。

三是财报数据不好看。2022年年初，江苏苏宁银行在给客户授信时发现江苏碧松照明股份有限公司连续3年亏损，一般此类客户很难从银行获得授信增额的可能性，更不用说是没有抵质押措施的信用贷款。

四是江苏碧松照明股份有限公司能够提供的有效抵押资产较少。虽然公司有知识产权，但是在实践中知识产权价值难以评估、流动性不足，且传统银行很难接受此类抵押资产。

针对上述情形，江苏苏宁银行围绕江苏碧松照明股份有限公司的经营寻找亮点：

1.公司打入了飞利浦、欧普、亚明等国内外照明龙头的核心供应商，并每年供货都在稳定提升。

2.虽然公司此前连续3年亏损，但是每年销售规模的增长率都在20%左右，公司属于高速发展阶段，亏损属于高速发展以后，应收账款增加，营销、研发等费用上升导致，经过调查发现公司应收账款质量优质、账期稳定，不存在坏账风险。同时，经过前几年的研发和营销，在控制当年相关成本的前提下，公司在2022年年末扭亏为盈也符合当时的判断。

3.公司为高新技术企业，拥有核心技术和知识产权，从公司基本面来看也满足工信部"专精特新"企业、"小巨人"企业的评判标准。

4.公司法定代表人为当地的人大代表和政协委员，在政商界具有较高的美誉度。

综合以上几点，并结合企业的专利和产品，对企业持有的多项发明专利进行分析，判定企业在LED照明电器领域达到地区发达水平，市场前景广阔，且专利稳定性高，知识产权风险低，符合江苏苏宁银行科创金融产品——"科创贷"的申请要求。最终，江苏苏宁银行结合该评定结果、企业的业绩及发展前景，向江苏碧松照明股份有限公司提供500万元贷款，支持其在研发投入、项目建设、日常经营方面的资金需求。

江苏苏宁银行已经为省内近200家类似企业提供了"科创贷"服务，为许多科技型中小微企业，特别是高新技术企业、"专精特新"企业、"小巨人"企业、民营科技企业等带来更加"多、快、好、省"的金融综合服务，解决了大部分科技型企业融资难的问题，也为江苏苏宁银行未来贷款业务规模的增长做了良好的示例。

2.8.3 金融科技的技术研发与应用

1."科创贷"系统

江苏苏宁银行APP、官网以及微信小程序均作为"存贷汇一体化""场景产品系列化"发展体系中的重要组成部分，对外连接客户，对内连接各业务系统，是江苏苏宁银行科创金融服务线上获客的核心入口之一。

随着科创金融业务数字化转型不断深入，客户业务办理实现了"从线下到线上""从PC端到移动端"的升级迭代，但从客户需求、客户经理反馈和同业情况来看，仍存在许多问题，江苏苏宁银行APP、官网以及微信小程序的上线有效缓解了上述痛点。

一是降低业务办理门槛。以前，客户经理需要引导客户下载APP、注册账号、设置密码才能在线上办理相关业务。现在，依托微信平台、引入微信官方身份认证（快速识别客户微信ID、实名认证信息等）实现客户免下载、免注册、免开户业务一键接入，快速申办，大幅度提升了业务办理效率。

二是授信业务的最简入口。江苏苏宁银行实现了从以产品为中心向以客户为中心的模式转变，全面融合了各类线上产品，无任何复杂的产品推荐，客户拍一下营业执照、做一下人脸识别、填一下基本信息，系统就会根据客户经营状况、风险级别、资产、资质等各类情况，提供相应的额度、利率、期限，以极简服务和优质体验提升客户的获得感和幸福感，并且会自动推送适合客户的科创金融产品。

三是非授信产品线上化申办一站式整合。江苏苏宁银行以客户为中心实现相关业务整合，为科技型企业客户提供一站式综合服务，目前已上线产品包括开户预约、贷款办理等。

四是提升客户营销触达便利度。融入微信社交场景，以"触达、体验、展示"为建设核心思路，提供了快速服务、适合服务、一站式服务、互动式服务。客户通过微信搜索、扫码或朋友圈链接，点击即可访问使用平台，平台以分享链条为依据，识别并记录推荐人、申请人信息，实现外部交互与内部资源的整合，通过跳转等手段链接外部线上场景，实现产品与功能输出、客户引流，打造科创金融"开放银行"。

江苏苏宁银行"科创贷"微信小程序便于客户申请科创金融产品，企业可以选择线上提交申请。江苏苏宁银行以数据价值为核心，以量化指标为驱动，形成了密度更高、服务客群更广、精准性更强、灵活性更强的算法模型网络。

2. "科创贷"风控

科技驱动发展，风控必须先行。因为金融的核心在于信用，金融管理的关键在于对风险的管理。

江苏苏宁银行已经建立起了强大的风控团队，采取传统风控和大数据风控叠加的O2O风控模式。在此基础上，江苏苏宁银行还导入了互联网技术能力，运用大数据等技术进行风控。

具体而言，江苏苏宁银行基于机器学习、大数据爬虫、实时标签计算，并通过对行业数据的深入挖掘，在开业初期就掌握了多达1 680个对私标签和1.7亿会员实时画像数据，可为用户提供千人千面的个性化推荐服务，同时结合线上线下特有的渠道优势进行精准营销，以真正实现金融O2O。

此外，江苏苏宁银行还全力研发了对私、对公的CRM系统，通过跨体系、跨系统整合数据，将SAP系统采购订单、库存数据、SOA系统合同信息数据等转化建设成对公客户数据库；构建基础信息、财务信息、业务信息、关联信息四大信息类别，提供13类二级分类信息共396个标签数据，为企业信息数据的查询、贷款产品准入策略的制定提供数据支撑。

第 3 章
江苏证券业科创金融的模式与创新

在互联网金融快速发展的新时代，对江苏的证券公司发展模式提出了更高的要求，需要通过实施转型战略促进证券公司的可持续发展。虽然互联网的发展对传统的证券公司造成了一定的冲击和影响，但是也带来了千载难逢的历史性机遇。这就需要证券公司将互联网金融与证券公司经营管理有效融合起来，既要深刻认识到互联网金融下证券公司转型发展的重要性，也要积极探索将互联网金融与经营、管理相结合的有效方法和策略，寻求一条改革、创新、发展之路。

3.1 证券业与科技型企业发展

3.1.1 证券业在科技型企业发展中的作用

实施创新驱动发展战略、建设科技强国是党中央、国务院的重要部署。科技型企业是科技创新以及科技成果转化的载体，科技型企业的发展是经济增长的重要驱动力。科技型企业在发展过程中具有较高的融资需求，但是又普遍存在融资难、融资贵的问题，需要多元、包容的金融支持。证券公司作为服务资本市场的中坚力量，能够为科技型企业提供基于资本市场的多元化投融资服务，在资源优化配置和风险分散等方面具有重要作用。

相对于银行的低风险偏好以及对抵押担保等方式的要求，证券公司可以通过股权融资、保荐承销、并购顾问或推荐举牌机构等方式，为科技型企业提供直接融资服务，也可以作为私募股权投资基金的组织管理机构，为科技型企业提供股债发行承销、并购重组、财务顾问等服务，还可以通过信用业务、衍生品业务、做市商业务、资产证券化业务等，为科技型企业提供多样化的投资服务，从而为科技型企业提供覆盖全生命周期的金融服务，助力科技型企业的发展。

科创板的设立以及创业板注册制的顺利推出，为科技型企业创造了更好的发展环境，放宽了科技型企业的上市条件，简化了上市审批的流程，资本市场服务功能不断增强。证券公司可以开展保荐承销、并购重组、直接投资、基金管理、私募股权等资本市场业务，可以满足科技型企业多元化的融资需求，从而优化科技型企业的资源配置和风险管理，缓解科技型企业的融资难题，促进科技型企业发展壮大。

3.1.2　证券业在支持科技型企业发展中存在的难点

1.证券公司与科技型企业之间信息不对称

资本市场改革的不断深化为科技型企业提供更多的发展机遇，我国多层次资本市场的建立，拓宽了科技型企业的融资渠道。证券公司作为资本市场的重要主体，在科技型企业上市、股权转让以及重组等过程中发挥着重要作用，能够为企业的投融资计划提供专业的顾问咨询服务。但是，科技型企业普遍缺乏对资本市场动态及相关政策的了解，因而更倾向于银行、保险等机构的科技类贷款产品。即使有意向通过资本市场融资，由于科技型企业对专业服务机构的认识不足，也会限制其选择通过资本市场进行融资。此外，由于没有对科技型企业发展动态进行跟踪监测的信息平台，证券公司也很难通过外部所获取的有限信息发掘科技型企业的价值和增长潜力。

2.证券公司服务成本较高

科技型企业在发展早期，更为注重技术、商业模式和业务形态，对内部治理的重视程度不足，尚未建立起完善的内部治理体系，也缺乏专业的管理团队和管理经验，对内部治理的风险认识不足，内部治理存在不规范的情况。打算通过IPO在资本市场进行直接融资的科技型企业需要完善企业的内部治理体系，建立完善的体制机制，规范企业运行。虽然证券公司可以提供专业的上市辅导，帮助企业构建起专业的内部治理体制，但是对处于早期发展阶段的科技型企业而言，难度较大且需要投入的成本也较高。

3.证券公司服务科技型中小企业的动力不足

相对于银行机构，证券公司可以协助科技型企业对接金融机构资源和政府资源，或者通过另类子公司或私募基金子公司进行直接投资，方式更为灵活。但是，受限于自有资本或者政府引导基金投资风险的要求，证券公司的风险容忍度并不高，与科技型企业，尤其是科技型中小企业的融资需求也较难匹配，因此更倾向于为头部科技型企业提供发行上市服务，对科技型中小企业的关注有待加强。同时，由于科技型企业轻资产、高投入、高风险的特点，企业未来的获利能力也存在较大的不确定性。相对于被市场看好和关注的头部企业，科技型中小企业面临的生存环境更差，融资难问题更加突出，能够为证券公司带来的回报较低，且存在较高的风险。证券公司应该利用自身服务资本市场的优势，整合各项资源，提高自身在定价、投资、销售等方面的服务水平，深入发掘科技型中小企业的价值潜力，为科技型企业提供融资服务。

3.1.3　证券公司增强服务能力的举措

作为金融体系四大支柱之一的证券业，是资本市场的主要中介机构，在资本市场运行中发挥着重要作用。一方面，证券公司可以为发行人和投资者提供专业化的投融资服务，如证券经纪、投资咨询、保荐承销等；另一方面，证券公司本身也是资本市场中重要的投资者，可以为重点行业、重点领域提供资金支持。从科技型企业的发展来说，证券公司可以为科技型企业提供包括首次发行上市（IPO）、新三板挂牌等股权融资服务；也可以协助科技型企业发行公司债、企业债、资产支持证券等债权融资活动。此外，上市以后企业的再融资，也同样可以由证券公司协助完成。在科技型企业发展过程中涉及并购、重组、股权收购或转让、资本运作规划等情况时，证券公司也可以为企业提供财务顾问咨询服务，协助企业完成各项投融资活动。因此，证券公司应该努力提升自身的综合服务水平，为科技型企业提供高质量的金融服务，助力科技型企业的持续健康发展。

1.打造信息共享及对接服务平台

证券公司利用大数据、云计算、人工智能、区块链等先进信息技术，与核心企业、政府部门以及第三方机构加强合作，打造为科技型企业提供投融资服务的信息平台，及时收录、更新科技型企业的相关信息，挖掘具有良好发展前景的科技型企业，并主动与其对接，让科技型企业了解直接融资方式，拓宽企业的融资渠道，解决证券公司与科技型企业之间信息不对称的问题。同时，证券公司可以通过信息平台与其他金融机构、中介服务机构，以及各类股权投资、风险投资等主体实现信息共享，寻求与其他资金供给主体之间的合作，扩大对科技型企业的金融供给，实现信息的共享。

2.拓宽顾问业务范围

金融顾问除了可以为科技型企业提供融资服务外，还可以通过提供资源撮合、信息传递、专业咨询等业务，及时帮助科技型企业发现发展过程中存在的各种金融问题，从而帮助科技型企业完善内部控制制度、明晰产权关系和财务核算等，帮助科技型企业提高风险防范能力，促进科技型企业的健康发展。

3.构建覆盖全生命周期的金融服务模式

通过各个业务部门和下属各类投融资专业子公司之间的协同联动，根据科技型企业的风险和财务特征，以及资金需求，为其提供全生命周期的金融服务方案，对处于不同生命周期阶段的科技型企业提供差异化金融服务，增强服务的针对性和有效性，构建综合的金融服务体系。探索通过下设投资子公司设立并管理私募股权基金、创业投资基金、产业基金等对科技型企业直接进行股权投资。

4.拓宽服务对象范围

证券公司为科技型企业提供投融资服务是科创金融的组成部分，不应局限于为成熟期或优质科技型企业服务，而应该增强对科技型中小企业的关注。证券公司可以针对拟上市公司建立数据库、科技项目信息库，利用信息共享平台加强对后备企业的培育、筛选，加强上市辅导支持和服务；还可以加强与区域性股权市场、"新三板"及科创板的对接，扩大挂牌企业储备，扩充拟上市公司数据库。

5.组建专业人才团队

科技型企业涉及众多新业态、新领域，证券公司原有的人才队伍可能无法胜任科技型企业多样化和复杂性的投融资需求，无法准确发掘科技型企业所处行业的发展前景，以及分析科技型企业的长期价值和增长潜力。因此，证券公司应该扩宽人员招聘的专业范围，引入更多具有各领域专业知识和技能的高层次人才，以便深入分析科技型企业所处行业以及企业自身的业务发展模式和价值驱动因素，提升金融服务的有效性。可以探索与科研院所加强金融人才培养的衔接，创新"订单式"校企合作联合培养方式，开发金融人才合作的柔性模式。

3.2 南京证券

南京证券创建于1990年12月，由中国人民银行南京分行发起设立。2018年6月13日，南京证券（股票代码：601990）成功在上海证券交易所主板上市。南京证券始终高度重视信息技术与金融科技工作，成立IT治理委员会，对信息技术工作进行统一规划领导；南京证券除持续扩充技术部门编制，加大经费投入外，还参照行业先进经验，对技术部门的架构进行了调整，成立了金融科技部，主要负责与金融科技相关工作的实践，以促进技术对业务发展从支持提升为推动，最终达到引领的目标。

南京证券加强对数智化转型的战略规划和布局，初步建立起互联网金融技术开发、大数据应用开发、量化策略与人工智能研发的框架，以数据为依据，以业务需求为导向，推动包括数据中台、技术中台、智能中台三位一体的数智化平台建设，由此形成的"基于数智化平台的数据治理"项目参加《金融电子化》杂志社主办的"2021第十二届金融科技应用创新奖"评选，荣获"2021科技赋能金融业务发展突出贡献奖"。

南京证券重视金融科技人才队伍建设，形成了大数据、量化交易、软件开发、人工智能、基础架构（云平台）等不同能力和发展方向的团队，不断强化科技支撑，着力提升自主开发能力。

南京证券积极应用先进的金融科技手段，增强客户服务能力，逐步建设了智能审核、智能回访、业务中台、理财商城及公募基金投顾、客户关系管理等各类应用，以智能化手段提高客户服务效率；通过金融科技手段不断提高风险管控水平，利用人工智能算法实现信用风险预警，完善信用风险预警体系；开发两融业务风险实时监控系统，进一步深化两融业务的风险监控工作；提升运营管理效率，完成公司办公统一门户平台、宁聚智汇APP等上线；有效推动金融科技从服务业务向赋能业务转变，持续推动量化交易能力，完成算法交易、股票集合竞价程序化下单算法、期货统计自动套利、股指期货日内区间突破策略程序化、期权算法交易等，进一步降低交易成本；完成智能机器人RPA平台建设，实现了经纪业务清算会计凭证附件、用友凭证自动录入，为业务部门以及119家分支机构极大节省了人力成本。

南京证券加强云基础设施建设，除自建私有云平台实现分支机构业务系统云接入外，还利用上交所技术公司的云平台，实现了公司灾备系统的异地备份，并在行业作为典型案例进行推广。

3.2.1 科创金融的发展战略和组织架构

1.科创金融发展战略

（1）以金融科技提升服务江苏经济发展的能力

南京证券作为总部位于南京的全国性、综合类上市证券公司，通过发展区块链、人工智能、大数据、云计算等技术，促进金融科技在服务渠道转型、小微企业信用融资、创新产品市场推广等方面的应用，服务省内经济发展。

（2）以金融科技提升服务客户的能力，改善客户体验

南京证券以专业化的高度，运用科技赋能将复杂的金融产品、专业的投资服务，转化为客户容易理解、喜爱的产品和服务，为客户创造价

值，改善客户体验。

（3）以金融科技提升企业经济效益

南京证券通过深度学习、自然语言处理等人工智能方法，对各类数据、事件、舆情等信息进行自动化、智能化处理，为业务人员提供策略研究分析，同时以点带面，推动量化投研投资体系的建设，为投资自营、资产管理等业务赋能加码。

（4）以金融科技强化合规风控管理能力

南京证券利用数据挖掘和人工智能，构建数智化风险分析框架，通过线上与线下高频度自动化的数据采集、清洗、验证和数据治理，开发一系列能用、实用、好用的风险控制应用。

（5）以金融科技提升企业内部管理与展业效率

南京证券通过建设数字化办公平台与移动展业平台，提升公司内部管理与展业效率，全方位助力客户财富管理升级，赋能员工展业和公司自动化办公管理。

2.小微金融组织架构

南京证券本着"科技引领"和"数据驱动"相结合的发展思路，积极布局前沿金融科技领域，赋能业务和管理，南京证券成立了金融科技部，重点负责金融科技相关工作，推进数字化转型，积极探索和钻研大数据、云计算、人工智能、区块链等技术，依托专业创造价值。南京证券金融科技部的团队架构如图3-1所示。

在南京证券金融科技部中，业务开发团队负责规划并实施业务信息系统开发方案，推动公司业务发展；网络安全团队负责规划并落实网络建设方案、安全防护策略及防病毒策略；互联网金融团队负责互联网业务系统的需求分析、设计和管理；量化智能团队负责量化交易业务和AI智能算法相关系统的建设；数据开发团队负责大数据平台、数据中台及各类数据分析类应用的建设；项目综合管理团队负责部门项目建设管理工作，加强金融科技团队建设。

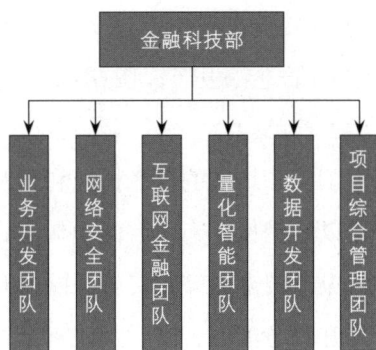

图3-1　南京证券金融科技部的团队架构

3.2.2　科创金融产品和客户生态

1.南微医学

（1）企业基本情况

南微医学科技股份有限公司（以下简称"南微医学"）位于江苏省南京市浦口区高新技术开发区，创立于2000年，主要从事微创医疗器械研发、制造和销售，经过20余年创新发展，成为微创诊疗领域内具有较高科研创新实力和核心产品竞争优势、业绩高速增长的行业龙头公司，是江苏省科技厅、财政厅等联合认定的高新技术企业，荣获国家"火炬计划"重点高新技术企业、江苏省科技型中小企业、江苏省重点研发机构、江苏省民营科技企业、江苏省重点研发机构等荣誉称号。

医疗器械行业是医科、理科、工科等多学科交叉的、跨领域的高技术产业。与其他传统产业相比，医疗器械更具有复合性，其技术研发更加依赖于企业、高校科研院所与医院之间的协同合作，我国许多医疗器械生产商都形成了产、学、研、医协同创新体系。

南微医学终端客户为医院等医疗机构，主要采用经销、直销、贴牌三种销售模式。经销模式是公司通过经销商将产品销售至终端客户，此销售模式下南微医学的直接客户是经销商，终端客户为医院等医疗机构；直销模式是直接将产品销售给终端客户，此销售模式下南微医学的直接客户是医院等医疗机构；贴牌模式是公司依据客户要求提供生产服务的模式，具体可分为 OEM 模式与 ODM 模式。在 OEM 模式下，公司根据客户提供产品的设计图纸进行生产；在 ODM 模式下，公司根据客户要求，为客户设计、生产产品。

南微医学根据不同国家和地区的市场情况和自身的能力采取不同的销售模式。在国内市场以经销模式为主，此销售模式下，公司可充分利用经销商的区位优势与渠道资源，缩短终端医院的开发周期，提高对终端医院的响应速度，提升服务能力，同时加快资金回流，降低资本占用成本。在国际市场销售方面，南微医学在美国以直销模式为主，在欧洲的德国以直销模式为主，德国以外地区以经销模式为主。除欧美之外的其他地区由大区经理负责辖区内的渠道开发及客户维护。

（2）投行助力客户融资情况

2018 年 7 月，南京证券从某头部券商处接手撤回 IPO 申请的南微医学项目，正式进驻南微医学项目现场，经过前期的尽职调查和辅导工作，逐个解决了前次申报中的棘手难题，于 2018 年 10 月向江苏省证监局报送了辅导备案材料。2019 年 3 月，通过江苏省证监局辅导验收，4 月收到上海证券交易所的受理通知书，2019 年 6 月 17 日顺利过会，7 月 22 日成功在科创板上市，从正式受理到成功上市共历时 111 天，成为全国第十家、南京市首家以及医疗器械行业第一家通过上交所科创板上市委员会审核的企业。

在这 4 个月不到的时间里，南微医学项目组加班加点、充分尽调，以尽职尽责、专业高效的工作水准确保了工作进度，在符合科创板定位、科技创新能力、产品及业务模式的要求下，多角度、全方位、图文并茂、深入浅出地介绍了南微医学的业务情况，让全市场对南微医学有了充分的了解；在发行阶段，为发行人充分挖掘了机构投资者，在有限的时间、空间内，安排了一对一、一对多、午餐会等多种推介方式，取得了机构投资者的一致认可；在定价方面，项目组在机构投资者报价的基础上，与发行人充分沟通，最终确定了多方均满意的价格，成功为企业募集资金 17.49 亿元，同时为投资者带来了丰厚的回报。

2.诺泰生物

（1）企业基本情况

江苏诺泰生物制药股份有限公司（以下简称"诺泰生物"）位于江苏省连云港市连云区经济技术开发区，创立于2009年，是一家聚焦多肽药物及小分子化学药物进行自主研发与定制研发相结合生产的生物医药企业。诺泰生物致力于通过技术创新，突破药物研发及生产的技术瓶颈，构建从医药高级中间体、原料药到制剂的全产业链，为全球商业伙伴提供绿色、优质、高效、低成本的医药相关产品和技术服务。

在研发方面，诺泰生物坚持以技术创新为动力，不断加强自主创新能力建设，拥有三个省级研发中心和具有国际技术水平的研发团队，研发中心通过整合软硬件条件，实现技术融合，为诺泰生物全产业链的业务布局提供了坚实的技术支持，并与多个高校和科研院所建立了良好的产、学、研合作关系。

在生产方面，诺泰生物在江苏连云港和浙江建德建立了两个现代化的生产基地，具备了涵盖多肽药物及小分子化药物两大领域、符合国际市场标准、覆盖"医药高级中间体—原料药—制剂"全产业链的规模化生产能力。

在市场方面，诺泰生物坚持国际化战略，通过国际化的品种和业务布局、人才队伍和生产体系建设，公司产品和技术具备了国际竞争力。经过多年发展，诺泰生物凭借先进的研发技术、高标准的质量管理体系，赢得了多个全球知名药企的认可，并建立了长期稳固的合作关系。未来诺泰生物将以创新驱动发展，不断加大技术创新力度，最终成长为以多肽创新药为主体，以重磅仿制药和技术服务为两翼，具备医药全产业链研发及生产能力的国际知名的生物医药企业。

该企业主要客户为药企，诺泰生物的产品销售以直销为主，经销为辅。对于定制产品，诺泰生物主要采取直销的销售模式。诺泰生物与国内外多家知名创新医药企业建立了稳固的合作关系，这有助于诺泰生物持续取得客户定制研发的生产订单。除直接向最终客户进行销售外，部分贸易商凭借其客户资源优势，也会为诺泰生物带来一定业务机会，向公司采购相关产品的同时，向最终客户进行销售。对于自主选择的原料药及中间体，印度、美国、欧洲等海外市场的制剂厂商都是诺泰生物的重要目标客户，诺泰生物在自主进行客户拓展的同时，借助个别熟悉海外市场且具有一定客户资源的经销商进行市场拓展。

（2）投行助力客户融资情况

2016年1月，南京证券助力诺泰生物成功挂牌新三板，募集资金3 365万元，公司市值28 365万元，随后3年间帮助诺泰生物完成重大资产重组及多次股票发行，公司业绩、市值快速提升，2018年9月，公司市值已达169 460.5万元。

2019年，南京证券作为独家保荐机构及主承销商，全方位主导诺泰生物的各项IPO工作。凭借对科创板审核规则的深刻理解，以及在大健康领域丰富的项目经验，南京证券在诺泰生物科创板IPO审核及发行过程中，解决了一系列重点、难点问题。2021年4月13日，诺泰生物完成证监会注册，并于5月20日成功在上海证券交易所科创板上市，成为首家科创板CDMO行业公司，成功为企业募集资金8.3亿元。

3.自营投资

当前，在券商利润构成中，自营投资业务已当之无愧地成为"三驾马车"之一。而自营投资，尤其是衍生品业务更需要基于金融科技的数据技术和智能算法进行分析和决策。在不断积累金融市场数据的基础上，南京证券通过深度学习、自然语言处理等人工智能方法，对数据、事件、结论等信息进行自动化处理和分析，为业务人员提供策略研究分析，提高其工作效率和分析能力。南京证券以点带面，推动数智化投研一体化平台在投研等场景中落地，助力投研水平向专业化、精细化发展。持续推进策略算法的研究工作，在确保智能算法安全性和合规性的同时，实现降低成本、平滑冲击、控制风险、增厚收益的目标，重点加强对因子挖掘体系的建设，实现部分重点策略算法的自主掌控；针对业务部门实际使用场景，自主研发更为高效的交易工具，优化交易环境，重点考虑公司级的极速交易、算法中心的建设，切实帮助公司自营资管业务做大做强。量化投研投资体系的搭建，不仅可以面向自营部门，还可以通过将相关成果推广给其他业务条线，推动投资以及财富管理的数智化转型。

3.2.3 金融科技的技术研发与应用

1.信用风险预警监控系统

南京证券以提升公司全面风险管理能力为切入点，基于公司大数据平台和智能中台，自主研发了两融业务信用风险预警及监控系统。依托人工智能从多个维度构建风险模型口径，通过模型量化反映标的证券和担保品的风险度量，有效计量、监控和报告公司整体风险及各业务条线、各部门、分支机构及子公司风险。通过夯实智能风控上层应用与底层风险数据集的建设，加快推动公司全面风险管理数字化转型，提升风险管控力，为公司业务平稳发展保驾护航。

通过构建信用风险预警监控系统，利用证券风险预警、客户画像、离线指标计算、实时指标监控等模块，将风险进行高细粒度的把控，对影响公司目标实现的潜在事项或因素进行全面识别、系统分类和问题溯源，确保在压力情景下的风险可测、可控、可承受，极大地解决了信用风险中事前风险甄别和预警、事中风险监控和处置的难题。

风险预警监控高效地为业务方面提供了全业务链路的风险计算结果，大大提升了业务方面的工作效率。南京证券通过不断加强对信用业务风险预警及实时监控的基础建设，分析并挖掘证券市场中股票标的和公司信用客户交易行为中的潜在风险，提升员工的业务风险认识、主体责任和主动管理意识，有力推进了公司风控管理的数字化转型。

2.基于数智化平台的数据治理实践与创新应用

本项目以公司的数据治理体系为基础，以数据为依据，以业务需求为导向，构建了一系列可复用、可扩展、高安全的数智化技术平台。自数智化平台及其系列应用上线以来，有效地提升了公司精细化管理水平、风险防控能力和客户服务能力。不仅强化了公司对客户的专业服务能力，也提高了公司的金融科技核心竞争力，并且取得了显著的社会和经济效益。本项目充分结合行业特点和业务需求，构建了数据中台、技术中台、智能中台三位一体的数智化技术平台。

数据中台以标准化数据治理为基础，利用SDOM数据模型，建设了面向净资本、同一客户的风险数据集市，面向展业APP的营销集市、运营集市和财富集市等应用，构建出全流程的数据管理机制，实现数据的集中存储与计算，大幅度提升了数据质量。

技术中台通过公共业务组件独立出通用业务层，然后根据不同业务场景实现需求，架构出"大中台，小应用"模式，下沉技术组件和公共模块。通过CICD开发流程，自主研发并逐步整合中后台各业务系统服务，做到灵活支持迭代，快速响应需求。

智能中台是面向AI开发者的一站式开发平台，帮助用户快速创建和部署模型，管理全周期AI工作流。通过知识图谱、深度学习等算法，构建了智能开户审核、智能交易算法能等多个应用，优化业务办理流程，完善多策略交易体系。

员工展业平台"宁聚力"APP是公司努力打造"移动展业、智慧营销"的全员工作平台。"宁聚力"APP形成了"以任务为导向、以绩效为核心"的主体框架，随时随地完成指标、任务、查看业绩，让员工走出营业部也能便捷、智能地完成工作任务。"宁聚力"APP为一线员工赋能，方便员工随时随地全面、快捷地了解客户、了解产品，实现服务记录留痕、移动MOT处理、移动待办任务处理。"宁聚力"APP后台依托技术中台、数据中台、智能中台实现资源整合和共享。不同岗位员工分角色进入，"千人千面"利于高效工作，推动公司财富管理转型、数字化转型。

展业平台"宁聚力"APP的主体框架和可实现的功能有：

（1）形成以任务为导向、以绩效为核心的主体框架

"宁聚力"APP各项功能围绕协助营销人员完成各项营销任务展开，为公司经纪业务的发展提供助力；随时统计营销人员绩效完成情况，提高营销人员工作的积极主动性，便于管理人员合理安排各项工作。

（2）实现公司客户、产品数据的移动化展示

采集多条业务系统数据，整合客户、产品数据，让员工随时随地了解自己的客户、了解公司的重点在售产品，并通过潜在客户的推荐算法为员工营销展业赋能。

（3）实现了MOT场景

让员工时刻掌握客户的动态和营销机会。员工可以时刻关注自己MOT任务的待完成数、完成率、转化率；上级领导可以查看下属员工MOT任务的完成情况并给予督导。

（4）实现业务系统的移动化办公

对接集中交易系统等业务系统，实现佣金策略及佣金定价对象复合的移动化；对接机构业务CRM，实现机构业务CRM的移动化，提高系统使用的频率和便捷性。

3.3 东吴证券

东吴证券的科创金融历经多年发展，从早期电子化、互联网化发展正迈向全面信息化、数字化。东吴证券的软件研发能力发展迅速，在核心交易、区块链等方面均已达到业内领先水平，研发项目的规模稳步增长，已覆盖大投行、大财富、大资管、大研究等诸多业务与管理领域，良好支撑着东吴证券业务数字化转型。

3.3.1 科创金融的发展战略和组织架构

1.科创金融发展战略

在金融科技"十四五"规划中，东吴证券坚持"业务引领、科技赋能"的指导思想，以"自主可控、中台赋能、全面推进数字化转型"为发展目标，至2025年，公司金融科技能力位于行业前列，对业务发展、管理运营形成体系化科技支撑。

战略上，东吴证券坚持"自主可控、中台赋能、全面推进数字化转型"的科技战略，从"以客户为中心连接业务场景""提升管理信息化与智能化水平""筑牢坚实的金融科技中后台底座"三条线开展金融科

技工作。具体落到规划的实施战术上，可以总结成"一个核心、六大应用体系、三大数字化工程"，简称为东吴证券金融科技五年规划的"163工程"，如图3-2所示。

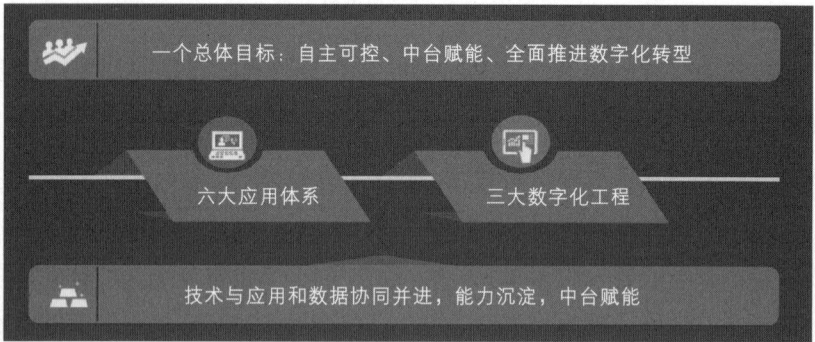

图3-2 东吴证券金融科技五年规划的"163工程"

一个核心，是指坚持以"全面推进数字化转型"为核心目标，将金融科技作为东吴证券创新发展的引擎，深度融合业务与科技，通过科技全面赋能并引领业务。

六大应用体系，是指以应用架构治理机制为基础，整合应用体系框架，形成互相协同的六大应用体系。客户触点体系：面向零售客户、机构客户逐步整合已有客户触点，统一平台入口，打造多端触点生态。员工触点体系：面向员工建设全域办公信息化解决方案，提供知识、协作、效率支持。数字化运营体系：建设全域连接、数据驱动、能力复用的业务与管理运营体系。交易生态体系：持续优化面向零售、机构、自营、海外市场、子公司解决方案的交易生态体系。中后台管理体系：建立业务中台与能力汇聚并行的中后台管理体系，推进业务能力中台化沉淀演进。API开放生态体系：建立覆盖信息技术全生命周期的应用架构治理机制，推进API治理，建设API开放生态基础设施与市场。

三大数字化工程，是指在数据治理、数据分析、数据服务三个方面的数字化工程。东吴证券将坚持数据战略，深化数据治理，建立应用架构与数据架构的协同机制，构建数据中台，促进数据共享，实现对公司各类数据的综合运用，驱动数据资产价值变现，赋能公司数字化转型。固化公司数据运营框架，明确职责边界；深化数据治理，沉淀数据模型，统一规划元数据及主数据，应用建设过程中实施数据标准、质量、安全管控；建设具备数据科学能力的数据开发平台，发展数据分析与人工智能；推进数据服务能力全面开放，形成完整数字化赋能能力，驱动数据资产价值变现，赋能公司数字化转型。

东吴证券把"163工程"分解为三大领域、12个子领域，共102个项目，通过项目制承载金融科技战略规划的落地，逐步实现自主可控、中台赋能、全面推进数字化转型的金融科技战略。

2.科创金融组织架构

东吴证券科创金融业务主要由信息技术总部、运营中心，协同大财富、大投行、大研究、大资管等业务部门共同开展。

信息技术总部主导公司科创金融战略的制定，并作为支撑科创金融战术落地的主要执行者，通过信息化手段支持公司证券业务的顺利开展，在保障系统稳定运行的同时，持续加大自主研发的力度，推动公司数字化转型，赋能业务不断创新。

规划创新部引领公司战略规划，协同信息技术总部共同制订科创金融战略及规划方案，输出顶层设计，持续跟踪并推进规划落地情况。

运营中心承担科创金融业务主要在于数字支撑部，负责公司大数据平台的建设，持续夯实数据治理底座，持续不断增强数据分析能力，为科创金融业务场景提供丰富的数据服务，是公司数字化转型的重要组成部分。

东吴秀财事业部，是公司大财富业务转型的核心部门，与信息技术部的上海研发部共同实行部落制，将业务与金融科技紧密联结，快速响应财富业务的市场变化，为公司互联网证券业务高速发展提供了强劲的驱动力。

信息技术治理委员会是公司信息技术管理的最高决策机构，负责决策公司信息技术规划、信息技术投入及分配方案、重要信息系统建设或重大改造立项与变更方案等。该委员会包括公司高管及主要业务部门、信息技术总部、合规部、风控部、稽核审计部等。东吴证券科创金融组织架构如图3-3所示。

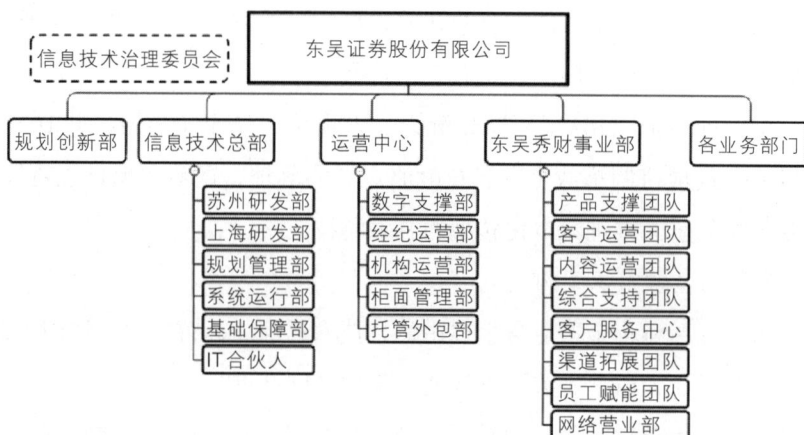

图3-3　东吴证券科创金融组织架构

3.3.2　金融科技的技术研发与应用

1.大数据赋能数字化财富

2021年以前，公募、私募、资管、OTC产品等理财产品的销售以纯线下客户经理一对一人工销售为主，其主要的营销手段多为传统的电话、短信、面谈等方式，其覆盖的客户广度、深度、长度都很有限。整个理财的线上运营和销售模块几乎是空白。

从2021年开始，东吴证券开始在大数据平台日益完善的基础上，系统性地构建线上产品运营一体化模式，以基金理财场景为切入点进行"线上+线下"的联合运营，涵盖金融产品销售的投前、投中和投后全业务阶段。

在投前，东吴证券主要给用户解决"为什么要买基金""为什么在东吴证券买理财""买什么产品"的问题，针对不同的用户进行不同的内容触达。比如，针对新用户，以理财产品投教、资产配置需求、财富管理大趋势等主题为主进行用户培育，引导用户在东吴证券开户，进行产品购买；针对新开户的用户，东吴证券会侧重对用户开户后的业务操作引导、新客福利等内容和活动的推送，引导用户注入资金进行交易；针对老客户，东吴证券会根据不同的用户标签，大致将用户分为理财型用户和交易型用户；针对交易型用户，以ETF、保证金理财、交易闲钱增值等产品的营销为主；针对理财型用户，根据用户的历史投资数据、行为数据等标签进行细分，进而推荐与其风险偏好相对匹配的场外理财产品，包括权益型公募、固收+产品等。

在投中，东吴证券主要为用户解决"如何购买产品"这个问题。结合用户的交易行为数据进行断点运营，针对不同的用户推送对应的业务操作指南，包括银证转账、权限开通、ETF基金认购指南等。

在投后，东吴证券主要为用户进行对应市场、板块和产品的阶段复盘，同时结合用户投资数据针对回款进行关联产品的承接。比如，针对公募基金投资者进行该基金产品的阶段报告解读，针对爆款产品比例配售的投资者进行同类产品的推荐等。

2021年，东吴证券重点完成东吴苏园REITs、东吴裕盈、睿远、兴全等重点基金的线上销售工作。

目前，以基金理财场景为切入点的数字化运营工作已全面展开，并在全公司、分公司、分支机构及营业部进行推广，成功完成了首批REITs、双创ETF、MSCI A50ETF、睿远稳进配置等专项营销活动，打通了线上线下销售通路，并在销量上都取得了较大的突破。

除了公募销售的大数据运营外，个股资讯数据作为大数据平台的一部分，也是用户浏览的重要部分，能够辅助用户作出相应的投资决策。作为精细化运营场景的重要阵地，个股资讯数据已经成功为东吴秀财APP起到了排头兵的作用。

通过数字化转型来输出东吴证券内部的核心竞争力，借助数字化平台和技术，触达长尾用户，并弥补传统客户管理系统同服务客户的最后一公里断层的缺陷。同时，通过平台建设和标准化的运营体系搭建，实现降本增效。

在具体业务场景上，通过个股资讯作为触点，运用金融科技对客户和投资策略进行细颗粒度匹配，使得业务场景更加流畅化、财富管理数字化、更好地分层精细化服务券商客户。

2.自主研发行情交易APP

近年来，受新冠肺炎疫情的影响，"非接触式"线上金融服务的重要性越发凸显。在多变的市场环境下，创新又成为重要的一环，"线上化"和"智能化"成为行业发展的重中之重。

全新"东吴秀财"APP在这样的环境下应运而生，自主研发的交易核心A5系统、行情资产全景等智能服务。通过金融科技和技术创新，为投资者打造专属的个人线上营业厅，一站式理财交易服务，从交易、理财到业务办理，打造完整的线上服务闭环。这是一款功能强大的手机财富管理服务软件，定位是移动金融综合服务平台，它不仅提供股票交易服务，还提供理财投资、新闻资讯、决策分析等增值服务。其业务覆盖了普通交易、信用交易、期权交易、国债逆回购、可转债、场内基金、开放式基金、新三板交易、北交所交易等投资理财服务，帮助投资者真正实现一站式的投资管理。

全新"东吴秀财"APP从用户需求出发，构建了强有力的技术生态体系，具体体现在：

（1）核心架构重构升级，让系统能够自主可控，具备快速迭代能力；

（2）将大部分业务逻辑可配置化、高内聚、低耦合，支持灰度发布和AB Test，确保业务可以快速测试验收；

（3）建立开放证券平台体系，进行外部合作高效对接。

全新"东吴秀财"APP的功能特点有：

（1）行业首家，普惠高速交易。全新"东吴秀财"APP搭载了东吴证券建设的行业首家全内存、全业务、自主可控的核心交易系统，目前全体客户已稳定迁移至 A5 系统，投资者可享受普惠的高速交易服务。

（2）灵活的技术框架，助力客户决策。全新"东吴秀财"APP 新增资产全景及资产分析功能，该功能以小程序作为技术载体，拥有完全独立的生命周期，独立于 APP 之外，更为灵活地进行开发、测试。同时，让投资者更精确地了解账户情况，及时调整或助力投资者作出更有效的投资决策。

（3）有价值的信息，高效传递。全新"东吴秀财"APP 的首页资讯板块包含全市场财经金融要闻，资讯详情页直接关联个股标签，个股标签支持跳转至个股行情，助力客户及时掌握一手资讯、行情。其中，头条资讯模块包含置顶资讯，筛选最新、最重要的资讯，具备高度市场敏感度，提供准确、权威、有价值的资本市场资讯。整体资讯板块重点挖掘财经新闻和上市公司公告、财报等，覆盖 3 600+上市公司、130+券商、300+银行、100+保险以及各省市前 100 强企业，全方位解读新闻与公告背后的信息，将市场最热点、投资者最关心的资讯传递给投资者。

（4）线上投教专区，方便快捷。全新"东吴秀财"APP 设有投资者教育服务专区，投教专区采用图文、视频等形式，系统化地进行有针对性的投资教育，包含了各类型内容，如科创板、创业板、新三板、期权、期货等主题型专区。各类业务介绍中包含其法律规则、投资者问答、图文解读、视频投教、知识自测等一系列内容，涵盖了每一个层次用户所需要的投资者教育内容。

（5）理财升级，智能交互体验。全新"东吴秀财"APP 在理财投资方面进行了整体优化，在产品基础框架下，新增了多频道入口，添加了东吴研选板块，在热门基金的板块下加入倒计时功能，还添加了热门主题专区。同时，整体优化了用户视觉及交互体验，让客户投资理财产品的选择性更多，也更为便利。另外，理财商城还支持基金单页分享及 APP 外下单，为整体业务的推进添砖咖瓦。

（6）集结线上投顾团队，为营业部赋能。2021 年，全新"东吴秀财"APP对在线投顾服务进行了全面的升级，线上服务模式除原来的组合策略外，加入"研之有你，降龙擒虎"等全新板块，还加入了多家线下营业部专业投顾，为线下营业部开展业务添了一把火。

全新"东吴秀财"APP为用户提供了一个完全自主研发的全品种一体化入口级应用和财富管理工具，以先进的设计理念和功能服务，提升客户价值和客户满意度，打造品牌效应，吸引新用户和同花顺公版的用户，提高东吴证券的经纪业务市场占有率，并反哺公司其他相关业务。

第 4 章

江苏保险业科创金融的实践

2023年1月召开的银保监会2023年工作会议强调，持续提升金融服务实体经济质效，深入推进银行业保险业改革开放。保险业作为金融支持科技创新的重要主体之一，是经济社会发展的现实需要，也是金融改革发展的实践选择。自2007年银保监会和科技部共同开展科技保险创新发展模式试点工作以来，科技保险的保险产品逐步丰富，承保范围逐步扩大，投保企业快速增加，为科技领域开展自主创新提供了风险保障。

4.1 保险业与科技型企业发展

自2006年6月以来，国家相继出台了《国务院关于保险业改革发展的若干意见》《关于加强和改善对高新技术企业保险服务有关问题的通知》等多项政策，以促进国家自主创新战略实施，支持高新技术企业发展为其提供有效的保险服务，自此科技保险拉开了发展序幕。科技保险是科技与保险相结合的新型保险形式，可有效分解科技型企业在成长发展期科技创新的相关风险。科技保险作为一种政策性保险，能够发挥政府和企业的共同作用。

《国务院关于保险业改革发展的若干意见》中明确指出，要健全以保险业为主体、以市场需求为导向、引进与自主创新相结合的保险创新机制；《关于加强和改善对高新技术企业保险服务有关问题的通知》中首次提到，要大力推动科技保险创新发展。2007年7月，中国保险监督管理委员会与科技部共同下发《关于开展科技保险创新试点工作的通知》，科技保险开始正式启动。2010年3月，在总结试点的基础上，两部委联合下发《关于进一步做好科技保险有关工作的通知》，开始全面推广科技保险业务，鼓励保险公司开发科技保险新险种，主动创新科技保险运行模式，帮助企业规避风险。2021年11月，银保监会下发的《关于银行业保险业支持高水平科技自立自强的指导意见》中强调，要推动完善多层次、专业化、特色化的科创金融体系，鼓励保险机构完善科技保险产品体系，依托再保险服务体系，为科技保险有效分散风险，鼓励保险经纪机构积极发展科技保险相关业务。

由于科技风险的特殊性和复杂性，科技保险的运行模式一直在不断发展变革，不仅有传统的投保–理赔型模式，还有担保型模式、半参与型模式和全参与型模式。传统的报保–理赔型模式，即由科技企业作为投保人，按照保险合同中的约定向保险公司缴纳保险费，保险公司对科技型企业投保的保险标的及其有关利益履行经济损失的赔偿责任。该模式主要是通过政府引导科技企业参保科技保险，保险公司在政府的授权和监督下办理科技保险业务，并担任政府管理科技项目活动的风险顾问。投保–理赔型模式运行流程如4-1所示。

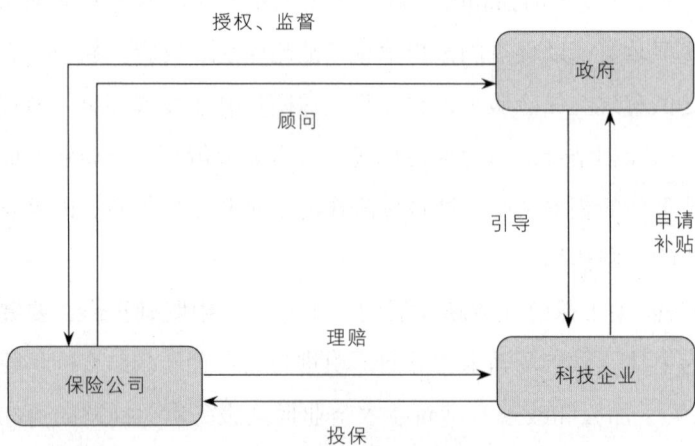

图4-1 投保–理赔型模式运行流程

担保型模式是基于保证担保形式的运行模式，其特点是将贷款保证保险引入科技保险制度内，为科技企业的贷款提供还款。由于多数初创型科技企业仅凭借自身的资信状况，难以顺利向银行申请经营所需的贷款，通常需要借助第三方担保等形式进行增信后，才能获取银行贷款。在该类场景下，科技型企业可以向保险公司投保贷款保证保险，根据贷款金额和项目风险投资向保险公司支付保险费，保险公司则为科技型企业提供还款保证。如果科技型企业不能按期或者无法向银行偿还贷款，则由保险公司负责向银行赔偿科技型企业未能偿还的贷款余额，同时银行将把科技型企业相应的债权转让给保险公司。担保型模式运行流程如图4-2所示。

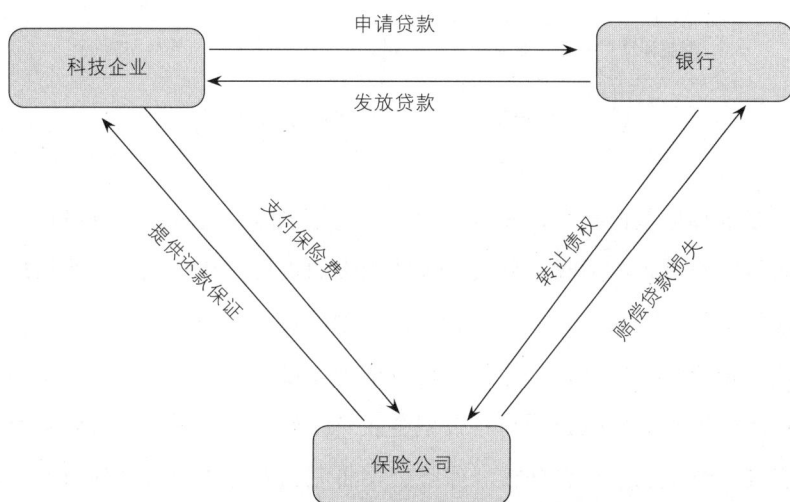

图4-2 担保型模式运行流程

在半参与型模式下，当科技型企业因科研项目研发中断或失败而遭受经济损失时，保险公司根据合同约定的赔偿额度向科技型企业支付经济损失；而当科技项目研发成功并且取得经济收益时，保险公司根据合同约定的受益权，享受规定比例的经济收益。投保时，科技型企业需要转让一定的项目收益权给保险公司，作为其投保科技保险的保费，从而转嫁项目的研发风险。半参与型模式运行流程如图4-3所示。

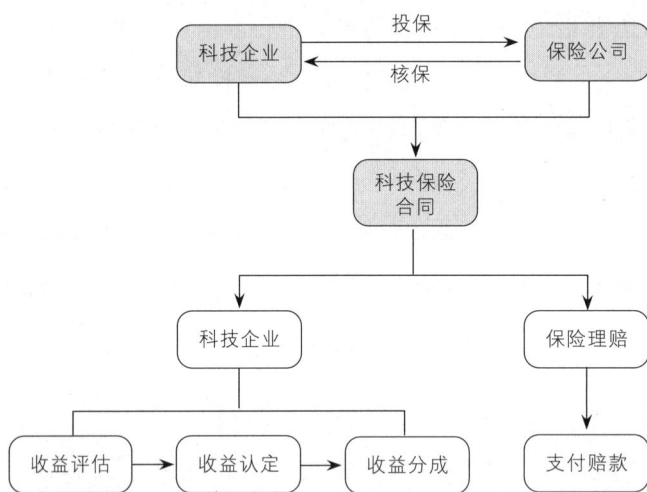

图4-3　半参与型模式运行流程

在全参与型模式下，保险公司的角色是风险投资者，投资科技型企业的科研项目，承担收益分成和分摊损失的责任，与科技型企业构成了利益共享、风险共担的风险机制。在这种模式下，保险公司不但不需要科技型企业支付保险费，还会向科技型企业投入风险资金，对科研项目进行风险投资。保险公司与科技型企业订立保险合同后，对科研项目的投资具有特定的项目管理权。保险公司将派遣专业人员监管项目的运行情况，协助科技型企业实施风险管控，促进科研项目成果成功转化。在科研项目成功转化并且取得盈利后，科技型企业与保险公司对项目所得的经济收益进行分成。全参与型模式运行流程如图4-4所示。

科技自立自强的定位是国家发展战略，保险业的使命则是服务实体经济、支持科技创新，科技保险的出现则是保险业深化供给侧结构性改革、转型升级发展的必然趋势。由于科技创新复杂度高、难度大、成功率低，存在不确定性，是一个需要高投入且充满技术风险、信息风险、市场风险、融资风险的长周期行为，因此必须进行有效的风险转移或分散，科技保险的必要性也就体现出来了。

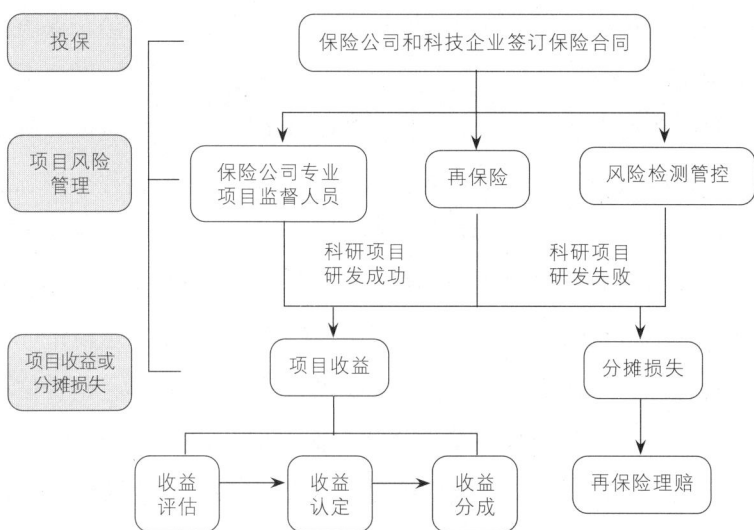

图4-4　全参与型模式运行流程

保险业对科技型企业风险保障的探索从未停止，运营逐渐走向专业化，科技保险专营机构开始陆续成立。2017年，中国人保、太平洋保险、平安保险均在安徽合肥成立了科技保险支公司；2018年，国内首家专业科技保险公司太平科技保险获准开业，聚焦科技型企业及有关全产业链，为自主创新和技术产业发展保驾护航。

4.2　保险业在科技型企业发展中的作用

科技保险可有效分散科技型企业生产经营过程中的风险。科技型企业成长速度快，且人才、技术、资本密集，有着投资周期长、不确定性大的弱点，同时抗风险能力低、市场信息获取较为滞后，这些特点导致科技型企业无法及时、精准地认知科技风险，更容易受到开发者技术缺陷、设备资产不匹配、管理有漏洞等因素的影响，造成经济损失。作为分散风险的有效手段，科技保险可以在科技型企业的研发、生产、销售及其他经营管理等环节上提供抗风险支撑力，还可以对其各类风险所导致的财产损失、利润损失或科研经费损失，以及对股东、雇员或第三者的财产或人身造成的损害而应承担的各种民事赔偿责任，给予保险赔偿或给付保险金。

科技保险助力解决科技型企业融资难的问题。具有轻资产、研发投入高、前期收入和盈利情况不理想等特点的科技型企业，往往较难获得高额度的银行授信，甚至无法获得银行信贷资金支持，大大制约了科技型企业的发展。为了解决这一问题，多家银行与保险机构开始了以知识产权质押帮助企业融资增信的模式探索。其中，人保财险上海市分公司与工商银行上海分行共同开发了"科创知产保险贷"产品，向资信良好的科技型小微企业发放最高单户贷款金额500万元的信用贷款。"科创知产保险贷"采用了知识产权质押融资保证保险+知识产权维权保险的"双保险"业务模式，保险公司通过分析企业知识产权价值来判断企业的科技含量、核心竞争力，有效缓释了银行承担的风险，形成风险共担模式。另外，企业因知识产权维权产生的高额费用也由保险公司承担，避免影响企业的正常生产经营活动。银保监会下发的《关于银行业保险业支持高水平科技自立自强的指导意见》中指出，鼓励中国保险投资基金等加大科技创新投入，研究保险资金设立服务国家科技战略专项基金或其他支持科技发展母基金的可能性。其实，近年来险资参与科创企业投资的动作有很多。例如，自2020年以来，中国保险投资基金先后参与了科创板上市公司沪硅产业、中芯国际、孚能科技以及生益电子的战略配售，这就是保险资金发挥自身优势以及服务资本市场的专业能力，助力科技创新企业上市融资的具体表现。

4.3 江苏保险业服务科技型企业的实践

江苏省的科技保险起步较早，2007年开始，苏州高新区与无锡市作为首批及二批试点地区先后启动试点，开始了科技保险的探索。2010年，江苏省成为全国科技与金融结合试点地区。江苏省为进一步完善"首投、首贷、首保"为重点的科技投融资体系，于2016年在全省范围内启动科技保险工作。不同于科技信贷、天使投资由省级层面引导地方逐步完善、逐步推进的发展历程，江苏省科技保险则在不断探索发展省地差异化、互补交错的模式。目前，江苏省是唯一设立科技保险专营机构的省份，但是科技风险的弱可保性以及科技保险的创新性在一定程度上影响了保险公司与科技型中小企业的参与度。省内开展科技保险的公司主要有出口信用、人保财险和紫金产险三家公司，其中人保财险和紫金产险已经率先在苏州和南京建立了科技保险支公司。

苏州高新区是全国首批科技保险创新试点市（区）、全国首家"保险与科技结合"的综合创新试点地区。苏州高新区坚持"科创金融+金融科技"双轮驱动发展格局，经过几年的探索，已初步形成科技保险"苏州模式"。目前，全区集聚银行总部机构31家，保险业金融机构63家，引入投融资和金融服务机构近600家，资本总规模超800亿元。

1.多方协作，共推科技保险政策落地

苏州当地的保险监管部门、银行监管部门、人保财险苏州市分公司之间紧密协调，积极主动与政府财政部门、科技部门进行有效沟通。苏州市政府相关单位出台激励性政策措施，对科技保险的保费实行财政补贴。由政府、保险公司、银行共担贷款逾期风险，建立超赔补贴和风险预警机制，全国首创设立5亿元科技保险创业投资基金。

2019年，苏州市科技局及中国银行保险监督管理委员会苏州监管分局联合下发的《苏州市市级科技保险费补贴项目实施细则》中明确规定，经江苏省民营科技企业协会备案认定的江苏省民营科技企业、经国家科技型中小企业评价系统认定的科技型中小企业、高新技术企业或市级高新技术培育企业、市级"瞪羚计划"企业、市级高成长创新型企业、获得各级科技人才计划资助的领军人才企业，购买科技保险险种所支出的保险费可亨受保费补贴。其中，对高新技术企业研发责任保险等14个险种的保险费补贴不超过50%。苏州工业园区则在补贴科技型企业30%～50%科技保险费的基础上，实行科技保险超赔部分由政府、保险公司共同分摊的政策。苏州高新区、常熟市等地则出台了更为优惠的科技保险费补贴政策，对投保项目投资损失保险和小额贷款保证保险的科技型企业，保险费补贴可高达80%。

2010年开始，苏州市政府先后下发《苏州市科技支行风险池专项资金管理办法（试行）》《苏州市科技支行贷款利息补贴办法》等文件，由市、县两级财政出资1亿元，建立科技贷款风险池，对逾期贷款的损失按政府40%、保险公司40%、银行20%的比例实行风险共担。2015年，苏州市政府建立综合金融服务平台，出资10亿元建立信用保证基金，自主创新型企业、金融机构、相关管理部门在平台上实现信息发布、线上对接、融资增信、发放贷款等共建共享，有效解决了企业融资需求与金融资源供给之间的对接难题。对逾期贷款风险则由信用保证基金、保险公司和银行分别按65%、15%、20%的比例分担。

为防范金融单位的经营风险、促进科技企业自我约束，苏州市开始建立超赔补贴和风险预警机制，并在苏州工业园区率先实施，当科技贷款保证保险赔付金额超过该险种年保费收入的150%时，对超出部分给予保险公司50%、最高500万元的风险补贴；当科技贷款保证保险项下贷款逾期超过20%时，保险公司及合作银行暂停相关业务，待企业整改合格后方可申请恢复办理。

为了解决科技型企业融资难的问题，2016年12月，人保资本投资管理有限公司与苏州市创投共同出资5亿元设立人保（苏州）科技保险创业投资基金（以下简称"人保苏州基金"；出资比例为：人保资本4亿元，苏州高新创业投资集团有限公司、苏州科创公司各5 000万元），首创将保险资金运用与科技贷业务有机结合，保险公司作为承保和贷款的同一主体的模式——人保资本出资全部用于债权投资，对成长型的科技型企业可提供500万元以内的纯信用贷款；苏州公司出资全部用于股权投资。人保苏州基金债权投资本金及利息的全部损失风险均由人保财险苏州科技支公司以承保科技型中小企业贷款保证保险的方式承担。

2.建立高素质经营团队，重视风险防范

中国人民财产保险股份有限公司（以下简称"人保财险"）苏州市分公司于2008年获得了开展科技保险的经营资质，并成为苏州高新区试点科技保险的主要承办者。2012年12月，根据苏州当地科技保险业务的发展情况，经过人保财险总公司和保险监管部门批准，人保财险苏州市分公司增设科技支公司（以下简称"苏州科技支公司"），被授予相应经营权限，专门经营科技保险业务。

为在产品开发等方面创造有利条件，总公司授予市分公司的人保新产品创新实验基地、跨区域高端责任险经营团队、信用险华东区域中心全部被转授给苏州科技支公司。同时，在全市系统内选拔懂业务、强素质、有专长的员工组成了专业化科技保险团队。为做到对各类风险防患于未然、应对有策，在架构设置上，苏州科技支公司设立了风控专岗、产品专岗、渠道专岗，将风险控制与业务发展放在同等重要位置。

3.丰富保险产品类型，满足科技企业需求

苏州科技型企业以小型、微型为主，大多处于初创、成长阶段，融资需求强烈，且呈多元化趋势。为了满足企业的普遍需求与特殊需求，提高科技保险的服务效率与服务品质，苏州科技支公司坚持对产品整合创新，提高科技保险产品供给的针对性，将高新技术企业研发责任保险、高新技术企业财产险、出口及内贸信用险等13个基本科技保险产品整合成财产类、责任类等6大种类。还根据科技企业发展特点，将基础产品与特色产品进行组合，形成"创易宝"等科技保险组合产品，使科技保险产品在覆盖科技企业投融资、生产经营、技术研发、成果转化全过程的同时，能够对处于生命周期不同阶段的企业提供定制类产品。

对科技型企业"轻资产"的特点所带来的融资难的问题，苏州市及各区、市结合区域优势、产业特点对市级科创金融政策进行细化与补强，形成"一区一特色"科创金融政策环境，逐步形成以苏州市"科贷通"产品为主，工业园区"科技贷"、高新区"融医贷"、昆山"昆科贷"等各区、县特色子产品为辅的产品体系。苏州科技支公司通过强化产品供给的方式，客观上使企业不可计量的风险变为可计量，增加了科技企业贷款信用，使融资瓶颈得以突破，有效缓解了科技型小微企业的融资困境。

4.4　江苏科技保险发展困境

1.投保模式单一、险种分布不均,市场需求难以满足

江苏科技保险广泛采用投保–理赔型模式,在政府引导下进行市场操作,实施保费补贴、税收优惠等多种举措。但是,随着科技保险逐渐向市场专业化运营阶段转变,单一的政策补贴推动发展的方式,已经难以满足高速发展的市场需求。传统的投保模式已经无法满足科技型企业的风险保障需求,而信息不对称和科研项目风险收益评估的高难度又使得保险公司不敢贸然承保,在其他科技保险模式下,保险公司更倾向于选择风险系数低且具有研发成果转化价值的企业,这导致那些真正有科技风险保障需求的企业无法满足保障需求。

尽管科技保险的险种已不断丰富,但由于科技创新活动涉及范围广、领域多,因此高新技术企业规避多样化风险的需求得不到满足。此外,由于在承保、理赔环节缺乏历史数据作为参考,保险公司要承担过高的补偿费用而丧失动力,而保险公司无法提供合适的险种,又导致科技型企业不愿参保。

2.科技保险意识薄弱

2022年,全省通过科技型中小企业评价并取得入库登记编号的企业已突破8万家,但投保科技保险的企业很少。由于企业管理人员的科技保险认识不强,且难以辨别险种类型,缺乏相关风险管理知识,因此对科技保险接受程度并不高。

对保险公司而言,相较于传统保险,科技保险是一种新生事物,保险公司对科技保险背后蕴藏的巨大潜在市场认识不足,对科技保险的市场需求没有深挖,尽管政府出台了多种政策进行引导,但少有保险公司将重心放在新险种开发和运行模式创新上。此外,由于历史数据及必要样本数据的不足,导致科技保险的险种费率难以厘定,更减少了保险公司开发新险种的兴趣。同时,为了避免和减少因信息不对称导致的逆选

择和道德风险，保险公司必须对科技型企业的项目风险进行有效评估和监督，甚至需要第三方专业机构对承保风险进行评估，这也导致保险公司的运营成本增加，进一步降低了保险公司经营科技保险业务的积极性。

3.风险补偿措施单调，且落实困难

近年来，江苏省政府出台了一系列科创金融的财政补贴措施，但对科技保险的补贴措施多是基于产品的级差展开，且补贴资金有限，从科技保险的可持续发展来看，这种补贴对科技保险可持续发展的引导作用较小，而且在实际操作过程中，科技保险只有作为投保人的科技型企业可以享受到财政补贴和税收减免等政策，对保险公司基本没有政策扶持，无法有效激励保险公司创新保险险种和供给模式。对科技保险这种具有准公共产品性质的业务，保险公司在以纯商业模式经营时往往需要投入远高于普通商业保险的成本，容易产生经营亏损。

在国家及江苏省政府的政策引导下，省内部分地区政府承诺给予科技保险优惠补贴，但实际在很多城市难以真正落实到位。另外，省内苏南与苏北之间补贴力度差异很大，补贴机会并不均等，不仅相同类型企业存在补贴比例不同的问题，而且险种的差别也会导致补贴机会的差异。

4.专业人才缺失，第三方机构缺位

科技保险对专业保险人才的要求更高，除了扎实的保险理论知识和丰富的实践经验，还需要熟悉高新技术企业的风险管理模式。江苏省内很多保险公司缺乏专业的科技保险人才，在一定程度上制约了江苏省科技保险的可持续发展。

当前科技保险的交易链路中，还缺少介于投保人和保险人之间的第三方机构，无法将风险管理和风险服务恰到好处地衔接，更没有对这种机构的政策性支持。现有的科技保险运营模式尚未形成包含第三方机构的科学运行体系，风险咨询和信用评估等服务也无法在整个运行闭环中体现作用。

第5章

江苏省地方金融组织科创金融的模式与创新

随着时代的发展，社会在不断进步，科技创新能力已成为衡量一个国家综合实力的重要标准之一。地方金融机构的快速发展，对江苏省的整体发展起到了良好的推动作用。目前，江苏省的科技型企业大多数都是中小规模企业，随着近年来劳动力成本不断攀升，市场竞争日益激烈，企业发展的各个方面所需的资金也是越来越多，融资效率低下的问题成为阻碍科技型中小企业发展的最大绊脚石。而江苏省作为一个整体，地方性的金融机构在此时便可以发挥重大作用，本章从江苏征信业代表——南京征信、苏州征信、常州征信，以及江苏金农、江苏股权交易中心、焦点小贷、江苏再担保五种类型金融机构展开，叙述其在科创金融中的实践案例。

5.1 征信业服务科技型企业发展

征信作为金融体系运转的重要支撑，具有提升信贷市场信息共享度、降低贷款机构信息收集成本、提升信贷市场效率和防范金融风险、推动经济增长的作用。中国征信体系建设从信贷征信起步，已形成以人民银行征信中心为主导、以市场化征信机构为辅助的多元化格局，近年来又进一步深化完善了"政府+市场"双轮驱动的征信发展模式。现阶段国内外的企业信用评估大多数是基于企业所处产业、企业经营、获利与偿债能力以及发展前景等财务状况而展开的，但由于大部分科技型中小微企业财务数据不完备，融资机构无法对其提供的财务数据作出准确判断，从而不愿贷、不敢贷。信息不对称导致的融资难成为科技型中小微企业长期以来的痛点，也制约着企业的发展。随着大数据技术与征信的融合，拓宽了信用信息采集来源，征信产品的应用场景得到了很大丰富，征信产业的发展可降低交易主体之间的信息不对称程度，进而达到提升金融交易效率、降低交易成本的目的，科技型中小微企业融资"缺征信"的难题有了新的解题思路。

5.1.1 征信平台建设现状

江苏省社会信用体系和金融征信平台建设呈稳步发展态势，公共信用数据库和网络信息平台建设走在全国前列。《江苏省"十四五"社会信用体系建设规划》中的数据表明，截至2020年年末，省公共信用信息系统归集了1 160万市场主体、6 357万自然人的信用信息69亿条，信息归集量比"十二五"期间增长24.8倍，为各地各部门提供23.01万家企业信用审查。398家信用服务机构自主在江苏省信用服务机构管理系统申报信息，6家企业征信机构取得中国人民银行备案，已备案情况见表5-1。

表5-1　　　　　　　　江苏省获得企业征信牌照的机构名单

序号	机构名称	注册资本（万元）	信用信息系统安全等级
1	江苏金农股份有限公司	8 500	三级
2	苏州企业征信服务有限公司	18 000	三级
3	江苏秋毫企业征信服务有限公司	1 000	三级
4	企查查科技有限公司	5 319	三级
5	常州企业征信服务有限公司	5 000	三级
6	江苏省联合征信有限公司	50 000	三级

资料来源：中国人民银行南京分行官网.

为增进区域信用信息共享，江苏省落实国家"长三角一体化"战略部署，搭建了"长三角征信链"应用平台，该平台依托区块链、大数据技术实现长三角区域内征信机构的数据共享互通。目前，平台已联通上海、南京、杭州、合肥、苏州、常州、宿迁、台州8个地区，共有11个节点共享企业征信数据。

5.1.2 南京地区企业征信服务

近几年，南京市一直在稳步推进基于征信系统的小微企业融资工作，企业信贷数据不断丰富，并拓宽了政府、税务等部门企业非信贷信息的采集范围，适用于科技型中小微企业的金融产品市场。

作为全国首批社会信用体系建设示范城市，南京市形成了以《南京市社会信用条例》为纲领的社会信用制度体系，信用"三清单"归集市区346个单位信用信息（事项）4.7万余项，激励清单与豁免清单为全国首创。

1.南京征信公司的创立发展

2021年3月18日，由紫金投资集团联合江苏省联合征信公司、南京市大数据集团、建邺区高投集团等共同组建的南京市企业征信服务有限公司（以下简称"南京征信"）揭牌成立。作为三方联合共建的城市中央金融基础设施，南京征信以科创金融为载体，引入中科院尖端技术，旨在充分发挥政务服务和金融数据的作用，促进金融更好地服务实体经济，助力中小微企业发展。南京征信的成立，是南京市综合金融服务体系的又一步完善，为建设我国东部地区重要金融中心提供有力支撑。

企业提交授权书后，南京征信通过数据的归集给企业进行信用画像、信用评分，银行可根据自己的风控要求为不同等级的企业提供不同类型的贷款服务，南京征信成立后根据南京金服平台上累计入库的11.52万家企业信息，设计了8个数据主题、98个数据维度、715项指标，对企业信用进行精准画像。结合数据信用画像，有融资需求的企业与有服务能力的金融机构实现信息对称，从而促使贷款达成，企业使用贷款次数越多，沉淀的数据就越多，跟金融机构的匹配也就越精准。征信画像不仅在首贷上帮助企业纾困，在转贷上也帮助企业未雨绸缪。例如，江苏坤泽科技股份有限公司在距离贷款到期日还有一个月时，收到了南京金服平台推送的转贷业务服务信息并最终获得了1亿多元的信用贷款。

近年来，南京市企业信用贷款规模同比快速增长，特别是小微企业信用贷款规模达到1 201.92亿元，同比增长41.44%。目前，南京征信已经为各种金融服务场景累计出具企业画像近5万份，南京金服平台根据企业的规模、类别精准推送金融服务产品5 000多次。

2.政府政策引导征信体系发展

针对近年科技型中小微企业融资出现的新形势，南京地区金融机构结合平台特点和优势，借助征信平台积极探索企业融资难的新模式，政府也在不断出台新的政策引导征信体系向好发展，南京市连续4年出台"一号文"，矢志建设"创新名城"，金融扶持科创企业是重要内容之一。

2020年，《南京市社会信用条例》正式实施，创造性地建立了"三清单"制度，其中"信用惩戒豁免行为清单"对在市场监管、城市管理、房产管理、医疗机构管理、规划资源管理、应急管理等领域中违法行为较轻、未造成严重后果的企业，责令限期改正，对及时改正的行为实施豁免，营造良好的信用环境，支持和服务于南京经济高质量发展与老百姓高品质生活。

2021年10月，南京市政府印发《南京市"十四五"社会信用体系建设规划》（以下简称《规划》），为未来5年南京市社会信用体系建设高质量发展描绘了蓝图，提出争创"三个信用标杆"的发展目标——争创信用基础新标杆，打牢信用"基础桩"；争创信用应用新标杆，推动信用"优服务"；争创诚信环境新标杆，塑造信用"强品牌"。

南京市公共信用信息平台的建设起步于2008年，定位为全市公共信用信息归集的总枢纽。目前，该平台已汇聚数据归集、管理、分析、大数据应用等34个子功能，涵盖安全生产、工程建设、交通运输等25类重点行业领域，覆盖公务员、教师、医师等29类重点人群，并汇聚68个部门的相关数据（常态化30个部门），为全市140万法人和1 130万自然人全部建立信用档案，推动在招标投标、资金补助、评优评先等领域广泛应用信用报告，其中涉及自然人29.3万人、法人17.9万个。"十四五"期间，南京市公共信用信息平台将应用"技术+管理"手段提升数据质量，力争上报信息合规率达100%，推动平台应用场景，将平台作为支撑"放管服"改革和优化营商环境的基础工程。

2022年，南京市政府印发《2022年南京市社会信用体系建设工作要点》，南京市将持续加大信用惠企便民创新力度，在优化营商环境、创新城市治理等工作中积极体现信用工作服务功能，推动全市信用建设实现高质量发展。修订完善"三清单"制度，贯彻落实省、市社会信用条例，尽快出台南京市公共信用信息管理办法等配套文件。同时，推进省市信用信息系统一体化，实现信用信息及时归集和共享，探索建立长效机制。根据"2022年工作要点"，南京市将全面提升信用监管水平，扩大信用承诺覆盖面，加大对信用承诺书示范样本的筛选推广，推出南京市信用承诺示范样本。推动行业领域落实信用承诺制度，在信息系统中建立信用承诺人的信用档案并进行闭环管理。同时，推进南京市重点领域分级分类监管工程，引导各行业监管部门做好信用分级分类监管。完善失信约束机制，推行包容审慎监管措施。加强重点职业人群诚信建设，依法依规将执业行为记入个人信用档案。加强诚信履约监管，在与人民群众生活密切的重点领域加大诚信履约工作，继续加大商业合同领域履约信息采集，做到合同管理实现全过程、可留痕、可追溯。

3.南京征信体系存在的问题

（1）数据采集范围有限，非银行信息采集有困难

征信系统数据中的基础信息没有全面涵盖除银行业以外的社会公共事务管理范畴。人民银行征信主要收集的是银行系统的信贷信用信息，地方政府也有相关的企业数据库，侧重采集政府部门的非银行信息；部分垂直管理单位也在搭建自有信用信息平台，但这些系统多数没有联网，非金融机构无法接入。

（2）征信产品单一，缺乏专门针对科创企业融资服务的征信产品

目前，征信系统仅向小微企业提供企业信用报告，无法针对性地提供符合科技型小微企业风控特点的信用报告，也无法提供关联企业风险

预警信息等多种征信增值产品。

5.1.3 "苏州模式"的数字征信体系创新

近年来，苏州市秉持"一中心三平台"的原则，以小微企业为中心，积极构建"苏州综合金融服务平台""苏州地方企业征信系统""企业自主创新金融支持中心"（以下简称"三大平台"）等金融基础设施。苏州地方征信平台成立于2014年，初衷是为了解决银企信息不对称造成的企业"融资难、融资贵"的问题。特别是科技型中小微企业，由于轻资产、可抵押物少，如何为其融资、赋能成为了地方政府的核心关注点。2017年，苏州征信平台推出增值服务应用系统，金融机构可以根据风险偏好评估和还款能力预测，快速获取目标客户，信用评分通过构建量化模型可以直观反映企业的履约还款能力。2019年，苏州征信平台基于征信苏州APP和大数据建模，推出"征信贷"系列产品，通过企业线上申请、银行自动审批的模式，可以提供便捷优质的纯信用贷款。2019年6月，苏州市获得中国人民银行批复设立全国首个小微企业数字征信实验区，打造具有国内一流社会公信力的征信机构，这是对苏州市前期综合金融服务和征信体系建设的高度肯定，也为苏州地方企业征信平台向其他地区的试点推广提供了政策支持。

小微企业数字征信实验区设立后，形成"政府+市场"双轮驱动的发展模式，缓解了辖区内科技型小微企业融资缺征信的痛点，但是要进一步解决科技型小微企业征信异地查询难题，还需在政策支持下通过金融科技创新建设跨地区的数字征信平台，推动信用信息在更大范围内互联互通。

1.苏州数字征信体系构建的成效分析

伴随着实验区的建设，苏州市创新构建了以征信体系为基础的小微企业融资服务模式，助力小微企业融资提质、增量、扩面、降价。截至2022年8月，苏州地方企业征信平台累计征集法人企业授权近74.16万户，82家政府部门、公用事业单位按期提供信息，累计入库数据超6.18亿条，全市共108家各类金融机构接入征信平台，覆盖多家中外资银行，征信产品累计查询量超260万次。征信数据被广泛应用于金融机构的信贷审批、风险管理等业务领域，有效提升了贷款审批效率和风控精准性。

2.苏州数字征信体系构建的创新模式

苏州地方企业征信系统对接10余家政府机关与多个公共事业单位市、县两级近百家信息源单位，逐步与国土、环保、税务等部门合作，旨在让企业与金融机构的信息对称；企业自主创新金融支持中心支持单独的人力资源、信贷计划、信贷评审制度、考核机制和尽职免责制度。苏州数字征信试验区运行模式如图5-1所示。

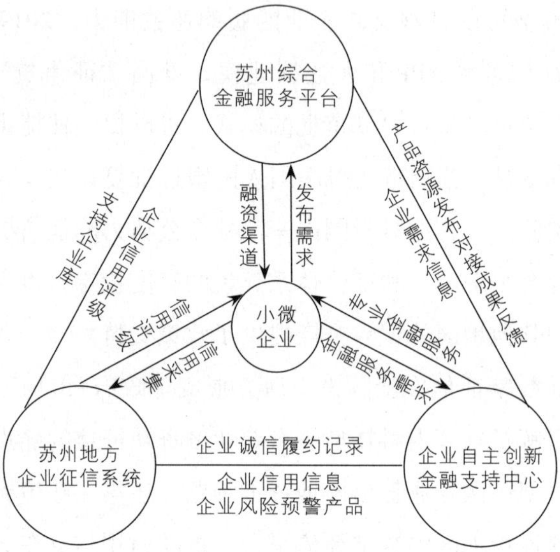

图5-1　苏州数字征信试验区运行模式

通过三大平台高效联动，保障苏州征信体系的有序运行（如图5-2所示），由信息源单位采集企业信息后录入苏州地方企业征信系统，苏州综合金融服务平台被授权可以查询企业征信系统信息，以判断在苏州综合金融服务平台进行融资的企业是否符合放贷标准。企业自主创新金融支持中心受理业务，解决金融机构在面对小微企业融资需求时缺少专业团队等原因造成的放贷问题。

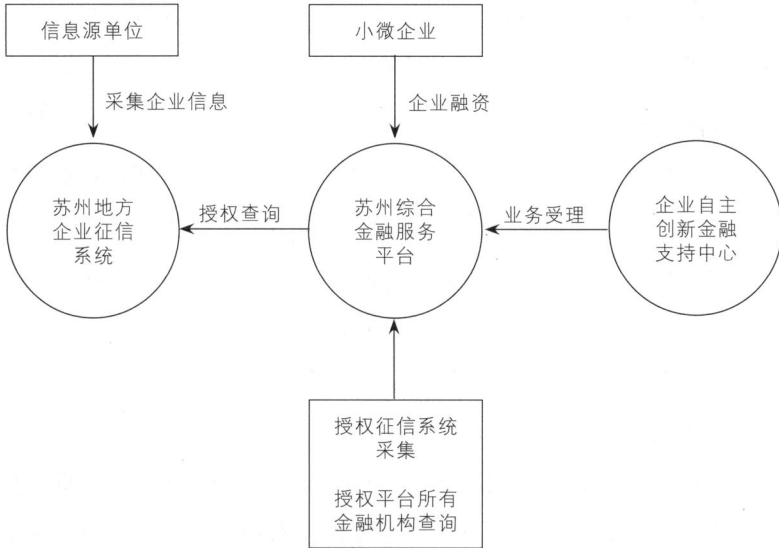

图 5-2 苏州征信体系运行模式

3.苏州数字征信创新的具体表现

（1）"政府+市场"的模式创新

政府负责收集并保管隐私信息，以安全的方式与其他部门分享战略资源，起到综合协调的作用，国资第三方征信平台着力保护信息安全。相当于政府设立金融超市，金融超市里是各个银行的产品，企业注册成为用户，定点找银行，通过"科贷通"等产品，银行抢单，政府把控并进行政策性安排。在贷后监管方面，应当由政府负责，因为信息征集会和个人隐私有冲突，所以还是需要政府统一管理。

（2）技术创新

评分体系更加完善，数据模型进一步优化。信用评级是一个"定量+定性""宏观+微观"的过程，以定量为主，主要审查企业的资产负债表、现金流量表，来确定企业的还款能力。

专有风险评分是在征信报告解析的基础上，经过特征工程加工和变量衍生后，训练评分模型，然后把模型调整到风险区分度最高、可解释性最强、最稳定的状态，带有金融机构自身客群特点的评分。这一评分体系包含两大类、九小类变量。两大类为基础类和特殊衍生类。基础类细分为查询类、账龄类、额度使用率类、账户类、逾期类、还款类。特殊衍生类细分为消费类、余额类、收入类。应用场景分为贷前审批、初始额度授予和贷中额度管理、客户价值分层以及贷后管理，贷前审批是指如果客户之前有恶意逾期的行为，根据模型会直接拒绝该客户。客户价值分层则是根据客户的还款记录以及查询记录，判断客户的需求和信用风险程度。贷后管理则是假如客户贷后出现贷款金额过多、在其他金融机构借入大量贷款等行为，则激活风险预警信号。

（3）隐私保护

在隐私保护方面，苏州征信平台作为第三方机构，能够将数据加密，在看不见企业名称的情况下对企业进行客观评价，银行只能在业务端查询企业信息。经过审批，通过内网、堡垒机进去查询，层层加密，安全稳定可靠。目前，苏州征信平台的合作机构包括苏州银行和辖区内农商行、东吴证券、苏州金融资产交易中心、苏州信托有限公司、苏州市信用再担保有限公司、苏州产权交易中心有限公司等，可以较为全面地对接小微企业融资需求。

（4）推进数字征信产品创新

综合分析考虑区域、客户、行业分布等信息，积极开拓身份验证、欺诈检测、关联图谱分析等多种业务。利用这些业务创新，可以突破信用屏障，解决小微企业融资难题，通过"互联网+"打造全新服务模式，通过创新服务流程实现业务申请、受理的无纸化，通过24小时全天候服务形成高时效模式，综合利用云平台来保证服务过程的公平客观，大数据分析保证业务风险防控，最终开放共享，实现普惠金融。

4.苏州数字征信体系构建存在的问题

（1）模型指标需要分行业、分时期细化

未来需要分行业去设定不同的个体指标。以互联网企业为例，该类企业几乎没有生产工序，更多的是提供服务，从而不存在大规模用电，因此以水电作为一个指标来衡量此类企业的整体规模是不客观的。征信体系想要进一步完善，则应根据不同的行业、企业的不同发展阶段设定不同的征信指标。在企业成立初期营收和利润相对偏少，因此对初创期1~3年的指标设定与成长期3~6年的指标设定应该不同。

（2）信息数据采集、加工处理需要进一步优化

①数据缺乏可持续性。数字征信体系收集数据难度大，数据传输可持续性低。一些地方职能部门认为征信数据收集成本大、收益低，从而不愿意进行数据采集。针对此现象可建立激励制度，促进部门间整体联系，实现数据采集可持续性。例如，可以和税务局建立渠道，开发"税务贷"等产品，争取做到集约化，将税务局纳入共建单位，不通过企业上报数据，此方法还可以解决金融机构原有的贷后管理困难等问题。

②指标多为刚性数据，企业软数据难反映。无论是传统纳税情况、企业信贷情况，还是目前数字征信中可使用的水费、电费，这些数据都是可以直接收集反映的。但是，像企业文化、价值观、发展愿景等软性数据，目前是不能通过数字征信反映的。同时，现阶段数字征信涉及的指标还不够全面，一些企业需要的数据不能得到较好地反映，而有的指标对企业来说并无很大作用，因此对指标的选择和扩充还需加强。

（3）未能构建多城市、全方位征信平台

数字征信的发布平台和时间未能统一，相关信息不便收集。部分企业希望能够统一平台在同一时间对相关信息进行发布，这反映出企业对数字征信规范化的期待。目前，数字征信所获得的数据，其比照对象仅限于某个地区，对企业的真实情况缺少全国、全行业的反映。

（4）征信过程中，政府偏向程度仍需确认

数字征信的发展过程，最终将会面临走市场化道路还是更偏向于走政府运营的问题，对于该问题的回答决定了数字征信未来的前景走向。从小微企业层面来说，希望能够获得统一平台的标准化服务，其实就是对政府监管、走政企合作道路的认同。同时，一些小微企业也反映，数字征信如

果完全市场化，将会发生一些监管方面的问题，经济活动中的灰色地带将使得原本出发点是方便中小企业融资、解决其融资问题的数字征信工作中出现许多打擦边球的行为，这对整个经济的运行将会造成不利影响。

5.1.4 常州征信的实践与探索

常州征信成立 2016 年 5 月，在"十三五"期间经历了从无到有、迅速发展的阶段，始终秉承"让数据服务金融"的理念。根据央行金融科技规划，金融机构将加速融合司法、社保、工商、税务、海关、电力、电信等数据，让场景数据真正发挥推动普惠金融发展的作用，一方面降低数据的使用门槛，另一方面降低数据的费用。2022 年，常州征信不断延展政府部门、公共服务单位涉企信用信息数据采集的范围和维度，纳入数据采集范围的政府类数据源单位 30 家。截至 2022 年 12 月，该平台归集了企业的注册登记、税务、社保、公积金、不动产登记、水电气缴费、行政处罚、诉讼执行、财务报表等 25 类与企业信用关联度高的数据信息，采集信息超过 4.6 亿条。

常州征信将金融科技作为推动金融升级的新引擎，服务科创企业的新途径，促进普惠金融发展的新机遇，防范化解金融风险的新利器。面对"十四五"规划发展的新机遇、新挑战和人民银行对征信业务管理的新思路、新要求，常州征信在技术创新、业务创新、模式创新中不断扩面扩维，提升征信服务有效供给，服务科技型中小微企业融资和发展。

常州征信依据企业征信数据，整合商业银行资源，打造金融综合服务平台，助力并引流贷款需求至商业银行，为科技型中小微企业提供融资服务，得到了政府、银行、企业的认可。常州征信不断扩展发展空间，良性促进地方征信平台的可持续发展，践行普惠金融，坚持做优基础性普惠金融数据服务，持续完善征信报告，近三年的报告年度查询量稳定在 3 万份以上，基本覆盖了有贷户。2022 年，常州征信提供 178 批次、涉及 56.26 万户次的获客名单，触发各类预警提示 20.35 万次、服务 18 家银行、监控贷款余额 2 320.27 亿元。

1.常州征信科创金融的战略部署

明确定位，强化"政府+市场"的主体角色。根据党的十九届四中全会"关于健全覆盖全社会征信体系"的决策部署和国务院"关于推进金融、政务、公用事业等相关信息跨领域、跨地区依法共享"的工作部署，紧紧围绕常州市政府提出的《常州市国民经济和社会发展第十四个五年规划和二〇三五年远景目标纲要》，常州征信把握住自身发展定位——依托地方政府的数据资源和政策资源，围绕满足金融机构对涉企替代性信用信息的需求，发挥好地方征信平台的信息中介和融资中介功能，实现地方融资环境的优化，服务地方经济高质量发展；依托市金融监管局牵头的"市地方企业征信工作领导小组"和市发改委牵头的"市社会信用体系建设领导小组"，常州征信与数据源单位建立起长效工作机制，保障地方征信平台的数据资源质量，通过持续优化技术手段、共享数据目录，数据归集通过接口自动获取或平台调用的方式，与数据源单位数据库基本实现同步更新，从源头保证数据归集的自动化和安全性。

坚持共建共享，服务地方政府治理。由于数据资源在使用过程中无消耗、无边界的特点，本着共建共享原则，常州征信参与到数据源单位、各级政府日常的行政服务、行政监管工作中，主动了解相关部门在政策评估、企业评价、课题研究等方面的数据分析需求，尤其是随着"六稳""六保"、科创型企业培育等工作的深化，常州征信通过形成目标企业名单、进行综合数据分析等服务，逐步改变了一些政府部门的工作方式和工作习惯。在完善财政奖补和贴息、风险补偿、政策性担保等措施的过程中，在服务科技型企业政策出台的过程中，在释放政府采购金融增信潜能、以税促融、促进知识产权质押融资等政府相关工作落实的过程中，常州征信主动承担相关任务，巩固了发展空间。

坚持市场化发展方向，服务科技型企业发展。常州征信在工作中争取政府助力，但又不完全依赖政府，坚持以市场需求为导向，服务科技型中小微企业的发展。常州征信是完全按照独立市场主体的要求来构建企业的，形成了完善的法人治理架构，坚持主体的市场化属性，以商业规律整合各类外部资源，经营决策的效率得到了保障。

2.常州征信科创金融的服务产品

常州征信以市场需求为导向，深耕应用开发并加强自身能力建设，从最初的资源依赖型提升为服务赋能型，推出"常信贷""增信宝""常信分""常融宝"等产品满足科技型企业融资需求。

（1）"常信贷"——信用贷款产品

为落实国家"信易贷"工作要求，常州征信打造了常州本地化服务品牌"常信贷"，现与多家银行以"一行一策"的合作方式，开发、导入纯信用线上贷款产品。"常信贷"是充分利用了常州地方企业征信平台所采集的企业信用数据信息，将常州征信的"常信分"（信用评价模型）同合作银行自有的授信模型相互整合，共建本地企业信贷数据模型，打造线上信用贷款产品。根据不同类别金融机构的权限和业务偏好，常州征信提供差异化服务。"常信贷"的"一行一策"合作模式如图5-3所示。

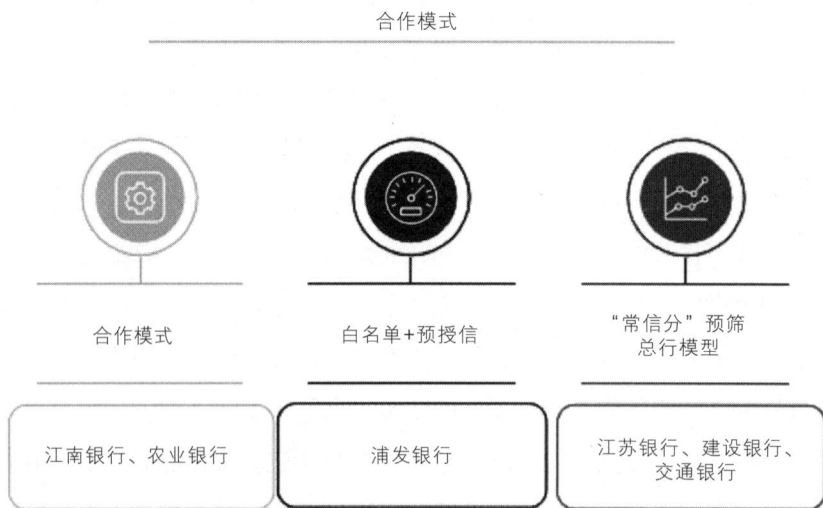

合作模式

合作模式	白名单+预授信	"常信分"预筛总行模型
江南银行、农业银行	浦发银行	江苏银行、建设银行、交通银行

图5-3 "常信贷"的"一行一策"合作模式

①对于具有完全自主权、开发能力强、网点覆盖广但缺乏向科技型企业提供金融服务的地方金融机构，常州征信提供联合建模，补齐企业信用贷款产品的空缺，直接接入其业务系统，提供结构化数据，合作构建企业授信池；

②对于网点少、获客能力相对薄弱的小规模商业银行，常州征信向其提供适应其贷款产品、业务偏好、网点周边的企业名单；

③对于贷款规模大、成本低、网点多但审批权限不高的大型国有银行，常州征信与其一起向上级银行争取支持，利用地方数据资源，将总行的授信模型本地化，降低了授信门槛，提高了授信额度。

"常信贷"企业端操作页面如图5-4所示。

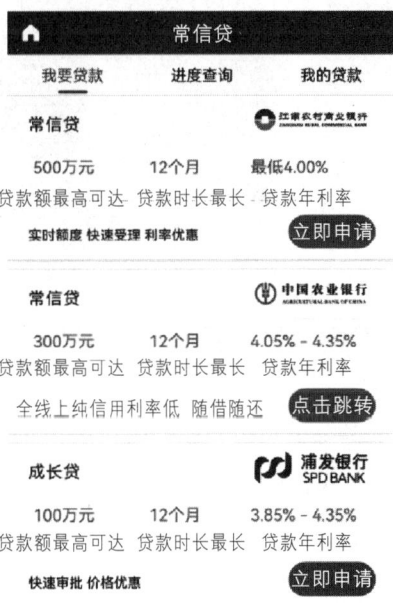

图5-4 "常信贷"企业端操作界面

（2）"增信宝"——数据采集器

物联网技术的快速普及使得数字化风控构想变为现实，常州征信主导开发的"增信宝"数据采集器既满足了"最小、够用"的数据采集合规要求，又能有效针对生产制造型企业贷款尽调和预警的业务需求。在生产制造型企业的用电线路上安装"增信宝"采集电流、电压数据，通过物联网无线传输方式将数据传送至征信平台，平台可对生产设备用电情况进行实时监控，达到实时确定企业生产状态的目的，为金融机构判断企业经营状态提供参考。图5-5为"增信宝"设备及现场实装图。

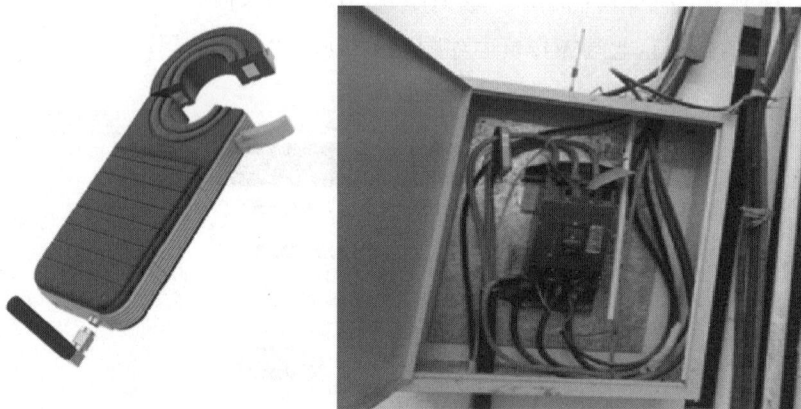

图5-5 "增信宝"设备及现场实装图

"增信宝"产品的特点有：

①设备远程监测：通过国内领先的物联网技术，实现生产设备运行状况全监测，金融机构通过网络实时查看设备运行情况，节省人力、物力。

②预测企业经营风险：企业安装"增信宝"后，通过后台预警模型的实时分析，可以及时提示生产状态出现异常（停产或大幅减产）的情况，辅助判断可能出现的经营风险。

③数据多维分析：采集的数据与常州企业征信平台上其他数据、模

型相结合，多维度分析企业生产经营情况。

④保障数据安全："增信宝"有防窜改、防破坏的功能设计，数据采集平台布设在电信运营商的云平台上，系统安全设置保证数据安全。

（3）"常信分"——信用评价模型

和制造业相比，银行对科技型中小微企业的信息不了解，使得这些企业更难得到银行的放贷支持。"常信分"作为常州征信依据各类信息主体数据打造出的智能金融分析模型，为全市24万多家企业勾勒诚信画像，让银行更客观高效地了解企业。

2021年年中，农业银行常州新北支行，收到了常州征信定向推送的首批500家"常信分"企业名单（辖区内征信评分在及格线以上的小微企业），常州精维测绘工程咨询有限公司（以下简称"精维公司"）名列其中。名单显示，精维公司是一家无贷户，且经营稳定、纳税正常、信用评分良好，正处在发展的十字路口，急需资金支持。如果没有"常信分"的企业画像，这个仅有10名员工、年营业额不足200万元的轻资产企业，很可能被淹没在数千家同类企业中，这家企业申请了100万元"常信贷"，并快速得到了银行的贷款。

（4）"常融宝"——数字工作台

因本地银行技术力量和开发权限有限，常州征信以外挂于市级行原有的内部管理系统之外的方式，提供数字化转型工具；推出面向基层客户经理的"常融宝"数字工作台，将多项服务直接覆盖到业务第一线，通过便捷的数字身份认证，客户经理可以查看征信报告、接收预警信息、收取推送的获客名单、查看企业设备用电情况等；市行政管理部门既可以对客户经理实时分配调查任务、查看业务进度，还可以对客户经理进行业务数据收集、工作状态画像。

"常融宝"以移动端为主要途径，构建自有的金融服务通道。面向企业重点打造以"政企通"微信号和"我的常州"APP为渠道的金融服务板块，主推"快贷通"服务品牌，做活金融顾问、金融大讲堂、金融政策模块。

3.常州征信科创金融的技术创新与应用

对标国内征信业、大数据行业的领先团队和特色产品，常州征信结合本地数据资源、用户需求，开发、储备了多项服务产品和技术。从整合外部能力到消化吸收，再到独立自主、适度超前半步，常州征信不断实践新技术：广泛深度应用大数据、云计算技术，实践物联网和区块链技术，学习实践人工智能技术。

（1）大数据和云计算技术的创新与应用

围绕常州产业政策，常州征信持续优化"常信分"服务，持续完善数据自动多方校对规则，提高数据入库质量，制定、细化数据质量、数据交换等管理标准，正在将数据挖掘、数据分析从原有征信平台数据库分离，以源数据为核心，建立仓湖一体的数据基座，为多平台协同、新应用快速开发提供支撑；将新增加的各类成熟数据不断补充到模型中，2021年面向15家银行，超过2万户有贷户通过回归验证、与银行模型交叉验证等方式进行模型测试，得到了银行的认可，促进了科技型中小微企业的融资，也提升了自己的行业地位。"常信分"的企业竞争力数据流程如图5-6所示。

图5-6 "常信分"的企业竞争力数据流程

在"常信贷"服务的基础上，常州征信还与农业银行、江苏银行等银行合作，以定制化的方式提供基于本地数据的信用贷款投放合作计划，企业可通过掌上提交申请、秒批授信，实现快速放款。图5-7为"常信贷"业务流程。

图5-7 "常信贷"业务流程

常州征信正依托"常信分"设计"常信码",作为用户快速获取征信服务的入口,为企业展示信用形象、银行综合评估信贷风险、政府评价企业信用状况和发展潜力提供专业服务通道。

(2)物联网、区块链、人工智能技术的创新与应用

基于物联网的"增信宝"服务,已经在约2 000家企业中完成用电数据采集装置的安装,常州征信正在深入分析已经获得的超过1年的大样本数据,优化预警模型,尽快形成一批高准确率的贷后风控案例。

在参与长三角征信链建设的过程中,常州征信感受到区块链技术的优势和局限,在自主打造的"政府采购金融服务平台"建设以及防篡改、建立数据共享和互信机制流程中,成功应用了区块链技术。目前,正在数字存证方面进行方案试验,为后续的新服务、新应用做好准备。

随着"常信贷"初期效果的显现,多家银行正在引入该服务,常州征信利用人工智能技术,将申请贷款的科技型企业与不同银行的业务偏好进行预审适配,最大范围、最大额度达成促融效果。同时,将合作银行的其他主要产品进行分类建模,对于不适合"常信贷"的贷款需求,用后台人工智能的算法进行供需匹配,引导企业、银行精准适配其他抵质押类、担保类贷款产品,免除企业的选择困难和银行客户经理的选择盲区。

（3）RPA到IPA的升级创新与应用

常州征信探索RPA（Robotic Process Automation，金融流程机器人）在金融场景中的应用，并尝试走向更高阶的IPA（Intelligent Process Automation，金融智能认知），助力金融机构更深层次降本增效。

RPA"预约开户"功能：向前延伸提供预约开户服务，直接将开户企业的相关数据同步到银行的开户系统中，大大缩短柜面办理时间、提高准确性。2021年，RPA预约开户3 389户，每次开户时间缩短到40分钟左右。

IPA"转贷评估"服务：提前向企业和客户经理提示贷款到期时间、银行转贷产品，企业在线提交转贷申请后，信用数据与申请推送到银行业务系统，通过系统的金融智能认知来进行自动判断，符合条件便可自动提示转贷成功。

4.常州征信的内部风控体系

常州征信始终坚守信息安全底线，不断强化完善内控制度建设、系统安全管理和人员管理，确保网络系统环境和技术构架的安全可靠。

以公安部信息安全等级保护三级备案、ISO27001国际信息安全体系认证为主线，常州征信持续接受从硬件、网络、管理到人员培训各方面的综合评估，对发现的问题及时改进。针对内部软硬件管理，制定了安全管理规范、数据使用标准，厘清不同人员、不同环节在信息安全上的工作要求和责任边界。引入新的安全评测体系和服务机制，制订和测试多场景下的应急预案，进行了具有权威性的攻防演练。征信平台系统物理结构如图5-8所示。

常州征信在采购安全管控软件、硬件、第三方安全服务机构的过程中，注意匹配不同供应商的技术特长，为了避免出现盲区适当有所叠加；在人才引进和储备中，始终做到持证安全工程师有一定的冗余；在技术和管理上做到职责清晰，权限上相互监督、流程上相互不兼容、能力上互为备份。当采购外部安全服务商的服务时，主动向市委网信办提交数据资产目录，从外部不定期对网站、数据库进行渗透测试、漏洞扫描，定期提供风险评估报告和整改建议。

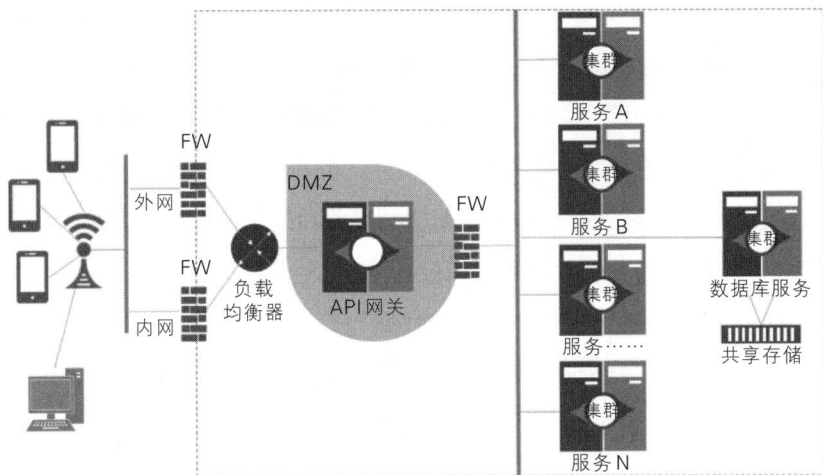

图 5-8　征信平台系统物理结构

常州征信还编制执行了《服务品控手册》，通过清单化、过程化管理增强员工责任感，规范服务行为，并在内部持续开展信用分析师考评，要求业务人员获得国家信用管理师资质，通过内外两种措施提升人员的专业素质。

5.2　江苏金农

江苏金农股份有限公司（以下简称"江苏金农"）于 2019 年开始分期研发并成功上线地方科技金融服务平台（以下简称"科技服务平台"）。科技服务平台以集成、交互为设计理念，打造以开放式平台为中心，连接江苏金农现有的小贷行业综合业务处理平台及小贷行业综合监管平台，有效实现三个平台之间信息的实时交互，实现以江苏小贷行业为原点，构建健康、可持续发展的地方金融组织普惠金融体系生态圈的平台建设愿景。科技服务平台以江苏小额贷款行业为依托，以获客业务为流程原点，兼顾票据信息服务、客户管理、辅助风控、行业认证等多维度功能，并在移动端、PC 端布局，为地方金融组织打造"全流程、全场景、全渠道"的服务平台。科技服务平台包含"金农聚"web 端服务平台、"金农易"APP和微信公众号三个服务载体，依据各自操作特点及不同的业务需求场景，搭载功能各有侧重。通过三个载体的协调、配合，科技服务平台在实现与外部资源和渠道对接的同时，实现多端融合和业务场景全覆盖，通过资源整合与共享，为小额贷款公司以及其他地方金融组织解决了经营过程中技术薄弱、资源短缺、风控效率低的问题。

5.2.1　科创金融发展战略和组织架构

1.地方金融科技服务平台发展战略

以科技创新赋能地方金融组织开展金融业务，向地方金融组织、末端客户提供业务、财务、技术一体化的科技服务平台，实现与地方金融监管科技平台的底层打通，运用技术服务能力规范经营模式，引导良性发展，促进业务创新，用数据驱动业务，实现用户价值传递，服务并繁荣地方金融新生态。江苏金农科创金融发展战略如图5-9所示。

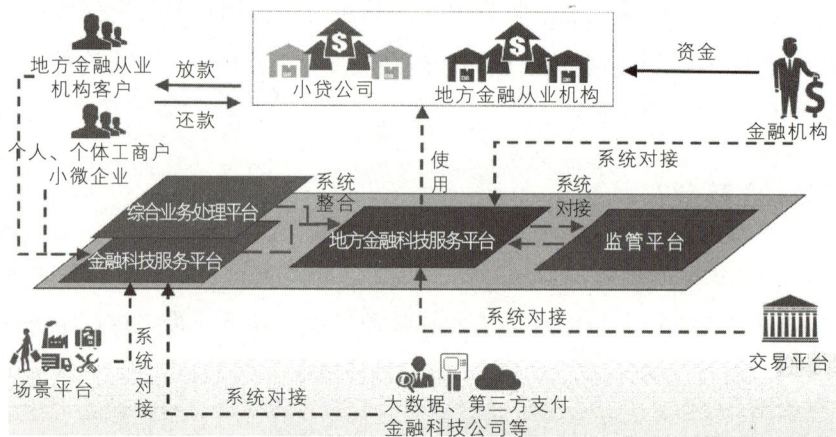

图5-9　江苏金农科创金融发展战略

科技服务平台立足江苏，辐射全国，顺应数字化转型需求，主要服务于省内外地方金融组织、末端客户、金融科技公司、金融机构等客户群体。地方金融组织是多层次金融服务体系的重要组成部分，通过业务的交叉、信息的互通最终构建成"地方金融生态圈"的核心主体。

2.地方金融科技服务平台组织架构

科技服务平台由江苏金农金融科技中心负责统筹规划和实施运营，该中心下设评审委员会，由用户运营部、科技研发部、系统运维部、合规风控部四个主要核心部门组成。江苏金农金融科技中心组织架构如图5-10所示。

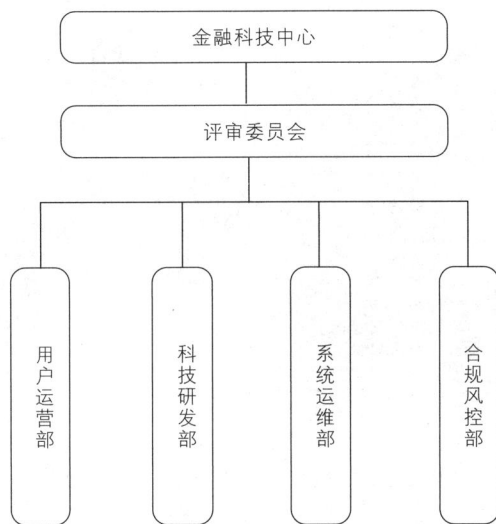

图5-10 江苏金农金融科技中心组织架构

5.2.2 科创金融产品和客户生态

1.金融产品介绍

（1）大数据征信系统

"大数据征信系统"是江苏金农经过多年的技术沉淀与业务实践积累的成果，江苏金农始终坚守合规底线，不断优化产品结构，根据监管意见并基于地方金融行业贷款产品，定制化开发小微经营贷智能风控模型，结合场景（经营收入）、企业主征信、企业征信、增信数据、行业数据五维模型，为客户提供贷前风控审批、风险定价、额度评估、客户额度管理、贷中预警监控等功能，实现全方位风险评估，切实提升地方金融行业风险评估质效，并逐步沉淀形成真实性高、结构化强的数字资产。在大数据征信系统内，地方金融组织可通过人工上传经营收入、征信报告等内容，与此同时由系统自动对接三方数据，通过数据获取"线上+线下"模式，实现"1+1＞2"的效果。大数据征信系统的业务逻辑如图5-11所示。

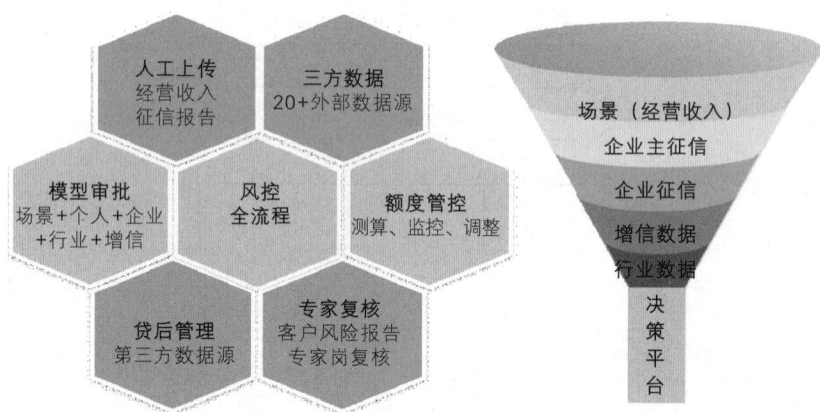

图5-11　大数据征信系统的业务逻辑

（2）电子签约平台

随着小额贷款公司的小微业务比例逐渐增多，以及《民法典》《电子签名法》等相关法律法规的出台，小额贷款公司要求实现在线签约的呼声也越来越高，相较传统签约方式，电子签约具备便捷性、安全性、可靠性等优势。2020年，江苏金农急行业所急，在科技服务平台成功上线电子签约功能，助推全省小额贷款公司完成签约电子化改革进程。通过电子签约功能，小额贷款公司和客户可通过在线方式完成"不见面"合同签署，大大节省了客户的时间和精力，有效降低了小额贷款公司合同签署的成本。电子签约平台一期功能规划如图5-12所示。

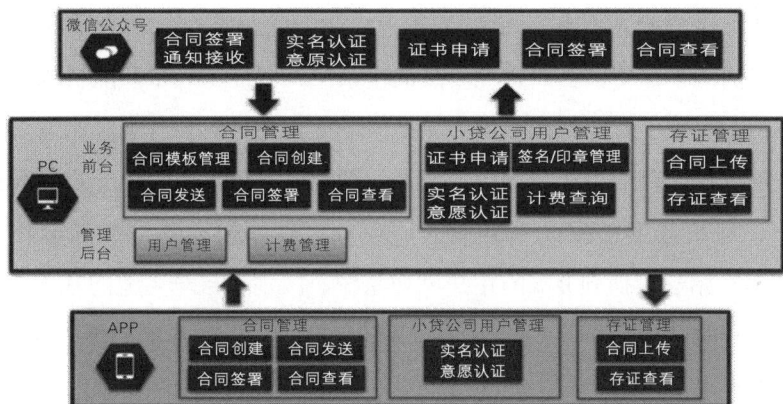

图5-12　电子签约平台一期功能规划

（3）撮合交易平台

江苏金农针对地方金融组织如何低成本、精准获客的需求痛点，充分借助科技服务平台优势，创新搭建"撮合交易平台"，并与部分核心企业、电商平台及金融服务机构共同探索、合作，推出获客撮合业务，向地方金融组织推送其经营区域范围的客户资源，为其增加小额、分散、风险可控的客户来源，降低获客成本，提高营销效率，充分发挥其支持地方中小微实体经济的作用。撮合交易平台的业务逻辑如图5-13所示。

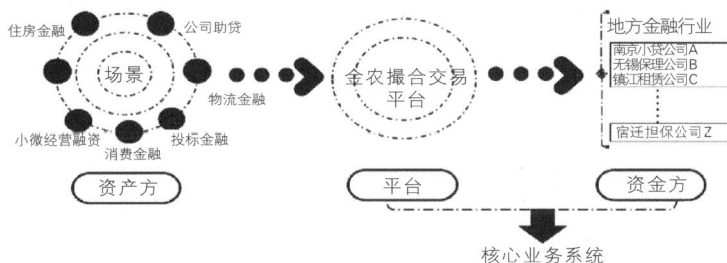

图5-13　撮合交易平台的业务逻辑

（4）用户画像系统

江苏金农自成立起，始终服务于小额贷款公司行业信息化系统建设。伴随着小额贷款公司行业发展的十余年，沉淀了大量从业机构的经营数据，实现了行业基础数据资源积累。如何通过对独有数据的清洗加工、深度挖掘获取指导公司经营的有用数据？如何逐步强化全员的数据意识，利用数据挖掘成果驱动公司业务更高效地运营？江苏金农于2021年开始建设面向B端的用户画像系统。区别于市场主流的基于C端个人客户的画像系统，江苏金农的用户画像系统将地方金融组织运营经验与内外部数据进行结合，深度挖掘、打造用于地方金融组织的用户分析系统。用户画像系统业务架构如图5-14所示。

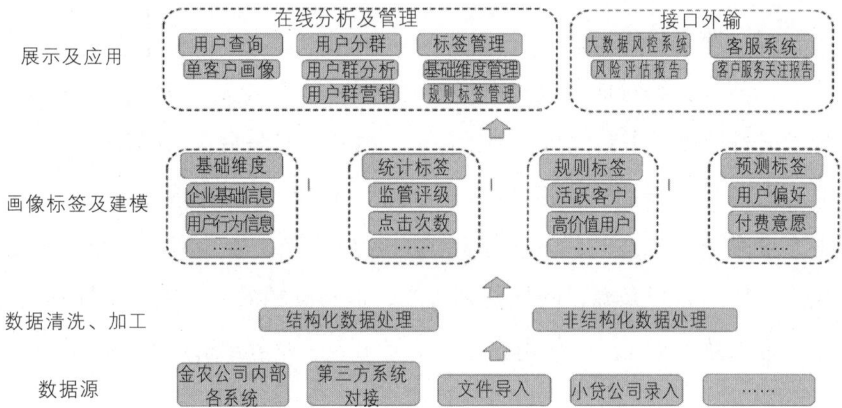

图 5-14　用户画像系统业务架构

（5）业务进件系统

"业务进件系统"将实现对业务开展的全流程管理，通过借助OCR影像识别技术和第三方数据源（如市场监管、司法、税务、百行征信等数据）对客户的全量数据进行采集，并通过客户分层对系统数据进行加工和整理，从而形成客户风险等级。在客户准入后，业务系统会提供业务处理的对外接口（如业务审批、计算规则等）。科技服务平台提供电子合同模板的维护，并支持配置合同中各类业务的变量要素。在业务审批结束后，科技服务平台支持系统自动生成相关合同，通过第三方电子签约平台实现全线上合同签署。签署人在完成实名认证的基础上，可通过电子签约平台，完成电子合同签署。科技服务平台提供电子合同的查询和下载功能，并将电子合同与业务进行绑定。业务进件系统的架构如图5-15所示。

业务进件系统

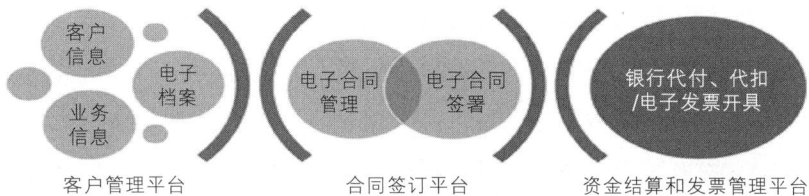

图5-15　业务进件系统的架构

2.科创金融产品客户生态描述

江苏金农致力于打造服务于以小额贷款、典当行、融资租赁、商业保理、融资担保公司为代表的地方金融组织核心客群的金融科技产品，解决其经营模式传统、风险控制手段单一、内部管理效率不高、外部合作资源缺乏等问题。目前，构成地方金融生态的从业机构与服务机构，如中介机构、会计师事务所、律师事务所、银行等呈点对点分散对接匹配的现状，双方合作的信息搜寻成本较高，且部分成功合作模式的代表性、影响性均较弱，未能在行业间扩展应用。随着行业机构的更替迭代，具备极强的信息整合能力、业务更替能力的机构才能获得长远发展。江苏金农以此为契机，切入地方金融行业，通过建设多方融合的科技服务平台，为不同类型的机构提供综合性资源市场，通过提供经过检验的成熟服务和合作渠道，帮助其根据市场需求变化，快速更迭业务，实现与其他业态的融合发展。同时，兼顾业务发展的合规性、可监测性以及风险预警等需求，为省级、地市、区县三级监管部门提供数字化监管服务，便于其及时研判机构业务状态及新业务风险。

5.2.3 金融科技的技术研发与应用

随着小额贷款公司行业的发展，江苏小贷面临着单体公司技术力量薄弱、对监管规则把握不全、优质客户资源短缺等一系列发展困境。在"互联网+"、云计算、大数据、新业态、新结构不断蓬勃发展的形势下，江苏小贷行业的可持续发展面临新的挑战。鉴于此，江苏金农以新兴科技应用促进行业变革为创新思路，以进一步拓展小贷公司等地方金融机构的触达能力和服务深度为目标，以用户需求为核心，在充分把握监管规则的基础上，凭借多年的行业积累，聚焦用户痛点，深刻理解用户需求，将行业资源、先进技术进行整合重构，通过与多家银行、科技金融公司等优质机构合作，以行业生态视角深耕普惠金融，设计、研发并最终推出多渠道、一体化的系统解决方案——地方科技金融服务平台。截至2021年12月末，江苏省科技小额贷款公司123家，科贷累计放款户数144.5万户，累计服务科技型企业1.07万户；科技小额贷款公司贷款余额241.67亿元，历史累计发放贷款4 423.04亿元，加权平均年化利率9.41%。

案例1：镇江某小贷公司，通过江苏金农提供的地方金融业务系统，在客户获取、风险识别、合同签署、贷后监测环节上赋能信贷业务的整个流程。在客户获取环节，借助江苏金农提供的撮合业务平台，实现精准获客，不仅在获客的精准性和效率性上有所提升，每个有效客户的获客成本也降低至10~50元/户，大大节约了线下获客成本；在风险识别环节，通过工商数据、反欺诈、数据模型和企业信用报告，实现对客户的风险识别，筛查风险客户200多户，预计避免资金损失5 000多万元。在合同签署环节，在授权书签订、贷款合同签署、展期合同签署等受疫情影响无法与借款人进行线下签署的情况下，通过江苏金农电子签约平台，完成线上交易100多笔。在贷后监测环节，通过大数据的风险筛查，及时发现20多户资信异常的情况，随后通过财产保全、提前还款等方式，避免损失1 000多万元。

案例2：苏州某小贷公司，在使用江苏金农大数据风控系统前，还处于纯人工审核的业务模式，运营成本和坏账率是两大棘手的难题。在接入江苏金农智能风控决策系统后，首先减少了大量人工审核的烦琐过程，使信贷业务运作越来越流畅，在风险筛查效率上提升了80%；其次，智能风控决策系统可针对不同阶段的贷款者完成贷前、贷中和贷后各个过程的风控管理，判别准确性高，风险筛查的准确性提升了300%，控制贷款不良率在2%以内。同时，智能风控决策系统会在原有数据的基础上不断更新，并根据模型学习结果不断迭代优化，从而持续提升风控系统的适配度和精准度，对风险情况作出基于最新情况的准确判断。

案例3：南京某小贷公司，在使用江苏金农大数据贷后监控前，每季度安排客户经理和风控经理对存量业务进行定期贷后风险排查，为此付出了大量人力成本，且排查效果不佳，多次发生客户风险暴露后，小贷公司工作人员滞后几个月才发现问题，导致该小贷公司在很长一段时间内都在处理不良资产，公司业务开展严重受挫。该小贷公司为解决贷后检查的痛点，引入了江苏金农大数据贷后监控系统，该系统对比传统人工审核，时效性上由季度排查升级为按日排查，由人工判断升级为系统智能判断，在1年不到的时间里，该小贷公司不良贷款率由12%逐步降低到了5%，效果显著。该小贷公司的负责人表示，未来将会持续与江苏金农加强合作，多尝试大数据风控产品，进一步实现公司从制度化风控向技术化风控的转变。

案例4：在疫情最为严重期间，部分已获得授信的客户无法通过上门服务办理贷款提款业务，因此客户借助江苏金农提供的撮合平台公众号，在线提交自己的提款需求。小贷公司接收到客户的提款需求后，进行在线审批，并与客户通过电子签约平台完成贷款合同签署。完成各项审批后，小贷公司通过资金结算系统完成在线放款。整个流程实现了不见面提款的业务场景，有效缓解了借款人在疫情防控期间融资难的困境，保障了小贷公司在疫情防控期间的持续经营，同时也积极响应了"助力抗疫、扶持小微"的号召。目前，江苏金农已为江苏省超过30家小贷公司和客户提供了服务。

案例5：为了满足借款人在线还款、便捷还款的需求，江苏金农通过与第三方支付公司合作，提供在线还款和批量系统自动还款的功能。借款人预先通过电子签约系统完成扣款授权书签订，在指定还款期将款项转账到预留的银行卡中，支付结算系统将在还款日当天由系统自动发起划扣，无需借款人和小贷公司操作，全流程自动扣划、自动出账，有效降低人工成本，提升财务人员工作效率和准确率。目前，江苏金农已为超1 000位客户提供在线还款服务。

5.3 江苏股权交易中心

2019年12月修订的《中华人民共和国证券法》明确了"区域性股权市场为非公开发行证券的发行、转让提供场所和设施"，确立了区域性股权市场的法律地位。江苏股权交易中心（以下简称"江苏股交"）是遵循证监会对中国多层次资本市场体系建设统一要求，经江苏省人民政府授权批准设立的江苏省行政区域内唯一合法的区域性股权市场运营机构。江苏股交围绕区域性股权市场的定位，是所在省级行政区域内中小微企业的私募股权市场、多层次资本市场体系的重要组成部分、地方政府扶持中小微企业政策措施的综合运用平台，以服务中小微企业为己任，倾心实干，注重实效，搭建了中小微企业综合服务金融体系，在提供挂牌展示、股权托管、股权融资、债权融资等基础服务的同时，也在规范培育、管理培训、融资对接、科技赋能等方面积极拓展服务功能。

针对科技型企业金融服务的需求，江苏股交建设了"专精特新板"和"科技创新板"两个特色板块，帮助科技型企业借助资本市场实现创新转型；通过"创融江苏"路演平台和"新企点"资本市场学院为科技型企业提供专场活动或培训服务；江苏股交通过专业化、规范化的股权托管，为科技型企业特别是新三板摘牌的科技型企业提供股权托管服务，降低企业管理成本，助力企业规范管理；在与银行合作融资开发产品方面，江苏股交和银行合作，先后推出"中银苏股贷""交银苏股贷"等产品，为挂牌展示企业提供了快捷融资渠道；江苏股交践行金融科技赋能科技型企业服务，以国家区块链创新应用试点、证监会区域性股权市场区块链建设试点为契机，初步建设了基于区块链的区域性股权市场可信生态体系，开发了"证券江苏"APP，汇聚江苏资本市场核心数据，集成江苏股交金融服务，成为数字化转型中科创金融助力企业成长的重要抓手。

5.3.1 科创金融发展战略和组织架构

1.江苏股权交易中心科创金融发展战略

江苏股交深入实施创新驱动发展战略，发挥区域性股权市场企业集聚的数据资源优势。一方面，以金融服务科技创新为核心，推动科创金融创新发展，力争在科创金融领域有更大作为，用"金融活水"润泽更多优质企业，助力科技型企业成长；另一方面，坚持区块链、大数据和人工智能等前沿技术与金融服务相结合的研究，大力发展金融科技，在区块链、常规业务系统和"证券江苏"3.0版本系统的开发上保持前瞻的技术理念，以创新金融科技赋能，提升服务企业能力。江苏股交以金融支持科技创新的战略方向和发展思路，全力构建了科创金融支持企业发展机制，缓解了科创产业金融服务供给"不平衡、不充分"的状况，科技型企业通过江苏股交的挂牌展示、股权托管、融资路演等服务，规范培育，助力成长，为走向更高层次的资本市场打下了坚实基础。科技创新是经济社会发展的原动力，以区域性股权市场金融服务参与科技创新，有利于在科创领域形成市场化的价值发现、风险定价和资源配置功能，进一步推动科技创新。

2.江苏股权交易中心的组织架构

江苏股交下设市场发展部、会员融资与服务部、运营中心、产品研发部、合规与风险管理部、信息技术部、综合管理部7个部门，其组织架构如图5-16所示。

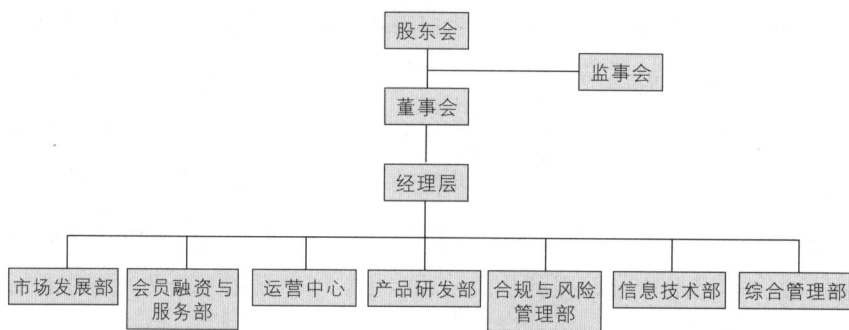

图5-16 江苏股权交易中心的组织架构

江苏股交积极开拓市场，与省级、地市、区县各级政府开展战略合作，对接地方金融监督管理部门，联合当地政府平台推进各地分中心和辅导基地的落地，通过分中心和辅导基地的建设运营，落实区域性股权市场服务地方经济发展的职能。截至2021年12月底，江苏股交共设立了苏州、无锡、连云港、南通、扬州、泰州和淮安7家分中心，建成无锡惠山、连云港东海、宿迁沭阳、徐州新沂、徐州泉山、南通海安、扬州高邮、盐城大丰8个辅导基地。

5.3.2 科创金融产品和客户生态

截至2022年年末，江苏股交共有挂牌展示企业15 025家，其中价值板176家、成长板14 849家（如"专精特新板"544家、"科技创新板"2 634家等），挂牌展示企业注册资本总计3 900.61亿元，挂牌展示企业覆盖全省13个地市，涵盖传统制造业、软件与信息技术服务业、电子商务、生态农业、文化传媒以及现代服务业等；江苏股交共有纯托管企业142家，主要是省内非上市银行类金融机构，其中省内农村商业银行50家、村镇银行71家、民营银行（江苏苏宁银行）1家、非银金融机构6家、新三板摘牌企业14家；江苏股交会员单位累计已达227家，其中银行、证券公司等战略会员81家，风投机构等推荐商会员107

家，会计师事务所、律师事务所等服务商会员39家。

1."专精特新板"和"科技创新板"特色板块服务

为满足省内不同发展阶段、不同发展特点的中小微企业进入资本市场的实际需求，江苏股交设立了"价值板"和"成长板"主板块。其中，"价值板"挂牌企业为符合《江苏股权交易中心价值板业务规则》中的挂牌条件或挂牌流程要求的非上市股份有限公司；"成长板"则以市场为导向，集聚各类优秀企业，以帮助企业多渠道融资为目标，促进挂牌展示企业与各类机构有效对接，打造方便、高效、低成本的展示平台、投融资平台。在"成长板"的基础上，江苏股交设立了"科技创新板""专精特新板""众创板""文旅板""农业（乡村振兴）板"等特色板块，推动省内高新技术企业、"专精特新"企业和"小巨人"企业、农业龙头企业等到区域性股权市场挂牌展示，根据企业特点结合政策，有重点、有针对性地引导其匹配投资机构，并为其提供特色服务。

江苏股交设立的江苏省中小企业"专精特新板"，得益于江苏省工信厅的指导和支持，省工信厅与江苏股交签订了《共同建设"专精特新板"合作协议》，以打造江苏省中小企业融资服务示范平台，为中小企业融资提供一站式公共服务为目标，使江苏省抢抓先机成为全国首家设立"专精特新板"的地区。在江苏"专精特新板"取得示范效应后，安徽省、山西省的相关政府部门及当地股权交易中心来江苏省调研"专精特新板"建设情况，并参照江苏省模式设立了当地的"专精特新板"，帮助"专精特新"企业借助资本市场实现创新转型。"专精特新板"以引导社会资本服务实体经济为目的，优选省市培育认定的"专精特新"企业、"小巨人"企业，借助资本市场的力量，打造成企业的"规范辅导平台、融资创新平台、产业整合平台、上市培育平台"。

为了深入实施创新驱动发展战略，全面落实高质量发展要求，量质并举，壮大江苏省高新技术企业集群，充分发挥区域性股权市场孵化培育平台作用，在江苏省科技厅和江苏省地方金融监督管理局的支持下，江苏股交设立了"科技创新板"。2019年，国务院印发《关于推广第二批支持创新相关改革举措的通知》（国办发〔2018〕126号），试点推广"区域性股权市场设置科技创新专板"位列科技金融创新方向多项改革措施的首位。江苏股交优化提升"科技创新板"，服务科技型非上市公司，特别是科技型中小企业，与上海证券交易所"科创板"、深圳证券交易所"创业板"等相关板块，以及全国中小企业股份转让系统块有效衔接，积极推动高新技术企业挂牌中心的"科技创新板"。"科技创新板"重点关注的是新一代信息技术、生物技术、新能源、新材料、高端装备、新能源汽车、绿色环保以及航空航天、海洋装备、互联网、大数据和人工智能等行业，自设立以来，江苏股交不断深化"科技创新板"的建设，积极推动质量高、发展快、竞争强的高新技术企业在"科技创新板"挂牌展示。

"专精特新板"和"科技创新板"专板服务成果如下：

（1）发挥宣传展示功能，增强科技型企业信用

"专精特新板"和"科技创新板"中的部分企业在江苏股交2018年9月举办的区域性股权市场"价值之星"企业评选活动中荣获前30强荣誉称号；在江苏股交联合中国银行江苏省分行举办的"2020年江苏股权交易中心·中国银行企业融资上市服务行"系列活动中，多家"科技创新板"挂牌展示企业与券商签订了上市辅导协议和新三板挂牌辅导协议，与投资机构签订了股权融资协议，获得了"中银苏股贷"授信。

（2）发挥规范提升功能，帮助企业培育上市

江苏股交与投行、会所等专业机构，实地走访"专精特新板"和"科技创新板"挂牌企业，梳理企业内控，提供优化建议，规范内部治理。企业通过区域性股权市场的规范和培育，走向更高层次的资本市场，"科技创新板"挂牌企业中的江苏京创先进电子科技有限公司、南通冠优达磁业有限公司、苏州高泰电子技术股份有限公司等多家企业正在筹备IPO。

（3）发挥培训路演辅导功能，开阔企业家视野

江苏股交为"专精特新板"挂牌企业组织多种形式的交流、培训和

路演活动。2018年9月，江苏股交承办了省金融局主办的"2018全省企业上市与融资专题培训会"，邀请"专精特新板"和"科技创新板"挂牌企业参会，学习股改实务操作、法律问题处理、财务问题处理、拓宽融资渠道等多方面知识；2019年4月，江苏股交承办了省工信厅主办的"江苏省'专精特新'企业科创板上市培训会"，帮助参会科技型企业系统掌握资本市场最新改革政策，抢抓政策先机，走进资本市场；2020年8月，江苏股交举办"创融江苏"路演——"专精特新板"无锡专场路演活动，金雨茂物投资管理股份有限公司、毅达资本、华泰紫金投资等创投、私募基金和银行的60余家专业机构参加了此次现场活动。

（4）发挥资源导入功能，获得政策支持

江苏省作为经济大省，一直高度重视多层次资本市场建设，陆续出台了一系列奖励政策以引导企业充分利用区域性股权市场获得更大的发展。作为地方政府扶持中小微企业政策措施的综合运用平台，江苏股交将省级、地市、区县相关补贴政策及时对接给挂牌展示企业，积极组织挂牌展示企业申报补贴，帮助挂牌展示企业享受普惠金融政策。江苏股交已为50多家"专精特新板"企业申报各级政府补贴合计超过1 200万元。

2.银行合作融资产品

2019年6月，江苏股交联手中国银行江苏省分行，推出江苏区域性股权市场上首个与银行合作、服务挂牌展示企业的债权融资类产品——"中银苏股贷"，致力于缓解中小微企业"融资难、融资贵"的状况。江苏股交通过与中国银行各地区支行组织培训等活动形式，共同拓展市场，提升产品认知度。截至2022年年末，累计已有超过680家科技型企业获得授信批复33亿元。

2021年年末，江苏股交联动交通银行江苏省分行推出挂牌展示企业专属债权融资产品"交银苏股贷"，产品基于交通银行江苏省分行线上即时审批服务，以产品定位准、业务品种全、担保方式活、审批效率高、授信额度大（单户最高授信额度达5 000万元）、在线出结果为主要特色，目前正在挂牌展示企业间积极宣传、逐步推广中。

3.股权托管服务

江苏股交可以为非上市的科技型企业提供股权集中统一登记托管服务，股权托管是指股份有限公司将股份登记的义务委托给具有普遍公信力的专门机构履行的一种行为，这些义务包括股东名册的置备以及其他有关公司股东股份变动、股份权益变更等事项的登记和相关档案管理，通过专业化、规范化的股权托管，可降低企业管理成本，提升公司股权持有人名册的公信力，规范股东的行为，保护投资人的合法权益。股权托管有利于构建多层次资本市场，促进高新技术产业快速健康发展，有利于促进科技产业和金融资本融合，实现产权交易及制度的创新，有利于扩大科技企业知名度，为其股票公开发行、上市创造条件。

2021年，江苏股交进一步优化、规范企业托管服务，开拓非上市股份公司的托管工作，同步推进托管工作的系统化，为托管企业提供更高效、更便捷的服务。面对常态化疫情和服务企业股东地域分散化的情况，推进托管服务线上化转型，完善了线上见证、线上确权流程。截至2022年年末，江苏股交共有纯托管企业145家，其中2家科技型企业在江苏股交托管后，成功上市。

江苏日久光电股份有限公司新三板摘牌后，于2019年6月在江苏股交进行了股权集中登记托管。江苏股交提供股权登记、股东名册管理等一系列登记托管服务，配合该企业蓄力调整，助力企业规范管理，加快上市进程，成功上市。苏州仕净科技股份有限公司于2018年年末在新三板摘牌后在江苏股交进行股权登记托管，江苏股交提供股权转让变更、股东名册、股权总数变更等服务，该企业于2021年7月成功登陆创业板。

4.融资路演服务

融资路演是江苏股交服务科技型企业的又一重要手段。2018年，江苏股交优化"创融江苏"路演平台软硬件设施，搭建线上线下一体化路演服务平台，实现了线上直播与线下路演的参与一体化、现场问答与线上交互的互动一体化、从路演报名到路演跟踪的服务一体化，不断优化路演体验和服务，构建了从项目筛选、商业计划书辅导、预路演、线上报名、电子签到、线下路演、线上直播的路演体系，高效对接投融资需求，为各类企业特别是科技型企业对接融资。江苏股交"创融江苏"路演平台自2018年设立以来，先后举办各类投融资对接活动27场，近170多个路演项目吸引了约1 000家机构参与。

2018—2020年，"创融江苏"路演平台举办了连云港、南通、无锡和宿迁等地区专场路演，涉及生物医疗、教育、新材料、新一代信息技术、农业、智能制造和互联网等行业专场。作为主要服务于所在省级行政区域内中小微企业的私募股权市场，江苏股交精准对接区域发展战略，助力区域经济转型升级。2021年，江苏股交探索融资路演的新形态，深耕企业和投资方需求，拓展服务形式，采用一家企业在线展示、多家投资机构线上问询的模式组织线上一对多的企业融资对接活动；江苏股交还组织了意向投资机构和投资人走进融资需求企业，现场尽调，在简化融资对接步骤的同时，深度对接了企业融资需求。

截至2022年年末，"创融江苏"路演平台共举办线下常态化路演活动29场，组织"创融江苏"投资人企业路演活动6场。

5. "新企点"资本市场学院培训服务

根据全省金融工作会议的要求，江苏股交针对省内中小微企业的需求，设立了江苏股权交易中心"新企点"资本市场学院。"新企点"资本市场学院旨在为省内中小微企业提供培训辅导，实现对省内中小微企业的规范展示、股权融资、上市培育等服务功能。学院不仅涵盖基础业务培训课程，还专门设立了企业定制培训课程、针对个性化的人才培养需要提供专业性与创新性的培训项目。

截至2022年12月底，"新企点"资本市场学院已组织各类专题培训36场，参加培训近2 700人次。其中，"新企点"资本市场学院接受江苏省工信厅的委托承办了"2019全省'专精特新'企业科创板上市培训会"，超过200家"专精特新"企业参加了此次培训。"新企点"资本市场学院利用自身的平台优势，主打资本市场的相关培训，重点打造企业股份制改造、股权激励、上市与融资、企业股权规范管理等系列课程，借助互联网、多媒体技术采用线上公开课、线下专题培训、企业沙龙等多种方式，加强学员交互，加快课程体系建设。

5.3.3 金融科技的技术研发与应用

江苏股权交易中心始终坚持对区块链、大数据和人工智能等前沿技术的研究，大力发展金融科技，以科技赋能金融创新，提升企业服务能力。

1.基于区块链的区域性股权市场可信生态体系建设

2018年，在南京市政府和相关部门的指导和推动下，江苏股交开展基于区块链的中小微企业融资服务平台课题研究，先后与南京大学、南京审计大学、江苏银行共同探讨研究、组织协调并形成项目方案。项目方案多次向南京市政府领导汇报，并得到了市政府领导的肯定。2020年7月7日，中国证监会发布了《关于原则同意北京、上海、江苏、浙江、深圳5家区域性股权市场开展区块链建设试点工作的函》，江苏股交成为首批5家试点单位之一。经过联合技术攻关和奋战，2020年8月底，江苏股交成为全国首家实现与证监会监管链业务连通的试点单位，并在标准业务基础上探索了创新业务。2022年1月，中央网信办等16部门联合公布了国家区块链创新应用试点名单，江苏区域性股权市场区块链项目成功入选，这是江苏区域性股权市场区块链建设的又一重要里程碑。

江苏区域性股权市场区块链试点工作对区域金融可信生态的打造具有深远影响，区块链试点工作也得到了主管部门和监管部门的支持和认可。江苏省政府高度重视区域性股权市场区块链试点工作，成立由江苏省地方金融监督管理局、江苏证监局、南京市江北新区管委会和南京市地方金融监督管理局组成的区域性股权市场区块链建设试点协调指导小组，建立了以江苏股权交易中心为试点牵头单位、南京数字金融产业研究院为技术支持单位、南京联合产权交易所等为业务试点支持单位的具体实施小组。以国家区块链创新应用试点和证监会区域性股权市场区块链建设试点工作为契机，江苏股交计划建设基于区块链的区域性股权市场可信生态体系，以区块链为底层技术，通过建设为中小微企业服务的可信生态，解决或缓解企业数据汇聚和互信、服务生态建立、融资难和融资贵等痛点。通过搭建区块链试点项目平台，利用区块链不可篡改等技术实现与市场监督、法院、税务等部门的数据连通，运用区块链等技术建立信息共享、隐私保护和互信机制，搭建中小企业信息平台。通过有效的数据共享，为企业提供有针对性的服务，改善服务的深度和广度，同时为监管部门的管理提供有力抓手，使区域股权市场成为真正的金融服务和资源集散中心，助力江苏金融新生态的完善和发展。

江苏股交协同南京数字金融产业研究院，持续推进基于区块链的区域性股权市场可信生态体系建设，在完成区块链架构和基础模块开发、测试后，对生产环境进行了部署。

（1）搭建区块链平台率先连通证监会监管链

2020年8月底，江苏完成区域性股权市场区块链平台搭建，工作组与监管链团队协力攻关，攻克了不同协议跨链等业务和技术难题，率先实现了平台与证监会监管链的连通，以企业挂牌业务为业务场景，实现了从企业申请到市场监督管理局核验数据，再到江苏股权交易中心审核通过、予以挂牌并报送至证监会监管链的全流程跨链连通。

（2）业务平台开发，业务数据持续上链

持续开发和完善江苏区域性股权市场区块链业务平台功能。江苏省有已经在完成区块链架构和基础模块开发、测试的基础上，部署了生产环境。江苏地方区块链业务平台持续推进实际业务运营中所需的登录主体、账户、金融产品、交易、登记、资金结算等9大主体数据上链，目前在5家试点单位中上链数据最全、维度最多。

截至2022年12月底，链上数据包含挂牌展示企业15 025家、托管企业145家、投资者79 938户、产品365个、资金变动流水59 089条、份额变动流水293 688条、摘牌转板企业169家、中介机构217家、取消托管企业17家。

（3）数据模型迭代更新，率先实现CA全局认证连通测试

江苏地方区块链业务平台数据模型完成多次迭代，已经与监管链数据模型 2.5 版本连通，在前期版本基础上，围绕数据所有者签名、数据治理和稽核进行了升级，更加符合全国数据模型统一标准及监管数据穿透与展示的要求。

联通标准业务的跨链全局服务，是 5 家试点区域性股权市场中，唯一一家与监管链实现 CA 一证通全局认证联调成功的股权交易中心。CA 认证的实现，有助于将符合标准的区域性股权市场账户纳入全国多层次资本市场统一账户体系，推动区域性股权市场登记数据和账户体系跨区域互联互通。

（4）开发注册制吻合指数工具

针对主板、创业板、科创板、新三板等不同板块的规则，江苏股交设计了注册制吻合指数，实现与央库跨链 SDK 的调用，逐步转变为监管链全局服务。已完成江苏四板挂牌展示企业注册制吻合指数数据对接和指数测算工作，目前正在开发面向监管的工具查询页面。

针对地方非上市中小微企业和四板挂牌展示企业，江苏股交进行注册制吻合指数工具测算，为地方政府查看辖区科技型企业目前存在的问题、了解企业距离上市的不足之处提供有力工具，同时企业可以通过注册制吻合指数工具进行自查自纠。

（5）完成和江苏省联合征信数据接口对接工作

江苏股交已完成和江苏省联合征信有限责任公司的企业工商信息、征信相关信息的数据接口对接工作。在后续企业挂牌流程、企业审核流程引入联合征信数据，提升了企业数据填报效率以及企业风险把控能力。

（6）政策上链

按照政府指导、企业参与、资源共享的原则，基于大数据和区块链技术结合，实现信息资源共享，为政府和企业搭建促进交流、合作共赢的平台。平台汇集多方数据后，构建企业画像，采集政策数据。2021

年8月，按照政策链上发布—链上匹配企业—企业提交材料—链上核验数据—人工审批的流程，已具备江北新区企业上市奖补政策链上发布和财政奖补链上审批功能，实现对企业资质数据进行链上数据交叉核验，保证企业数据的真实性，提升审核人员的工作效率。政策上链的试点，证明应用区块链平台的科技型企业可以更精准、更有效率地匹配政策，为企业发展保驾护航。

2."证券江苏"

"证券江苏"是一款面向政府管理部门、多层次资本市场企业主体以及投资和服务机构的信息服务软件。"证券江苏"的推出是为了贯彻落实全省金融工作会议精神，更好地展现江苏省证券市场发展面貌，服务江苏省中小微企业，推动企业加快上市步伐。"证券江苏"APP是江苏股交金融服务数字化转型的重要抓手，也是江苏股交坚持科创金融战略的重要体现，集成了前面提到的多项金融服务，如"创融江苏"路演平台。企业用户可通过"证券江苏"APP在线进行路演申请，投资机构及投资者可在线观看路演直播、历史路演视频，通过线上路演平台撬动需求，对接各类投资机构，跟踪辅导企业，实现企业和项目的双向高效对接；"证券江苏"APP中"新企点"资本市场学院板块设置了有关企业内部管理、企业上市的在线课程，可为企业尤其是科技型企业提供与资本市场相关的专业培训和学习机会，通过在线便捷获取培训服务可以不断增强企业规范发展意识，提高企业参与更高层次的资本市场的能力；开发的在线确权和股东信息查询功能，有助于托管企业用户移动端实时查看股权、股东相关信息，同时满足个人股东及机构股东在线进行确权工作。

"证券江苏"除了提供各类线上金融服务，还通过多方汇聚的数据资源，打造全景的资本市场，对在主板、创业板、科创板、新三板上市的企业和江苏新四板（江苏股权交易中心）中各板块挂牌展示的企业实现了实时统计，对当前和往年IPO过会和排队情况也做了统计分析，统计数据覆盖全省13个地市和各设区县，通过本地区的国内生产总值和企业市值统计排名等可视化图表，促进地区间对标找差、相互学习。创新开发的"企业圈"功能，有助于企业家在线问询，快速对接对口监管部门，对企业发展过程中遇到的问题答疑解惑。

5.4　焦点小贷

南京市焦点互联网科技小额贷款有限公司（以下简称"焦点小贷"）是焦点科技股份有限公司（以下简称"焦点科技"，股票代码：002315）旗下的子公司，是由焦点科技股份有限公司、江苏中企教育科技股份有限公司共同出资，并经江苏省地方金融监督管理局（原江苏省人民政府金融工作办公室）核准设立的，于2016年8月开始营业，是江苏省首批正式成立的10家互联网科技小额贷款公司之一。

焦点小贷的母公司焦点科技，成立于1996年，总部位于南京，是国家规划布局内重点软件企业，国家首批电子商务示范城市试点项目单位，商务部电子商务示范企业，国家工业和信息化深度融合示范企业，研发并运营了中国制造网（Made-in-China.com）、百卓采购网（Abiz.com）、新一站保险网（xyz.cn）等电子商务平台，连续多年荣获"中国最佳客户服务奖""中国最佳服务管理奖"等多项殊荣。

2022年，焦点小贷贷款发生额超过1亿元，主要客户群涵盖焦点科技旗下各电商平台及其子公司的客户群，主要产品为涉及场景内小微企业的经营贷款，如M企业金、M信用金、新易贷、车险分期等，整体坏账率在1%以下。生态标品业务户均处于20万户至50万户之间，基本已经全部实现线上化进件、审批、放款流程。

5.4.1　科创金融战略和组织架构

1.科创金融战略

焦点小贷主要面向焦点科技股份有限公司旗下各电商平台及其子公司的客户群，进行贷款发放、创业投资、融资性担保以及经政府主管部门批准的其他业务，满足客户在不同时期、不同业务场景下的资金需求，助力企业快速成长。

作为普惠金融的践行者，焦点小贷始终以更加开放的姿态，秉承"普惠、绿色、科技"的服务理念，扎根金融市场，不断探索并运用科技与金融相结合的新模式推动金融创新、服务创新，为广大用户提供优质便捷的融资方案，打造一个有温度、有态度、有准度的一站式综合金融服务体系。

焦点小贷始终将建设国家、服务社会、践行普惠金融作为重要职责。结合中国国情，顺应监管要求，把握经济发展趋势，在以往企业社会责任实践与成果的基础上，焦点小贷将重点围绕公益中国、诚信文化培育、精准扶贫等方面深耕细作，持续投入，为服务实体经济、助推经济转型、保障国计民生发挥积极作用。

2.组织架构

焦点小贷的组织构架如图5-17所示：

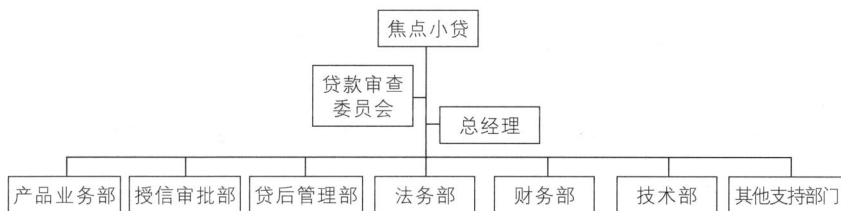

图5-17　焦点小贷的组织架构

产品业务部：主要负责产品设计、产品营销、渠道合作、业务开拓等工作，实现产品的不断迭代更新，服务目标客群，创造品牌价值，提高产品影响力。

授信审批部：主要负责各类授信业务的审查管理工作，推动各类授信业务的健康持续发展，实现资产结构和质量的不断优化。

贷后管理部：主要负责从贷款发放或其他信贷业务发生后直到本息

收回或信用结束的全过程的信贷管理。

法务部：主要负责日常合同拟订、相关法律事务咨询及协作等工作。

财务部：提供日常项目支持及财务核算。

技术部：负责完成整体系统实施，建立数据系统中台，配合提高业务线上化比率。

5.4.2　科创金融产品和客户生态

焦点小贷依托于焦点科技生态提供金融服务。焦点科技的主营业务是围绕国际贸易、国内贸易、金融保险展开的，因此焦点小贷也在这些方向推出了对应的产品。

在国际贸易环节中，主要由中国制造网、开锣网、inQbrands、Doba 等提供产品和服务，为中国供应商的品牌和产品打造、营销和销售、通关物流、海外仓储、海外展示、外汇退税等服务提供支撑。

中国制造网（Made-in-China.com）是当前外贸 B2B 行业领军品牌，位列行业第二，服务行业涵盖工程机械、交通运输、电子及食品、农业等全行业品类。迄今为止，中国制造网在全球 220 个国家和地区拥有超过 1 820 万注册用户，网站年访问量超过 8.3 亿人次，是中国外贸企业走向国际市场的重要桥梁，也是海外采购商采购中国产品的重要网络渠道。

开锣网（Crov.com）成立于 2017 年，为焦点科技的全资子公司。作为向中国供应商提供跨境贸易的在线交易平台，开锣网旨在帮助中国供应商适配北美市场 B 类买家，同时为买家用户寻求相关产品需求的中国供应商服务。

inQbrands（inQbrands.com）为焦点科技的全资子公司，名称寓意为 incubating brands，即孵化品牌，帮助中国企业孕育世界品牌，让中国企业在品牌策略、品类管理、产品开发、包装设计等高附加值环节上获得专业国际团队的帮助。inQbrands 的主要业务是向供应商客户提供中美跨境贸易服务和代运营服务，其中中美跨境服务主要包括仓储、物流、商标注册、办公租赁等服务。

Doba（Doba.com）为焦点科技的控股子公司，通过开放平台接口，来对接国内供应商与零售商，为供应商和零售商提供了便捷、有效的渠道和资源，帮助供应商利用众多零售商资源增加订单，拓展线上销售渠道。

基于以上平台的客户调研和数据分析，在国际贸易体系下，平台供应商参与海外贸易环节会产生较多应收、应付账款，而企业出于对经营现金流的要求，在投入资源开展外贸业务期间，存在大量的金融需求。随着平台业务线深入跨境交易链条，越来越多地参与交易，对交易背景的真实性有更多的认知，在把握物流、信息流、资金流后，可以开展相关安全可控的金融业务，以服务实体企业。

在国内贸易环节中，焦点科技控股的百卓采购网，成立于2017年10月，专注于国内贸易领域，以"工具+资源+服务"为核心战略，以云技术、商务智能、电子商务等技术，融合供应链、企业经营管理创新服务模式，建立国内领先、高效、专业、安全的企业采购与供应链服务云平台，并先后获得"江苏省十大重点电商服务平台""中国电子商务与供应链融合创新奖""最佳企业采购服务平台""江苏金慧奖"等殊荣，并服务多家行业龙头企业，如先声制药、华北制药、中石油海洋工程、华宏集团等。

基于以上场景，焦点小贷推出了"M信用金"服务、"M企业金"服务、信用证管家等服务。其中"M信用金"服务依托于国际贸易生态场景，面向生态内的优质客户，提供生态场景内的会员费、增值服务费分期服务。"M企业金"服务面向生态内的优质客户，给予经营贷支持，众多客户通过该产品获得了资金支持，有效推动了企业发展，为中国制造企业走出国门奠定了良好的基础。信用证管家服务为因对信用证不熟悉而拒绝海外订单的国内供应商提供了整套的审证融资方案。

在金融保险方向，焦点科技子公司——新一站保险网成立于2010年，是中国银行保险监督管理委员会批准设立的保险代理有限公司，获准经营中华人民共和国行政辖区（不含港、澳、台）的保险相关业务，致力于为广大中小企业及个人提供保险产品的咨询、购买、理赔、保全等一站式服务，是国内深受欢迎的网购保险商城。

焦点小贷产品基于以上保险类业务场景推出了"新易贷"服务、"车险分期"服务。"新易贷"服务为基于新一站场景下，面向分销渠道商提供经营贷服务，并基于渠道商在生态内的相关行为、记录、数据给予金融服务支撑。"车险分期"服务为基于新一站场景下，面向新一站及其合作伙伴的物流商提供保险分期服务，缓解物流商集中购买保险时的资金压力。

5.4.3　金融科技的技术研发与应用

2019年，中国人民银行印发了《金融科技（FinTech）发展规划（2019—2021年）》，明确提出了近年来金融科技工作的指导思想、基本原则、发展目标、重点任务和保障措施。焦点小贷积极响应号召，在云计算、大数据、区块链、人工智能、物联网等前沿技术与金融业务深度融合的基础上，进一步深化数字化思维和理念，提升数字化能力和方法，构建数字化体系与机制，积极打造"科技+金融+行业+客户"大数据风控平台，更好地服务实体经济高质量发展，服务场景内客户。

焦点小贷依托于集团的人工智能研究院、AI及大数据研发部门，加速科技前置、科技服务业务创新，并综合运用人工智能及大数据等数字化技术落地金融应用，优化经营模式，改造业务流程，加强数据运用，提升各条业务线业务和系统的数字化、自动化、智能化、移动化水平。焦点小贷的微信公众号界面如图5-18所示。

图 5-18　焦点小贷的微信公众号界面

焦点小贷大数据风控平台综合应用了"人工智能+大数据"技术，广泛引入内外数据、模型，优化了客户准入、授信审批、贷后管理、财务分析等系统功能。根据大数据风控规则或模型形成预警信号或风控结论，进一步深化了金融科技各项技术的综合运用，实现了风险控制的自动化、移动化、智能化，实现了客户准入前的风险前置判断。

以实际案例为例：

新一站保险网（以下简称"新一站"）的合作伙伴中有大量保险公司及其下游分销渠道，与焦点小贷的目标服务客户十分契合。在与新一站合作，为其量身定制产品时，我们通过深入剖析新一站的业务发现，在新一站的下游分销渠道中，合作伙伴及终端客户存在大量的金融需求。

在捕捉到该业务机会后，焦点小贷通过分析数据特征，得出客户属性特征，并据此设计出适合的金融产品，此处以"新易贷"服务及"车险分期"服务为例。

"新易贷"依托于焦点科技生态场景，基于用户授权数据（包括但不限于黏性数据、交互数据等）定义的一款面向生态内优质客户提供的经营贷产品。"新易贷"产品最高额度支持500万元，利率低至年化8%，贷款周期最长6个月。在实际运营过程中，根据客户历史合作数据，分析其历史结算及预估后期展业趋势，在准入阶段便进行了严格的把控，目前客户反馈良好，该业务极大地缓解了客户日常经营资金的需求，也促进了新一站自身业务的发展。

"车险分期"同样依托于新一站自有及合作伙伴资源，基于用户授权数据（包括但不限于黏性数据、交互数据等）定义的一款面向物流商提供的保险分期类服务。"车险分期"产品最高额度支持200万元，利率低至年化9%，贷款周期最长10个月。在上述产品定义过程中，通过线下实地走访及线上用户数据分析，定义产品规则，结合数据分析及同类产品尽调，将风险分析前置，截至今日，无逾期、无坏账发生。

在金融科技大数据应用领域，焦点小贷依托集团人工智能研究院、AI及大数据研发部门的专业知识稳步向前发展。同样在数据应用保护领域，焦点小贷除了严格遵守《中华人民共和国网络安全法》《中华人民共和国数据安全法》《中华人民共和国个人信息保护法》等相关法律法规中关于数据安全管理的规定，规范焦点小贷网络数据处理活动外，还同步依托于集团信息安全管理部门的力量，在数据合规、隐私保护上遵循集团信息安全管理部门发布的《数据分类分级指南》《数据提取管理办法》《敏感数据脱敏规范》等一系列公司内部安全制度。该类制度中对数据传输安全管理、敏感数据针对性保护和平台敏感信息脱敏展示等内容均明确制定了操作规范，实现了数据安全管理有章可循、有规可依。

5.5 江苏再担保业

近年来，我国融资性担保业为科技型中小微企业提供融资服务，促进了地方科技型企业的发展。在研发期和初创期，科技型企业具有规模较小、融资困难等特点，再担保机构可以为其融资提供支持。

再担保是社会信用体系建设的新兴要素，是完善担保体系和防范金融风险的探索创新，可以部分转移担保机构承担的风险。再担保业务的发展推动了我国再担保制度的不断完善，商业银行等金融机构也不断加入再担保体系，地方政府为促进中小企业的发展，也积极出台各种支持再担保体系发展的政策。高科技企业由于具有技术含量高、创新能力强和促进产业升级换代等特点，一般成为地方政府大力发展的产业，再担保体系日益成为高科技企业融资的重要制度设计，国际经验证明再担保体系的形成可以直接有效地帮助企业信用担保机构分担风险。

与发达国家担保业的发展历史及水平相比，信用担保在我国还是一件新兴事物。目前，我国金融体系的发展尚不能完全有效满足经济发展的需求，尤其是非主流金融机构的发展还相对滞后，对于高科技企业等创业企业的发展还不能都提供有效支持，再担保业在我国的发展反映了实体经济的需求，已经引起政府及全社会的高度重视。1993年，中国经济技术投资担保公司成立，初期主营业务为投融资，2006年，该公司更名为中国投资担保有限公司，标志着融资担保金融业态在中国诞生。

5.5.1 再担保与科技企业融资的关系

随着再担保制度的不断完善，科技型企业借助再担保制度扩大融资规模与效率，进一步促进高科技产业的发展是大势所趋。

1.再担保制度是科技型企业融资闭环的必要支撑

一直以来融资难是我国高新技术产业发展的瓶颈，甚至关乎众多科技型中小微企业的生死，能否解决这一难题，对我国经济可持续发展、科技成果产业化影响重大。支持科技型企业融资的风险投资涉及投资天使、孵化器、中介机构以及众多的中小企业，在这个高科技企业融资链条中，可能涉及创业风险投资企业、创业风险投资管理企业和以高新技术创业服务中心为主的综合性孵化器、专业技术型孵化器、大学科技园、软件科技园、留学人员创业园、国际企业孵化器以及商业天使、其他与技术创业相关的机构，它们都需要一个系统化的信用担保体系。

随着担保机构的不断壮大，加强对担保业务的风险管理更加具有现实意义。我国金融监管部门越来越重视指导融资性担保公司加强对资本金的管理和内控机制的建设，将担保机构经营状况纳入人民银行企业征信系统实施统一管理，推动地方政府建立各类融资担保基金、非营利性再担保公司等。2010年3月，银保监会、中国人民银行和发改委等7部委联合制定发布《融资性担保公司管理暂行办法》，正式拉开对担保业进行规范的序幕。

除了通过法律法规来加强对担保业的风险管理外，而利用金融市场本身的规律来创建风险管理工具和机制则更为重要。再担保作为我国实务界创建的担保业务风险管理手段，对于加强高科技企业融资中担保机构的风险管理，既是一种金融创新，也是市场自我演化和完善的结果。

2.再担保机构增强科技型企业融资信用

在高科技企业融资的过程中，担保机构和再担保机构主要起到信用增强的作用，通过帮助金融机构分散风险来实现，担保和再担保机制提高了金融机构的抗风险能力。再担保机制提高金融机构抗风险能力的路径如图5-19所示。

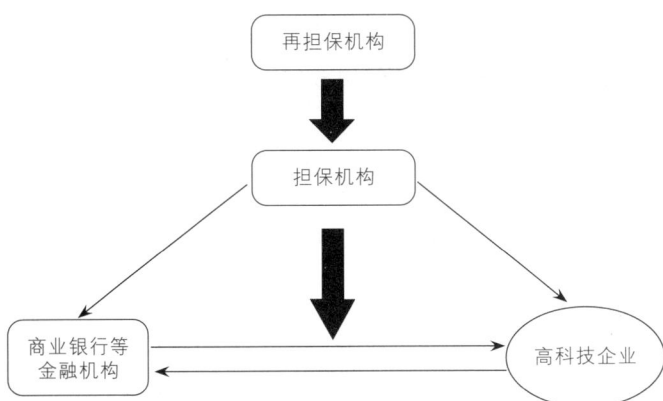

图 5-19　再担保机制提高金融机构抗风险能力的路径

在实际操作中，再担保业务包含合作担保机构资格申请与认定、再担保合同签订、再担保业务合作、代偿与追偿四个基本流程。合作担保机构的认定与管理工作遵循"自主申请、政府推荐、分类管理、区别对待"的原则。再担保合同签订需要在综合评估情况和资格认定结果的前提下，经双方友好协商，确定再担保合作方式、风险分摊比例、再担保费率、代偿与追偿方式等主要合作条款。再担保业务合作是指承办担保机构将承揽的担保业务按照再担保合同约定的程序和方式逐笔申报，经再担保公司审核同意后承担再担保责任，主办担保机构每月将上月新增的所有符合再担保合同约定条件的担保项目自动纳入再担保。代偿与追偿是指对出现代偿风险的再担保项目，担保公司应先全额代偿。经再担保公司现场调查和审核，确认属于再担保保证责任范围的，将向担保公司支付首期代偿资金，首期代偿金额以担保公司缴纳的再担保费余额为限；代偿项目处置结束并确认最终损失后，确定再担保公司应承担的代偿金额；再担保代偿后，双方共同对债务人进行追偿，分配追偿所得。

5.5.2　江苏再担保融资体系的创新做法

随着中国经济的成长，2005—2008 年，融资担保行业得以快速发展。彼时融资担保经营许可证获取难度极大，据统计，鼎盛时期，江苏省有上千户法人担保机构。初期，投资者把融资担保视为隔离银行系统风险的一种手段，因而在担保机构发展过程中，尤其是正值经济上升阶段，担保机构收取的保费不断升高。这既维持了融资担保行业可持续发展，又保证了较高的资本收益，同时实体企业又能消化较高的综合融资成本，融资担保几乎成了稳赚不赔的代名词。因此这一时期行业乱象丛生，也隐含了较大的行业风险。2008年受美国次贷危机的影响，我国中小企业也受到巨大冲击，出现倒闭破产潮，融资担保行业以实体经济为基础，恶劣的金融环境导致整个担保行业难以独善其身，当风险代偿金额超过股东权益，企业的存续就面临考验。经过这轮洗牌，江苏省的融资担保法人机构只剩不到300家，绝大部分由民营资本出资创立的融资担保机构因无法补充已损失的资本金而破产、倒闭，全国的情形也基本相似。为帮助中小企业走出困境，切实解决企业融资难、融资贵这一难题，2018年各省陆续成立了省级融资担保或再担保公司，或对原有类似融资担保功能的省级机构进行改造，意在规范、引领辖区内担保体系，利用自身信用为信用不足的中小企业提供保证，引导金融活水流向金融服务的薄弱环节和弱小主体，为中小企业借贷分担代偿风险，发挥担保业在维护地方金融生态稳定中的作用，保障中小企业健康稳定发展。

1.政策性融资担保体系的建设与创新

政策性担保机构是指由政府出资，不以营利为目的，具有特定的服务对象，为实现政策性目标而设立的担保机构，也称政府性融资担保机构。其本质是通过自身信用，把金融资源引到原本难以投向的小微企业，并承担由此带来的风险，体现的是政府职能和政策导向，具有鲜明的准公共产品属性，为科技型中小企业获得公平的公共金融服务提供保障。

2018年，财政部出资并联合金融机构发起设立了国家融资担保基金（以下简称"国担基金"），运行模式为"政策性导向、市场化运作、专业化管理"，以再担保风险、股权投资等方式积极推进和支持政府性融资担保体系建设。江苏省是小微企业大省，科技型中小微企业数量更是全国前列，服务好全省科技型中小微企业意义重大。

2019年，江苏省政府下发《省政府办公厅关于充分发挥融资担保体系作用 大力支持小微企业和"三农"发展若干措施的通知》（苏政办发〔2019〕77号），提出要构建以省级政府性再担保机构为龙头、各市县政府性融资担保机构全覆盖、社会资本积极参与的融资担保体系；强化政府性融资担保、再担保机构准公共定位，着力缓解小微企业融资难、融资贵的状况。"前有补贴、后有补偿"双重扶持政策主要包括三个方面：一是对政府性融资担保机构设立出台激励政策；二是对小微企业和"三农"等担保业务给予担保费补贴；三是设立江苏省融资担保代偿补偿资金池。

目前，江苏省已初步建成"政府引导、财政补贴、支小支农"的政府性融资担保体系。一方面，政府性融资担保机构建设得以强化。截至2022年12月，江苏省内共有政府性融资担保机构79家，覆盖各市县，见表5-2。

另一方面，政府性融资担保机构与国担基金合作成效显著。近2年，6家政府性融资担保机构获得国担基金股权投资2.6亿元，江苏省是全国率先完成投资流程且获得投资金额最高的省份。

2022年6月，江苏省政府下发《省政府办公厅关于充分发挥融资担保体系作用 更大力度支持小微企业和"三农"发展的通知》（苏政办发〔2022〕41号），提出加大财政支持力度，优化融资担保降费奖补政策，完善风险分担补偿机制；在促进担保业务创新、深化银担合作机制、推动科技赋能方面突出正向引导激励，用好省普惠金融发展风险补偿基金政策，推广"小微贷"等新型政银担合作专项贷款产品，加强融资担保行业数据挖掘，探索建立融资担保机构风险防控模型，提升行业整体风控能力；继续做强政府性融资担保体系，严格监督管理，充分发挥省级再担保机构的纽带作用和示范效应，形成"国家融资担保基金—省级再担保机构—市县融资担保机构"三级融资担保体系。

表5-2　　　　　　　江苏省政府性融资担保（再担保）机构名单

序号	地区	机构名称	序号	地区	机构名称
1	省属	江苏省融资再担保有限责任公司	42	涟水县	涟水县财富融资担保有限公司
2		江苏省农业融资担保有限责任公司	43	盱眙县	盱眙金普融资担保有限公司
3	南京市	南京紫金融资担保有限责任公司	44	金湖县	金湖县金信融资担保有限公司
4		南京润业融资担保有限公司	45	盐城市	盐城市中小企业融资担保有限公司
5		南京市江宁区创业融资担保有限责任公司	46		盐城市盐都区融资担保有限公司
6		南京江北新区绿色融资担保有限公司	47		江苏金茂融资担保有限公司
7		南京市高淳区中小企业融资担保有限公司	48		盐城市亭湖区融资担保有限公司
8		江苏信保南京信用融资担保有限公司	49		盐城经济技术开发区中小企业融资担保有限公司
9	无锡市	无锡市财鑫融资担保有限公司	50	响水县	响水县财源融资担保有限公司
10	江阴市	江阴新国联融资担保有限公司	51	滨海县	江苏立信中小企业融资担保有限公司
11	宜兴市	宜兴市金穗融资担保有限公司	52	阜宁县	阜宁县财政信用融资担保有限公司
12	徐州市	徐州市融资担保有限公司	53	射阳县	射阳县金诚融资担保有限公司
13	丰县	徐州开瑞融资担保有限公司	54	建湖县	江苏建湖权信融资担保有限公司
14	沛县	江苏绿州沛县诚和融资担保有限公司	55	东台市	东台市信用融资担保有限责任公司
15		江苏徐州信用融资担保有限公司	56	扬州市	江苏扬州信用融资担保有限公司
16	睢宁县	睢宁县兴企融资担保有限公司			
17	新沂市	新沂市盛新融资担保有限公司	57		扬州龙川融资担保有限公司
18	邳州市	邳州市润财融资担保有限公司	58	宝应县	扬州宝诚融资担保有限公司
19	常州市	常州市武进高新技术融资担保有限公司	59	仪征市	仪征市扬子江融资担保有限公司
20		江苏常州高新信用融资担保有限公司	60	高邮市	高邮市东方邮都融资担保有限公司
21		江苏金坛融资担保有限公司	61	镇江市	江苏镇江信用融资担保有限公司
22	溧阳市	溧阳市中小企业融资担保有限公司	62	丹阳市	丹阳市同创融资担保有限公司
23	苏州市	苏州市中小微企业融资担保有限公司	63	扬中市	扬中市融资担保有限公司
24	常熟市	常熟市经发中小企业融资担保有限公司	64	句容市	句容市中小企业融资担保有限公司
25	张家港市	张家港市农业融资担保有限公司	65	泰州市	泰州市国信融资担保有限公司
26	昆山市	昆山市农业融资担保有限公司	66		泰州市小微企业融资担保有限公司
27	太仓市	太仓市普惠融资担保有限公司	67		泰州市海诚融资担保有限公司
28	南通市	南通市科创融资担保有限公司	68		泰州医药城鸿泰融资担保有限公司
29		海门市金信融资担保有限公司	69		泰州市鑫通融资担保有限公司
30		南通能达融资担保有限公司	70		泰州鑫港融资担保有限公司
31	如东县	如东升泰科技融资担保有限公司	71	兴化市	江苏兴源融资担保有限责任公司
32	启东市	启东国投融资担保有限公司	72	靖江市	靖江市金桥融资担保有限公司
33	如皋市	江苏再保南通信用融资担保有限公司	73	泰兴市	江苏智光融资担保有限公司
34	海安市	海安开发区中小企业融资担保有限公司	74		泰兴市润泰融资担保有限公司
35	连云港市	连云港市格斯达融资担保有限公司	75	宿迁市	宿迁市同创信用融资担保有限公司
36	东海县	连云港市晶都融资担保有限公司	76		江苏邦丰融资担保有限公司
37	灌云县	灌云县泰和融资担保有限公司	77	沭阳县	沭阳县中小企业融资担保有限公司
38	灌南县	连云港灌河融资担保有限公司	78	泗阳县	泗阳县中小企业融资担保有限公司
39	淮安市	淮安市银信融资担保有限公司	79	泗洪县	泗洪县苏盛融资担保有限公司
40		淮安开发融资担保有限公司			
41		淮安市清江浦银泰融资担保有限公司			

资料来源：江苏省财政厅、江苏省地方金融监督管理局。

与主流金融机构相比，政府性融资担保再担保的风险容忍度大，信用放大倍数高，能使政府扶持政策的效益更大。一是把政府扶持政策变为金融市场手段。传统政府扶持科技型企业的方式通常是给予一定资金补贴，通过实施政府性融资担保再担保，可以为企业量身定制金融服务，把企业无偿获得的少量补贴变为通过金融市场来满足其资金需要。二是实现政府资金百倍以上的杠杆效应。一方面，融资担保的资本金（净资产）可以放大10~15倍；另一方面，这种放大是可持续的，通过几年的积累可放大数十倍，甚至更多。在江苏省已经建立的"国家融资担保基金—省信用再担保集团—省财政风险分担资金池"多级政府性融资担保分险体系中，国家融资担保基金为小微企业分担20%的风险，省财政风险分担资金池分担18%的风险，省信用再担保集团分担12%的风险。按3%的行业平均风险容忍度和国家融资担保基金600亿元的授信额度计算，能够以3.24亿元的政府资金撬动600亿元的小微企业信贷供给，实现185倍的杠杆效应。按每户500万元贷款计算，可惠及全省12 000家小微企业。三是集中资源向优质市场主体倾斜。政府补贴通常需要按统一的标准平等对待各申请对象，由行政机关对申请对象进行评价筛选不一定符合市场化导向，而通过政府性融资担保再担保则可以对科技企业进行市场化识别、选择，从而实现精准择优扶优。

2. 江苏再担保公司运作模式的创新与实践

随着再担保公司运作规模的增长，其本身的风险分散是一个亟待解决的问题，从市场潜在增长的需求来说，再担保机构必然面临转移和分散风险的现实问题。在这个问题上，江苏省信用再担保集团有限公司（以下简称"江苏信保集团"）自2009年12月21日成立以来，通过不断摸索、尝试和创新，形成了"资本结构多元化、经营机制市场化、合作模式多样化、服务方式一体化"的再担保"江苏模式"。目前，江苏省已在全国范围内创下七个第一：第一个吸收民营资本入股，成立之初，注册资金30亿元，其中16亿元为省财政资金，14亿元为社会资本；第一个在市、县级成立再担保分支机构，并遍布全省；第一个累计再担保金额突破千亿元；第一个发行成功区域集优融资计划；第一个建立全省联网的再担保信息系统；再担保实收资本全国第一；合作担保机构数量全国第一。

江苏信保集团是省委、省政府为促进中小企业健康发展而组建的大型国有控股企业，坚持服务中小微企业、"三农"、科技创新的宗旨，按照"政策性导向、市场化运作、公司化管理"的原则，开展为省内担保机构提供再担保、为中小微企业融资拓宽渠道以及金融领域的各类相关业务；承载了国家融资担保基金公司比例再担保业务在江苏省的对接和推广、引领和规范的任务使命，自成立以来，着力推动党中央、国务院重大决策部署在江苏落地落实。江苏信保集团与全省34个县区建立了股权合作关系，在全省13个地级市均设立分支机构，拥有19家全资、控股子公司和7家参股公司，与150余家担保机构结成再担保体系合作生态圈，形成了覆盖全省的信用再担保网络体系。

江苏信保集团各类主要经营业绩均位居全国同行前列，有力地发挥了省级再担保平台的稳定器、放大器作用，在践行国企初心使命中彰显江苏信保品牌力量。

为了帮助没有抵押物难以取得贷款的科技型中小微企业破解融资难题，江苏信保集团旗下江苏信保南京信用融资担保有限公司（以下简称"南京担保"）首创"兜底贷"。"兜底贷"，即南京担保与政府、合作银行为企业融资风险兜底。"兜底贷"主要面向轻资产、科技型小微企业，在建立企业白名单的基础上，由南京担保提供担保再担保服务，银行实行"见保即贷"，快速解决企业资金需求。"兜底贷"单笔最高100万元，贷款时间不超过2年。当白名单内的企业有资金需求时，由南京担保、合作银行联合会商，并及时开展园区保授信业务。针对经营相对稳定、盈利能力相对较强、资金需求在1000万元以上的规模型企业，由地方金融监管局协调江苏信保集团提供增值服务，帮助企业获得银行、基金、债券等各类金融服务，减少融资中的信息不对称和交易成本。

对于没有有形资产抵押的企业，知识产权等无形资产也通过创新模式可以转变为现金流。江苏信保集团创新推出"知识贷"。企业将知识产权质押给江苏信保科技小额贷款股份有限公司，由南京担保提供再担保，政府风险资金池管理企业提供反担保，从而获得融资。

江苏信保集团旗下全资子公司——江苏省融资再担保有限责任公司，通过探索创新再担保业务合作模式，发挥再担保增信、分险、规范、引领的政策性功能，利用江苏信保集团的信用优势和资本实力，推动全省体系担保机构合规经营、稳健发展，更好地服务园区内的中小微企业和实体经济。江苏信保集团的再担保模式图5-20所示。

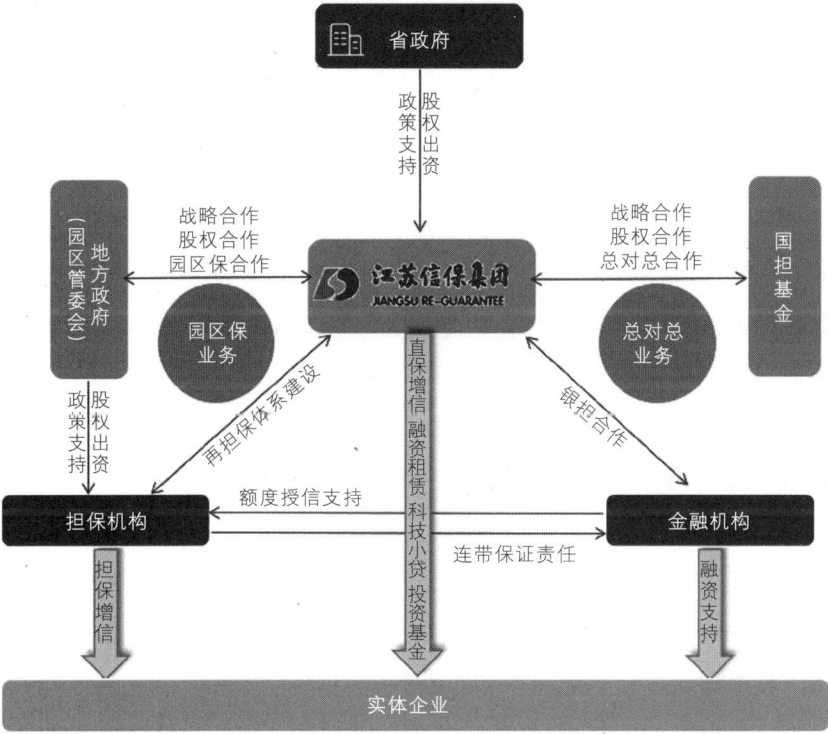

图5-20 江苏信保集团的再担保模式

创新性提出三种再担保模式：

（1）比例再担保模式

江苏信保集团为合作担保机构开展的"园区保"担保业务分担一定比例风险责任的特殊担保业务，即合作担保机构向园区内企业承担担保责任的同时，将已承担的担保责任按照一定的比例向省再担保集团申请再次担保，如果发生代偿，则由江苏信保集团按照约定方式和比例予以代偿、补偿，进而为合作担保机构分担风险，保障其资产流动性和代偿能力的业务。

（2）风险补偿模式

合作担保机构依照合同约定逐月报备承做的"园区保"项目，并缴纳相应再担保费用。备案项目出现风险后，由合作担保机构先行代偿并追偿。在双方约定期间内，合作机构将出险项目汇集，依据出险证明材料向江苏信保集团申请补偿。

（3）风险分担模式

再担保"风险分担"合作模式是指在省财政再担保风险补偿资金的支持下，对于符合国家产业政策和行业重点支持方向的园区内小微企业，由合作银行发放贷款，政策性担保机构提供担保，江苏信保集团提供再担保。对项目出现的实质性风险，由江苏信保集团（含省级财政再担保风险补偿资金）、地方政府、合作银行以及政策性担保机构进行四方风险分担。

5.5.3 江苏再担保融资体系的现存问题

1.放大倍数和展业积极性不高

再担保经营的是风险，政府性融资担保再担保扮演的更是以"赔付"引导金融活水流向弱小市场主体的角色，在缺乏配套措施的情况下，难以实现盈亏平衡，主动拓展业务的积极性不高。目前，行业平均放大倍数仅有2倍多，远低于政策允许的10~15倍，严重影响了扶持科技型中小微企业的覆盖面。

2.银担合作渠道不够畅通

在银担合作过程中，存在行业监管体系不够完善等现象，很多时候融资再担保机构处于弱势地位，这也是制约政府性融资再担保机构良性发展的瓶颈性问题。目前，普惠型小微企业贷款中银担合作业务增速小、占比低，银担合作的深度和广度严重不足。在准入方面，银行将融资担保机构资本实力作为主要参照，部分资本实力弱的县级政府性融资担保机构准入难、授信低。在分担风险方面，银行出于风险管控、责任追究等考虑，主动分担风险意愿严重不足，导致风险分担机制难以落地。

3.再担保能力不强，供需对接存在错位

当前很多地方的融资再担保公司的注册资本普遍较低，再担保的能力受到了一定的影响，很多银行金融机构不愿意和资本注册少、担保能力低的公司合作。很多企业尤其是科技型企业对贷款有很大的需求，但是因自身原因无法通过正规的手段从银行贷款，于是它们就会寻找融资担保再担保机构，而政府性的融资再担保公司是它们的首选。但是部分政府性融资再担保公司的整体担保能力与企业实际的融资需求不匹配，这样企业就不能从银行中贷款，而政府性融资公司也无法有效地进行担保，使得政府性融资再担保公司未能在经济发展尤其是促进中小企业发展中发挥有效作用，这是当前面临的比较现实的问题，阻碍了政府性融资再担保公司可持续经营能力的建设，也阻碍了政府性融资再担保公司的快速稳健发展。

第6章

科创金融在江苏资本市场中的发展

习近平总书记强调："我国经济社会发展和民生改善比过去任何时候都更加需要科学技术解决方案，都更加需要增强创新这个第一动力。"科技型企业是科技创新驱动的载体，资本市场具有投融资对接、价值发现、资源配置等功能，在解决科技型中小微企业由于投入大、周期长、风险高所带来的融资难问题方面具有积极作用。科技型企业受自身特点的影响，较难获得银行等金融机构的资金支持，资本市场能够促进科技与资本的融合，充分发挥其在资源配置中的核心作用；通过多层次资本市场的构建，可以为处在不同生命周期阶段的科技型企业提供资本赋能，助力科技创新的高质量发展，推进国家创新型战略的实现。

目前，我国已建立起主板市场、中小板市场、创业板市场、科创板市场、新三板市场、四板市场等多层次的资本市场结构。相对于主板市场和中小企业板市场主要服务于成熟的大企业、中小企业，创业板和科创板则主要服务于科技创新企业。创业板市场主要为暂时无法在主板市场上市的企业、中小企业和高科技企业解决融资难题，上市门槛低于主板。在科创板市场上市的企业主要为符合国家战略、突破关键核心技术、市场认可度高的科技创新企业服务，是独立于主板市场的新设板块。新三板市场，也就是全国中小企业股份转让市场，主要为创新型、创业型、成长型的中小微企业提供融资服务。四板市场（区域性股权交易市场）是主要服务于所在省级行政区域内中小微企业的私募股权市场。从不同层次资本市场的服务对象来看，针对科技创新企业的融资难、融资贵问题，资本市场已经构建出了较为完善的市场体系。

借助于多层次资本市场，江苏省企业融资渠道不断拓宽，发展质量不断提升。截至2022年2月，江苏省在多层次资本市场的上市公司情况见表6-1。

表6-1 多层次资本市场的上市公司情况

市场类型		服务对象	挂牌数量（家）	总市值（亿元）
场内市场	主板	大型成熟企业	338	46 758.24
	创业板	成长创业企业	175	12 562.05
	科创板	科技创新企业	96	12 126.22
	北交所	创新中小企业	30	286.97
场外市场	新三板	中小企业股权转让	827	—
	区域性股权交易市场	中小微企业股权交易	3 608	—

数据来源：Wind。

截至2023年2月7日，江苏省企业在主板市场挂牌上市的有338家，总市值46 758.24亿元，其中"专精特新"企业48家，总市值5 362.03亿元；在创业板市场挂牌上市的有175家公司，总市值12 562.05亿元，其中"专精特新"企业50家，总市值4 233.5亿元；在科创板市场挂牌上市的有96家公司，总市值12 126.22亿元，其中"专精特新"企业48家，总市值4 220.28亿元；在北交所市场挂牌上市的有30家公司，从总市值286.97亿元。从总体来看，江苏省在场内市场上市的公司有639家，总市值71 733.48亿元。

除了场内市场，江苏省不符合场内市场上市的中小企业还可以借助场外市场，如新三板市场和区域性股权交易市场（四板市场）进行融资。在新三板挂牌的公司有827家，有246家未披露市值数据，占比29.75%，考虑到数据的可靠性，对新三板挂牌企业不宜统计市值数据，但是从公布市值的企业来看，新三板挂牌企业的市值普遍较低。通过区域性股权交易市场挂牌的公司有111 083家，其中通过江苏股权交易中心挂牌的公司有15 031家。

多层次资本市场的挂牌情况和市值数据表明，多层次资本市场在企业发展中发挥着重要作用，理应充分挖掘资本市场的资源配置功能。

6.1 资本市场服务江苏科技型企业发展现状

通过对江苏省挂牌上市企业在多层次资本市场的分布情况和市值表现，集合各层次资本市场的服务范围和上市要求等情况，发现资本市场在支持科技型企业发展中取得了一定的成绩。

从场内市场来看，在639家上市公司中"专精特新"企业有154家（见表6-2），每年新增的"专精特新"企业上市数量呈现逐年上升的趋势，表明资本市场服务"专精特新"企业的力度逐年增强。

表6-2　　　　　　　江苏省"专精特新"企业上市情况

年份	企业数量（家）	总市值（亿元）
1995年	1	57.98
1996年	1	698.97
1997年	3	205.61
1998年	1	178.40
1999年	1	17.83
2000年	1	217.01
2001年	1	63.58
2002年	1	518.43
2003年	1	354.22
2007年	2	180.09
2009年	1	44.03
2010年	4	213.21
2011年	8	621.89
2012年	6	442.05
2014年	6	719.97
2015年	7	1 342.88
2016年	7	312.79
2017年	14	789.25
2018年	4	682.82
2019年	11	1 062.47
2020年	25	1 885.36
2021年	24	1 505.36
2022年	24	1 800.33
总计	154	13 914.53

数据来源：Wind。

6.1.1 科创板融资情况

自 2019 年 7 月 22 日开市至今，科创板作为注册制改革"试验田"，硬科技特色鲜明，为我国科技产业发展注入新动能。因此，在某种程度上而言，科创板融资情况是最能反映某一区域科创金融发展是否活跃的重要指标。

科创板是科技型企业上市融资的主要渠道，主要服务于新一代信息技术、生物医药、高端装备、新材料、节能环保、新能源等产业领域。科创板服务江苏省科技型企业的情况见表 6-3。

表 6-3　　　　科创板服务江苏省科技型企业的情况

年份	上市公司数量（家）	总市值（亿元）
2019 年	12	1 234.26
2020 年	30	5 233.43
2021 年	29	2 459.66
2022 年	25	3 198.87
总计	96	12 126.22

数据来源：Wind。

从表 6-3 中可以看出，科创板对科技型企业的服务力度较为稳定。从包括一个完整年度的 2021 年和 2022 年的情况来看，江苏省每年均有 27 家科技型企业通过科创板实现上市融资，而且上市之后企业市值表现也有所提升。相对于上市不到一年的 2022 年科技型企业，2021 年科创板的上市企业市值明显表现更好。

截至 2023 年 2 月 7 日，504 家公司在科创板实现上市，募集资金总额已超 7 624.53 亿元。从地域分布来看，江苏省以 96 家科创板上市公司位居全国第一，超过上海市（79 家）、广东省（77 家）。部分省（自治区、直辖市）科创板上市公司分布情况如图 6-1 所示。

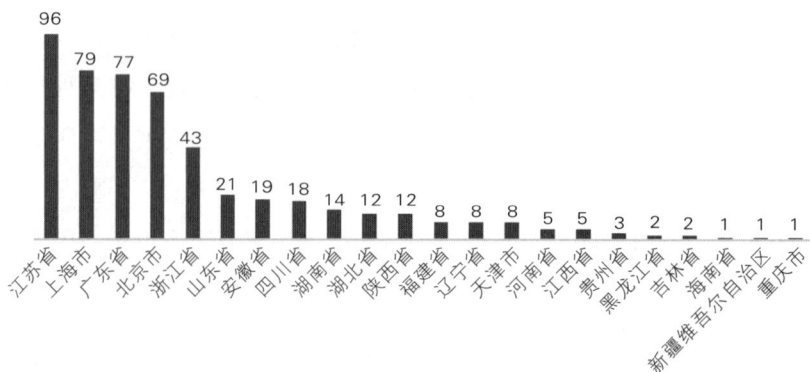

图6-1　部分省（自治区、直辖市）科创板上市公司分布情况（单位：家）

数据来源：Wind。

从融资金额来看，江苏省科创板上市公司融资达 1 164 亿元，位居全国第三。这一成绩也表现出江苏省的影响力和吸引力正持续提升。部分省（自治区、直辖市）科创板上市公司融资总额情况如图6-2所示。

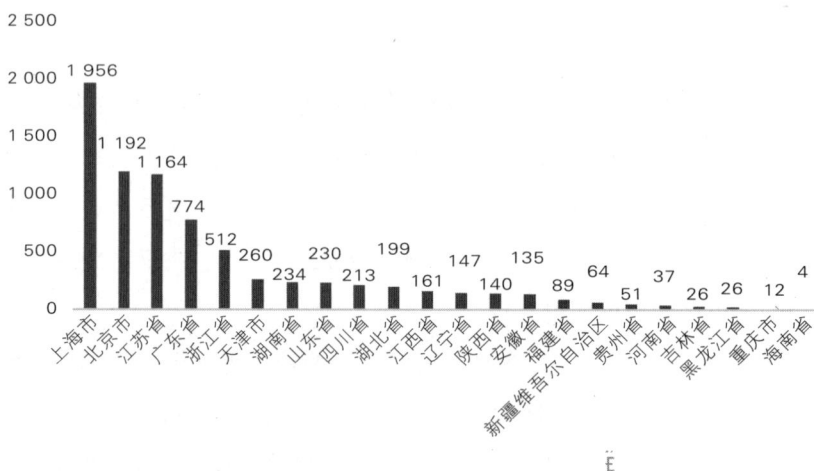

图6-2　部分省（自治区、直辖市）科创板上市公司融资总额情况（单位：亿元）

数据来源：Wind。

从江苏省地级市的上市公司分布情况来看，截至2023年2月27日，苏州市以48家科创板上市公司高居榜首，占比超过一半；无锡市以14家科创板上市公司，位居第二；南京市以12家科创板上市公司，位居第三；常州市、南通市、泰州市分别有5家科创板上市公司；连云港市、镇江市各有3家科创板上市公司；扬州市有1家科创板上市公司。江苏省地级市科创板上市公司分布情况如图6-3所示。

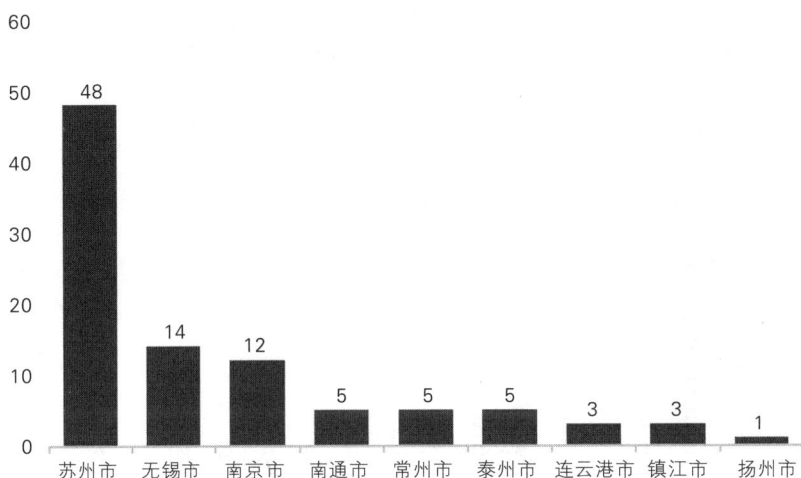

图6-3 江苏省地级市科创板上市公司分布情况（单位：家）

数据来源：Wind。

从融资金额来看，苏州市融资金额高达544亿元，占比也超过一半，无锡市、南京市分别以207亿元、160亿元融资金额位列第二、第三。江苏省地级市科创板上市公司融资金融情况如图6-4所示。

从行业分布情况来看，江苏省科创板上市公司主要集中于四大行业，分别为计算机通信行业，专用设备制造业，软件和信息技术服务业、医药制造业，均为国家重点支持行业。江苏省科创板上市公司行业分布情况如图6-5所示。

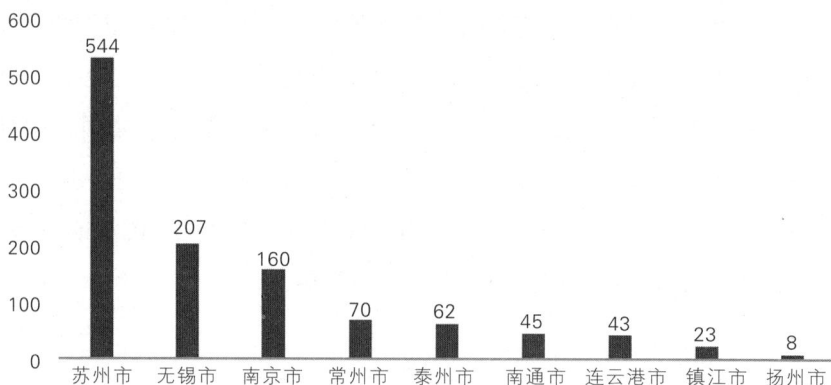

图6-4　江苏省地级市科创板上市公司融资金额情况（单位：亿元）

数据来源：Wind。

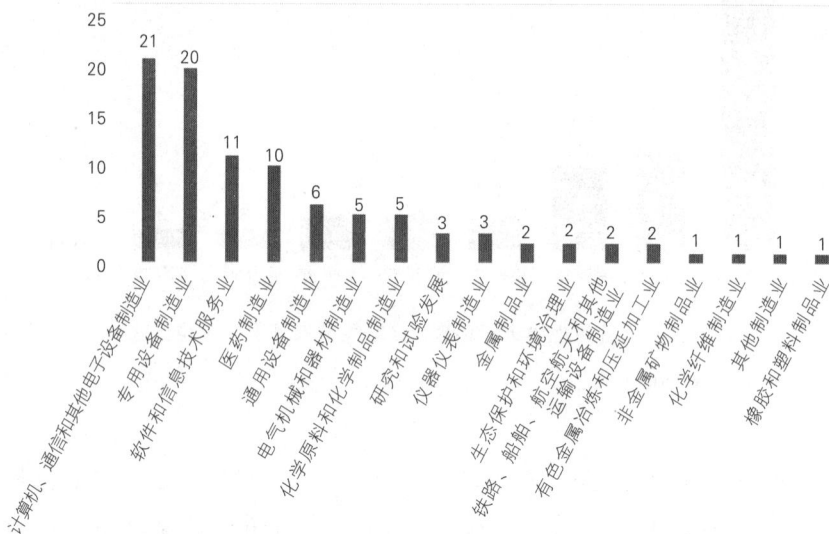

图6-5　江苏省科创板上市公司行业分布情况（单位：家）

数据来源：Wind。

6.1.2　创业板融资情况

　　除科创板之外，创业板也是科技型企业上市融资的主阵地。2020年8月，创业板步入注册制时代，发展至今成效显著，对于服务成长型创新创业企业，支持传统产业与新技术、新产业、新业态、新模式深度融合，提高资本市场服务实体经济能力等具有重要意义。截至2023年2月7日，创业板上市公司累计达1 233家，总市值12.49万亿元，仅次于美国纳斯达克市场，位居全球主要创业板市场第二位。

自创业板实施注册制以来，新增上市公司414家，募资总金额高达3 943亿元。其中，江苏省新增创业板注册制上市公司68家。创业板注册制实施以来部分省（自治区、直辖市）上市公司分布情况如图6-6所示。

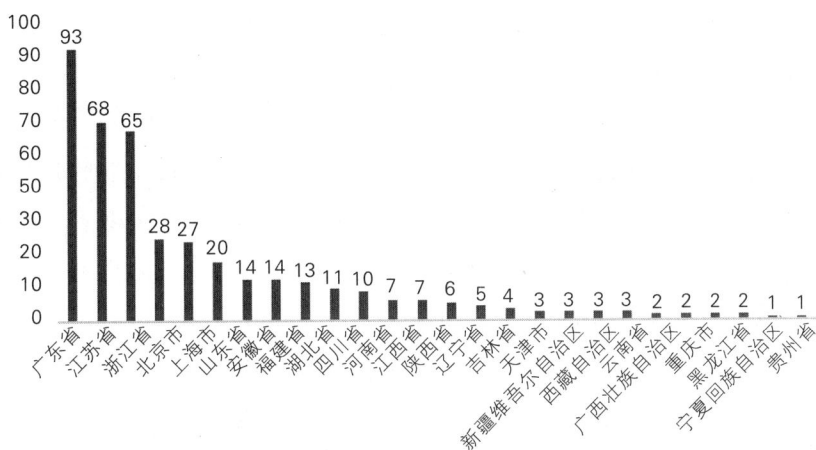

图6-6　创业板注册制实施以来部分省（自治区、直辖市）上市公司分布情况（单位：家）

数据来源：Wind。

从融资规模来看，江苏省创业板上市公司的融资金额为554亿元，仅次于广东省，位居第二。创业板注册制实施以来部分省（自治区、直辖市）上市公司融资金额情况如图6-7所示。

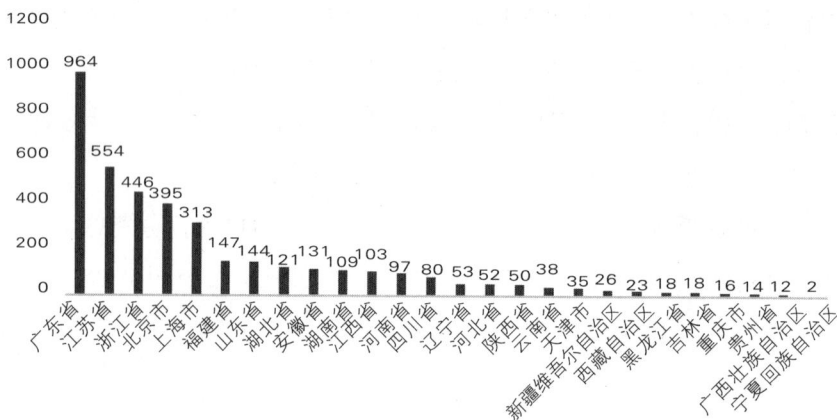

图6-7 创业板注册制实施以来部分省（自治区、直辖市）上市公司融资金额情况（单位：亿元）
数据来源：Wind。

从江苏省地级市的上市公司分布情况来看，自创业板注册制实施以来至2023年2月7日，苏州市以20家创业板上市公司，高居榜首；南京市以12家创业板上市公司，位居第二；常州市以10家创业板上市公司，位居第三；无锡市以9家创业板上市公司，位居第四。江苏省地级市创业板上市公司分布情况如图6-8所示。

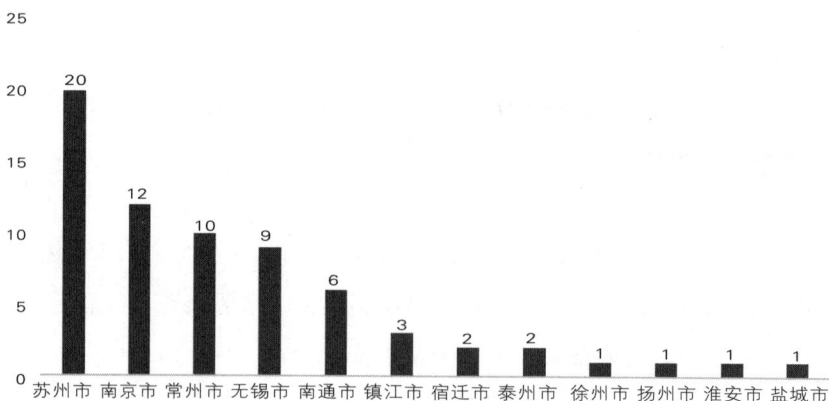

图6-8 江苏省地级市创业板上市公司分布情况（单位：家）

从融资金额来看，苏州市创业板上市公司融资金额达 172 亿元；常州市、南京市、无锡市、南通市创业板上市公司分别以 97 亿元、81 亿元、68 亿元、65 亿元融资金额，位列第二至第五。相比科创板，创业板上市公司无论是数量分布还是融资金额，都更加平均化。江苏省地级市创业板上市公司融资金额情况如图6-9所示。

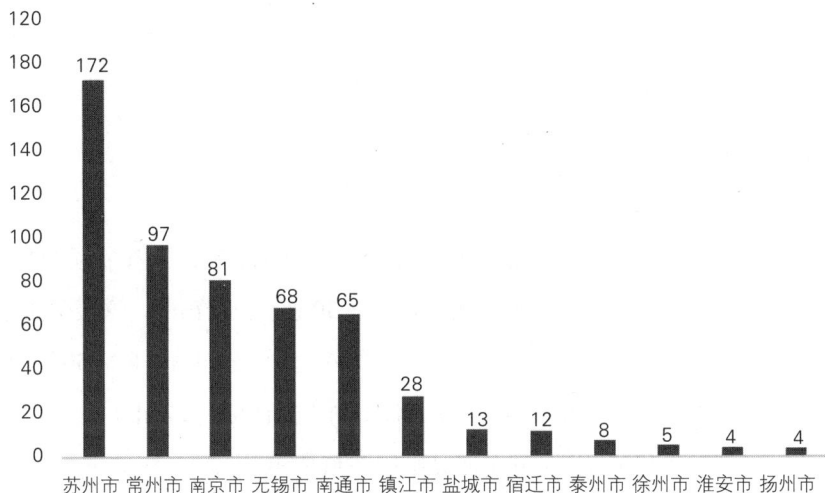

图 6-9　江苏省地级市创业板上市公司融资金额情况（单位：亿元）

从行业分布情况来看，江苏省创业板上市公司主要集中于制造业，也符合国家进一步支持高端制造业发展的政策方向。江苏省创业板上市公司行业分布情况如图6-10所示。

6.1.3　北交所融资情况

相对来说，科创板与创业板是服务一定体量的科技型企业，基本上净利润在 5 000 万元及以上。对净利润在 2 000 万元至 3 000 万元的科技型企业而言，北京证券交易所（以下简称北交所）是一个更好的上市融资场所。2021 年 9 月 2 日，北交所宣布设立，成为服务创新型中小企业的主阵地。

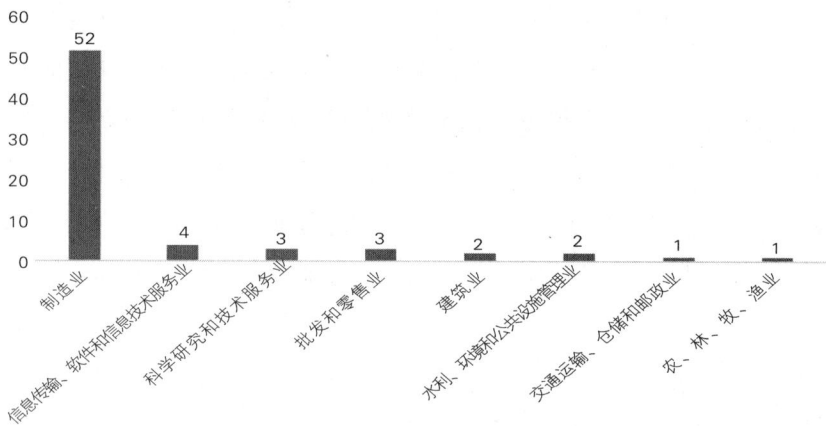

图6-10 江苏省创业板上市公司行业分布情况（单位：家）

数据来源：Wind。

截至2023年2月7日，北交所上市公司共计168家，融资金额341亿元。其中，江苏省在北交所的上市公司共有30家，位居第一，这表明江苏省具有较好的企业梯队基础，各类型企业众多；上市公司融资金额50亿元，位居第二，仅次于广东省（54亿元）。部分省（自治区、直辖市）在北交所的上市公司数量及融资金融分布情况如图6-11所示。

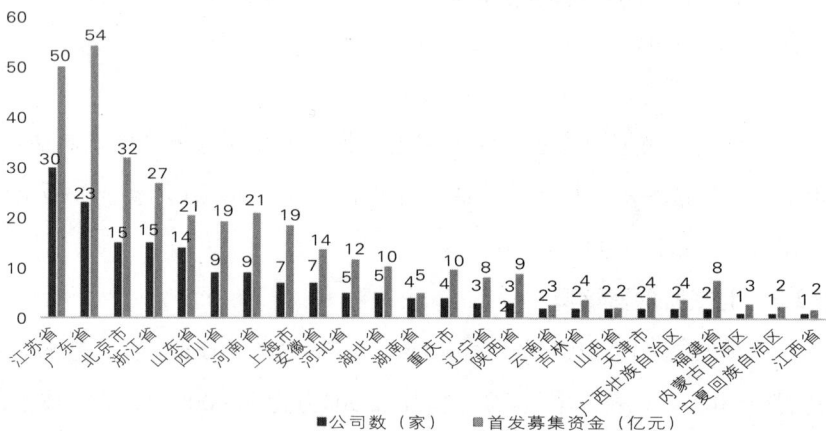

数据来源：Wind。

图6-11 部分省（自治区、直辖市）在北交所的上市公司数量及融资金额分布情况

从江苏省地级市的上市公司分布情况来看，截至2023年2月7日，苏州市有8家在北交所上市的公司，位居第一；南京市、南通市、常州市和无锡市分别有4家在北交所上市的公司，位居第二。从融资金额来看，苏州市融资金额为10.45亿元，位列第一；南京市、南通市、常州市和无锡市分别以7.68亿元、5.32亿元、6.77亿元和9.02亿元融资金额，位列第二。江苏省地级市在北交所的上市公司数量及融资金额分布情况如图6-12所示。

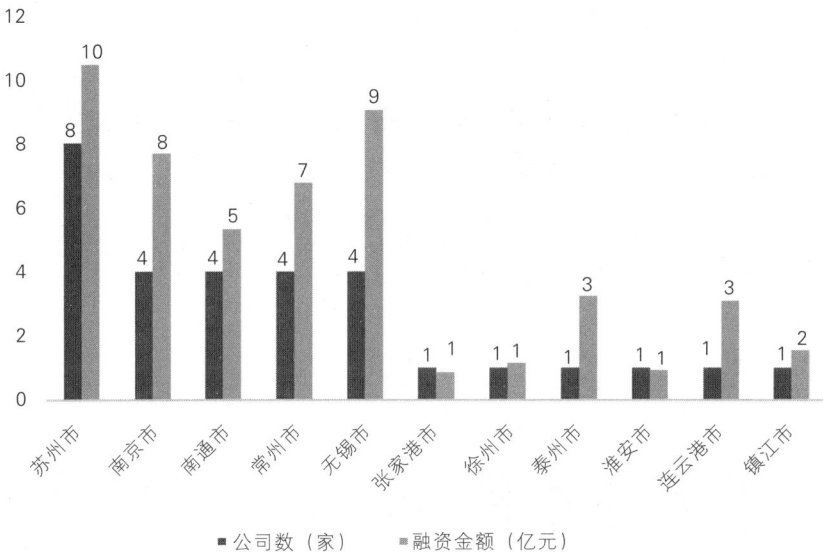

图6-12　江苏省地级市在北交所的上市公司数量及融资金额分布情况

数据来源：Wind

从行业分布情况来看，江苏省在北交所的上市公司基本集中于制造业，充分说明江苏制造业的发展优势。

6.1.4　股权交易中心融资情况

除了科创板、创业板和北交所之外，区域性股权交易中心，即四板市场也值得重视。区域性股权市场作为资本市场的"塔基"，拓宽了中小微企业融资渠道，增强了金融服务的普惠性。目前，我国共有35家区域性股权市场运营机构，服务范围覆盖32个省级行政区，基本形成了"一省一市场"的格局。

江苏股权交易中心成立于2013年7月，发展至今，已累计挂牌企业15 031家。其中，成长板企业14 855家，价值板企业176家。这些企业的营业收入均值在2.2亿元左右，净利润均值在1 300万元左右，规模较北交所虽略有缩小，但科技型中小企业与资本市场的对接更加畅通。

从江苏省地级市的挂牌企业分布情况来看，截至2023年2月7日，苏州市以2 551家挂牌企业，位居第一；盐城市、常州市、徐州市、南京市、南通市、泰州市、无锡市、扬州市挂牌企业数量均突破1 000家，展现出很好的数量基础和未来潜力。江苏省地级市股权交易中心挂牌企业分布情况如图6-13所示。

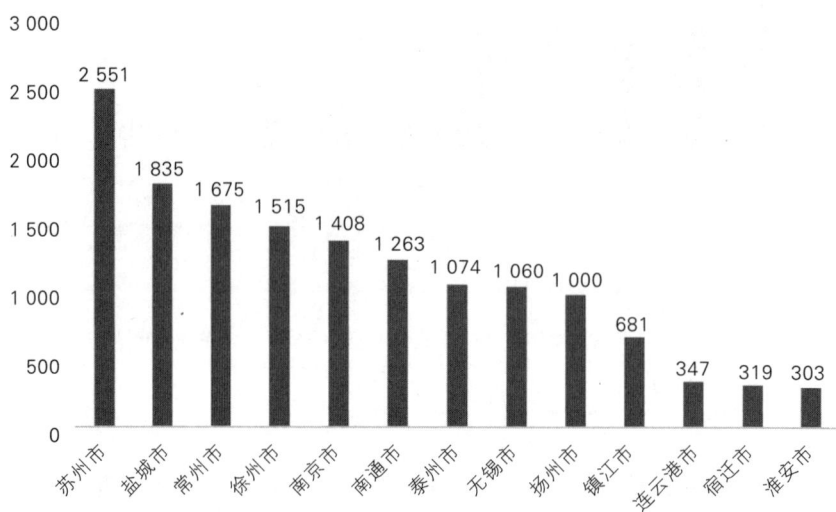

图6-13 江苏省地级市股权交易中心挂牌企业分布情况（单位：家）

数据来源：江苏股权交易中心，Wind。

6.1.5 VC/PE投融资情况

除公开上市或股权交易中心挂牌交易之外，VC/PE已经成为中国支持科技创新的中坚力量，当前科创板中超80%的上市公司背后有VC/PE的支持。因此，区域内VC/PE的活跃度可以很好地反映出当地科技型企业及科创金融的发展情况。

根据清科研究中心的数据，2022年中国股权投资市场共发生10 650笔投资；投资总金额接近万亿元，达到9 076.79亿元，在后疫情时代，依旧保持着较高的活跃度。从投资地域来看，2022年中国股权投资市场的地域集中度较高，北京、上海、深圳、江苏、浙江这五大区域的案例集中度达70.2%。其中，江苏地区2022年的VC/PE投资家数为1 757家，投资金额高达1 099.52亿元，投资家数位居第一，投资金额位居第三。

从投资增速来看，江苏地区增长迅速，这主要受益于当地的产业优势和良好的营商环境。江苏省在转型升级的持续推动下，先进制造业增势强劲，技术创新步伐也不断加快，为当地股权投资的快速发展奠定了坚实基础。2022年中国股权投资市场地区分布情况如图6-14所示。

2022年，江苏地区投资案例数较2021年增长8.5%，展现出良好的成长潜力。2022年中国股权投资市场部分地区同比变化情况见表6-4。

从2022年投资案例数的TOP25城市来看，江苏省上榜城市最多，有5个城市，分别为苏州市、南京市、无锡市、常州市、南通市，说明江苏省成为科创力量发展最为重要的区域；广东省、浙江省紧随其后。表6-5为2022年中国股权投资市场城市投资活跃度排名TOP25榜单。

投资案例数（件）　　投资金额（人民币亿元）

地区	投资案例数（件）	投资金额（人民币亿元）
江苏	1 757	1 099.52
北京	1 646	1 613.33
上海	1 625	1 645.08
深圳	1 331	767.83
浙江	1 126	730.53
广东（除深圳）	721	772.77
四川	338	236.12
山东	313	253.46
安徽	312	322.26
湖北	227	265.21
福建	176	206.08
湖南	160	130.39
陕西	145	132.87
天津	116	63.88
河南	90	80.95
重庆	86	107.93
江西	62	68.36
贵州	56	69.87
辽宁	52	53.79
河北	36	59.07
海南	34	10.45
广西	24	3.62
山西	20	9.73
云南	19	79.89
黑龙江	18	11.48
吉林	17	12.73
宁夏	15	15.90
新疆	14	43.13
内蒙古	9	27.82
甘肃	8	3.51
青海	5	20.90
西藏	1	3.00
其他	84	154.41
未披露	7	0.90

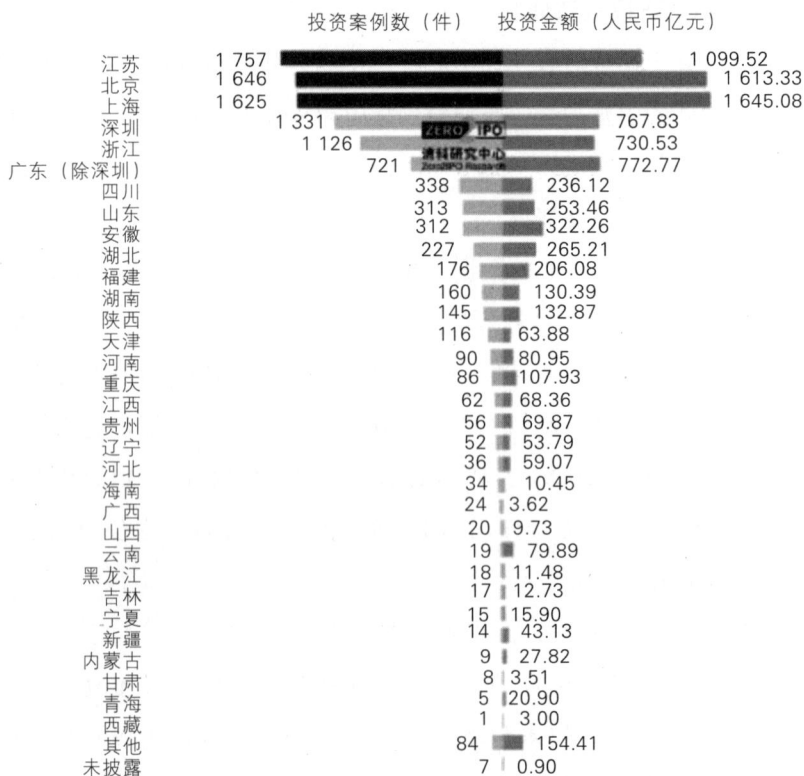

图 6-14　2022 年中国股权投资市场地区分布情况

数据来源：清科研究中心。

表 6-4　　2022 年中国股权投资市场部分地区同比变化情况

地域	数量同比	金额同比
江苏	8.5%	−40.9%
北京	−32.3%	−44.7%
上海	−32.1%	−41.3%
深圳	−18.0%	−46.7%
浙江	−13.3%	−23.1%
广东（除深圳）	−1.1%	−34.9%
四川	16.6%	−21.9%
山东	44.9%	−33.6%
安徽	38.1%	18.4%
湖北	−5.4%	17.1%

数据来源：清科研究中心。

表6-5 2022年中国股权投资市场城市投资活跃度排名TOP25（按投资案例数排序）

序号	城市	2022年投资案例数（件）	2021年投资案例数（件）	案例数同比	2022年投资金额（亿元）	2021年投资金额（亿元）	金额同比
1	北京	1 646	2 433	−32.30%	1 613.33	2 917.20	−44.70%
2	上海	1 625	2 393	−32.10%	1 645.08	2 802.90	−41.30%
3	深圳	1 331	1 625	−18.10%	767.83	1 440.35	−46.70%
4	苏州	829	754	9.90%	465.58	538.3	−13.50%
5	杭州	716	978	−26.80%	400.60	689.34	−41.90%
6	南京	412	403	2.20%	159.05	480.14	−66.90%
7	广州	371	429	−13.50%	490.35	569.44	−13.90%
8	成都	294	262	12.20%	182.36	222.55	−18.10%
9	合肥	228	151	51.00%	233.46	143.14	63.10%
10	无锡	196	158	24.10%	159.67	241.39	−33.90%
11	武汉	170	197	−13.70%	161.95	185.47	−12.70%
12	珠海	139	110	26.40%	92.43	465.46	−80.10%
13	宁波	138	127	8.70%	67.97	89.71	−24.20%
14	西安	130	130	—	128.19	63.37	102.30%
15	厦门	120	134	−10.40%	131.24	82.36	59.40%
16	嘉兴	118	68	73.50%	83.92	84.15	−0.30%
17	青岛	117	78	50.00%	46.43	73.15	−36.50%
18	天津	116	111	4.50%	63.88	122.48	−47.80%
19	常州	112	100	12.00%	86.99	368.14	−76.40%
20	长沙	100	128	−21.90%	64.31	466.48	−86.20%
21	东莞	90	97	−7.20%	52.73	73.53	−28.30%
22	重庆	86	75	14.70%	107.93	118.54	−8.90%
23	济南	72	48	50.00%	57.05	22.29	155.90%
24	南通	67	68	−1.50%	46.07	61.73	−25.40%
25	湖州	48	28	71.40%	40.90	11.52	255.10%

数据来源：清科研究中心。

从行业分布数据来看，各城市股权投资行业主要集中在IT、生物技术/医疗健康、半导体及电子设备、互联网和机械制造。具体而言，各城市结合区域产业优势，因地制宜打造具有核心竞争力的科技创新高地。其中，南京市在IT、生物技术/医疗健康和半导体及电子设备领域较为活跃，苏州市在生物技术/医疗健康、半导体及电子设备和机械制造领域表现优异，这主要得益于南京市、苏州市经济发展量质齐升，创新转型持续深化，综合实力显著增强，产业结构已经实现由"二三一"向"三二一"转变。无锡市在半导体及电子设备领域成长较快，已成为其未来增长的主要动力之一。表6-6为2022年主要城市重点行业投资分布情况。

表6-6 2022年主要城市重点行业投资分布情况（按投资案例数排序）

序号	城市	IT	半导体及电子设备	生物技术/医疗健康	机械制造	互联网
1	江苏	238	540	453	153	46
2	北京	628	207	322	106	124
3	上海	430	333	384	68	74
4	深圳	357	350	212	113	66
5	浙江	281	232	228	84	68
6	广东	137	185	133	66	31
7	四川	58	84	63	23	13
8	山东	61	48	48	37	13
9	安徽	59	92	34	42	6
10	湖北	40	52	38	17	9
11	福建	40	50	14	8	20
12	湖南	20	22	17	15	1
13	陕西	24	45	8	18	3
14	天津	17	27	22	13	5
15	河南	8	11	6	8	5

数据来源：清科研究中心。

从融资情况来看，在大额基金募集方面，9只百亿级别新募集基金分布在8个城市，其中无锡市有2只，分别是中国国有企业结构调整基金二期、国联闻泰5G通信和半导体产业基金。无锡市、苏州市、南京市在生物医药、高端装备、集成电路等领域诞生了大批优秀的企业，打造超千亿规模产业体量。随着产业体量的增加及扶持股权投资业高质量发展政策的出台，将带动更多发展势头好、创新活力十足的企业到江苏地区发展。表6-7为2022年中国股权投资市场新募集基金部分城市对比。

表6-7 2022年中国股权投资市场新募集基金部分城市对比（按募集金额排序）

排序	城市	基金数量（只）	数量同比	基金募集金额（亿元）	金额同比
1	浙江	1 415	−6.50%	2 483.72	−4.60%
2	山东	1 058	13.20%	1 744.58	−8.50%
3	江苏	968	24.30%	3 075.16	−17.80%
4	广东	704	−7.90%	1 735.13	3.90%
5	深圳	479	−16.00%	1 070.04	−0.60%
6	江西	468	9.60%	416.80	1.40%
7	福建	348	1.20%	700.54	−6.20%
8	安徽	232	27.50%	934.07	3.70%
9	海南	180	23.30%	230.32	−42.50%
10	天津	139	−13.10%	992.11	13.00%
11	湖南	135	−11.20%	251.40	−20.40%
12	北京	121	1.70%	1 460.42	82.00%
13	上海	119	−34.60%	878.92	−20.00%
14	湖北	107	15.10%	331.94	−17.50%
15	四川	83	−3.50%	569.35	1.10%
16	河南	70	94.40%	626.43	154.80%
17	陕西	68	−8.10%	163.70	−14.10%
18	广西	65	32.70%	351.69	98.50%
19	重庆	47	27.00%	343.78	24.50%
20	山西	21	23.50%	169.96	74.10%
21	新疆	20	25.00%	63.84	151.10%
22	宁夏	17	183.30%	64.54	174.20%
23	贵州	15	7.10%	178.82	84.10%
24	吉林	15	36.40%	68.92	44.50%
25	云南	14	—	57.71	−72.80%
26	河北	11	−31.30%	90.72	55.90%
27	辽宁	9	−25.00%	6.39	6.40%
28	甘肃	8	60.00%	39.42	50.10%
29	内蒙古	7	−58.80%	21.54	−47.40%
30	黑龙江	4	−33.30%	15.65	86.80%
31	青海	1	−66.70%	2.00	−87.10%
32	西藏	1	−50.00%	20.12	367.80%
33	境外	100	−42.90%	2 377.45	−18.60%
34	其他	12	−29.40%	45.37	−51.40%
35	总计	7 061	1.20%	21 582.55	−2.30%

数据来源：清科研究中心。

6.2 资本市场服务科技型企业发展存在的主要障碍

1.资本市场支持科技企业的效能有待提升

从场内市场来看，在639家上市公司中，"专精特新"企业有154家，占比24.1%，总市值合计13 914.53亿元，占比19.5%；科创板上市公司有96家，占比15.02%，总市值12 126.22亿元，占比16.34%。从"专精特新"企业和科创板上市公司的数量及其总市值表现来看，资本市场服务科技型企业的效能仍有待提升。

在590家上市公司中，市值排名前十的上市公司中，没有"专精特新"企业，在科创板的上市公司中只有1家天合光能，排名第五位，市值为1 427.17亿元，与市值最大的药明康德相比，其市值大约只有药明康德市值的一半。天合光能前面的4家上市公司，分别为药明康德、恒瑞医药、洋河股份和国电南瑞，位居前十名的上市公司中还有3家为金融业企业。以上数据说明，科技型企业尚未成为资本市场的"核心资产"，市场更青睐那些高成长、高盈利的头部企业，资本市场服务科技型企业的效能有待进一步提升。

2.多层次资本市场尚未覆盖科技型企业全生命周期的金融需求

主板市场侧重于大中型企业，中小板与主板在上市条件方面一致，缺少层次区分。虽然创业板服务于成长型创业企业，但是上市门槛较高，科技型中小企业很难达到。科创板作为科技型企业上市融资的主要阵地，相对于主板市场，上市条件和上市门槛均有所降低，力求为更多有融资需求的科技型企业提供金融服务。但是，对大多数科技型中小企业而言，当前的上市门槛还是偏高的，虽然对利润指标的要求降低了，但是要求市场估值至少10亿元，很多科技型中小企业发展初期的经营状况和财务状况均较差，发展过程充满不确定性，资本市场很难准确地挖掘出其潜在价值。而且科技型企业本身就存在大量的资金需求，存在资金紧张的问题，要实现上市需要投入大量的人力、物力和财力，这可能会进一步加剧科技型企业的经营困难。虽然新三板是为了应对中小微创新创业企业的融资需求推出的，但在运行中还存在投融资失衡、缺乏流动性、改革进程缓慢等问题，影响了科创板企业市场估值的提升和融资功能的发挥。区域性股权交易市场融资功能有限，通过该市场实现成功融资的案例较少，影响了中小微企业到区域性股权市场挂牌的积极性和动力。

3.定价方式不成熟，资本市场的制度建设仍待完善

目前，我国对新股发行上市采用询价制度，发行人及其保荐机构向机构投资者询价以确定发行价格，并没有将社会公众纳入询价对象的范围。虽然注册制取消了市盈率的限制，但是机构投资者在报价的时候会受到企业所处行业市盈率经验数据的影响，各个主体之间也可能会串通提高定价或压低定价，从而扰乱了市场秩序，妨碍了资本市场价格发现的功能，这不仅会影响公司的发展、影响承销商的声誉、打击投资者的信心，还会影响市场的健康发展。

第7章
推动江苏科创金融发展的对策与建议

自16世纪以来，世界发生了数次科技革命，每一次都深刻影响了世界格局。从某种意义上来说，科技实力和创新能力决定着世界经济力量对比，也决定着各个国家、各个民族的前途和命运。当前，我国经济进入新常态，迫切需要科技创新发挥重要作用，而江苏省作为我国经济发展水平较高的省份之一，如何发挥开放性金融的力量支持科技创新企业发展是一个很重要的问题。本章将从政府层面、金融机构层面和企业层面三个维度分别提出江苏科创金融发展的建议与措施。

7.1　政府层面

7.1.1　加大政府导向科创金融的投入力度

政府应加大对科创金融的投入力度，为各个阶段的科技创新注入强劲动力，通过财政投入如财政直接投入、税收优惠、政府购买等形式，支持科技创新主体的科技创新形式丰富多样化。首先，科技创新企业具有高风险特性，政府通过财政科技投入对种子期以及初创期的科技创新企业直接进行资金支持，推动科技创新企业进入良性循环，否则科技创新就如同无源之水和无本之木一般了无生机。其次，政府可以通过税收返还或提供贷款担保等方式，以一种能激发企业自身创新动力的方法，对科技创新企业进行支持。例如，有的地方政府对企业提供了免税政策，或对其担保贷款费用进行了一定的补贴，或按照其实际投资额的一定比例进行补贴。上述免税或补贴措施，既能大幅度降低科技创新企业的经营成本，又能避免科技创新企业过度依赖政府。

7.1.2 打造优质的营商环境

1.改善政府干预并提高行政效率

经济发展离不开优质的营商环境，而合理的政府干预和高速的行政效率是改善营商环境的重要内容。营商环境离不开政府的帮助支持，政府助推营商环境稳健发展，更是营商环境中的重要主体之一。首先，需要改善政府干预，把握好对市场和企业的干预程度，政府干预不可过于宽松，制定行之有效的政策和制度，合理管制经济市场和各个经济主体。其次，运用互联网和大数据打造行政审批平台，加快行政审批速度，简化办事流程，提高行政效率。最后，努力向服务型政府转型，无论是政府干预还是行政审批，都是为了改善营商环境中的政府干预并提高行政效率，帮助各经济主体稳健运行和发展，推进经济增长。所以，需要提高政府服务标准，真正迈向服务型政府。

2.建设公平正义的法治环境

优化法治环境，构建公平正义的法治环境。良好的法治环境对于区域发展科技型企业、人才培养、市场环境具有重要意义，也是各行业稳健发展的重要保障。区域经济增长离不开各企业、政府、人才、技术等方面的支持，而这些因素都需要良好的市场环境作为基石。因此，首先要努力完善当下市场中的相关法律法规制度，法律法规的完善推动着经济市场稳健运行，指引市场中各主体遵规守纪，保证经济市场的秩序。其次，加强监管力度和惩戒机制，对于经济市场中的各个企业进行严格监督，通过政府监督、市场监督、群众监督来保证企业健康经营。同时，要构建合理的企业诚信评价体系，加强消费者对企业的信任程度。最后，要加强对知识产权的保护，制定完善合理的知识产权法规和机制，加大惩罚力度，改善市场经营风气。

3.建设竞争有序的市场环境

科创金融发展需要一个竞争有序的市场环境作为支撑，经济稳健发展同样离不开市场的有序竞争。因此，在维护市场秩序时，需要政府的协调帮助，政府需要统筹协调与市场的关系，不仅要保持政府的宏观调控机制，还要积极调动市场主体和市场要素的活力，尊重市场主体的交易行为。同时，完善市场准入体系，对市场中各行业设定严格的准入标准，针对新型产业放宽政策，鼓励新型产业入市推动经济发展，激发我国民间资本的热情。科创金融的发展需要资金支持和技术创新，构建有序竞争的市场环境才能削弱不利因素带来的危害和风险。最后，针对市场环境建立合理的监督管理体系，使监督管理体系更加科学规范，构建有序的市场环境，促进经济增长。

7.1.3　建立长效机制完善科创金融监管及激励政策

政府应建立科创金融监管及激励的普适长效机制。为充分调动企业的科技创新积极性，政府应加大对企业科技创新政策的落实力度，建立科技创新政策的长效机制。首先，应由熟悉科技创新规律的专家团队决定政府导向科创金融资金的分配；其次，建立科创金融资源平台，向市场公开、共享相关数据；最后，强化科创金融资源宣传，形成激励科技创新的稳定、公开和透明的政策环境。此外，还应加强科创金融监管。建议对科创金融资金实行"穿透式"监管，严控科创金融资金通过"企业经营贷"等途径，违规流入房地产市场。

7.1.4　构建科创金融共享服务平台

在经济发展过程中，容易形成金融供给主体与金融需求主体信息不匹配的问题。例如，金融机构与科技型企业信息不对称，面对所产生的信息不对称，政府应当充分发挥作用，如政府可以搭建针对科创金融发展的多方资源信息平台，实现资金供给、需求主体之间信息的精准匹配，减少科创金融资源配置的低效现象。同时，科创金融共享服务平台并不是法外之地，政府也要完善关于信息平台建设的相关法律法规，营造良好的科创金融共享服务平台环境，实现对网络信息平台建设的充分支持，从而降低因信息不对称所造成的信息搜寻成本以及交易成本，实现信息需求与供给主体之间精准匹配，更好地促进科创金融资源的合理配置，为难以获得资金支持的科技主体提供金融资源支持，进一步促进科技主体的创新，促进经济高质量的发展。

7.1.5 加强江苏科创金融创新发展的基础设施建设

1.重构科创金融考核体系，引导加强对科技企业的服务

合适的考核方式可以更好地引导分支机构加强对科技企业的服务。第一，要优化业绩考核内容，将开户、引流、赋能、供应链、公私联动等指标一并纳入科创金融业务的考核内容，引导分支机构树立正确的业绩观，这需要商业银行进一步优化管理会计制度建设，更直观、更科学地反映分支机构的业绩。第二，要优化考核方式，对客观风险较高的科技型企业要有一定的风险容忍度，实施尽职免责。对一定范围内的不良贷款可不计入不良统计范围，如对政府机构、担保机构、保险公司等机构提供风险分担或者风险补偿的不良贷款部分或能够收回的不良贷款都可不计入不良统计范围。第三，要优化绩效发放方式，创新绩效延递发放方式，切实引导分支机构强化风险意识，时刻关注科技型企业的信贷风险，对中短期贷款绩效发放周期按一定比例与信贷周期相匹配。

2.加强宣传指导，提高企业寻求金融服务的意识

当前，政府仍需加强对企业的宣传指导工作：一方面，向企业介绍现有的扶持政策，提高企业主动寻求各类金融服务的意识；另一方面，联合金融机构推介全流程金融服务产品，匹配各阶段融资需求，同时提高企业参与直接融资的力度。

3.重视发展面向创新的政策性金融机构

建议江苏省参照我国在金融支持基础设施开发建设方面的成功经验，建立省市层面的科技开发银行。这样的政策性金融机构不办储蓄、不办存款，可以运用批发性融资或市场募资的方式，为江苏省科技型企业提供股权投资，或提供银行贷款，同时提供知识产权质押、认股权等一整套金融服务，实现科创风险与收益相匹配。从长远来看，可以用投资收益弥补信贷的亏损，使政策性金融机构运营得以持续。建立江苏省政策性金融机构的意义，不在于其运营本身，而在它对全国科创金融体

系建设的影响和带动。

4.拓宽科技型企业进入资本市场的通道

为科技创新提供金融支持，特别是市场资金资源，资本市场是最有利的通道。拓宽这一通道的有效途径，不是简单地增加或扩大股市入口，而是显著增强现有股市的流动性，这是保证股市发展活力和市场定价机制的关键。股市的健康发展是让市场充满活力，使股市按正常规则流动起来，让更多富有价值的科技企业参与进来，而不是单纯指望新股上市。在股市的入市方面，科创板已实现了与美国相似的注册制办法，降低了准入门槛。但在股市的退市方面，还要落实政策规定，实行严格的退市制度并常态化，将违法违规企业清理出股市，让僵尸企业离开股市，使更多有投资价值的科技型企业进入股市，确保投资者有机会实现更多价值回报，形成良好的市场循环。

5.提高科技型企业的管理力度

科技型企业在发展过程中出现的问题主要是融资难，其需要从以下方面入手：第一，对当前的管理形式进行改变，追求与时俱进，为促进科技型企业的发展提高自身的研发能力，在了解到消费者的偏好后，能够为企业研发出更多有竞争能力的产品。第二，在经营理念上进行创新。经营者不仅需要注重眼前的利润，还应该具备可持续发展的理念，在信用上、管理制度上都进行不断优化。

7.2　金融机构层面

7.2.1　加强对科创金融风险的管理

科技型企业在融资过程中往往缺乏抵押品，同时经营风险相对较高，所以金融机构往往会面临诸多风险，最为典型的就是信用风险。同时，由于互联网金融趋势加强，使得不同主体的联系更加紧密，当金融风险发生时所呈现的危害往往会更大，因此金融机构应当加强对科创金融风险的管理。首先，应当提高金融风险的防控意识，明晰时代发展需要，转变思维定势，提高对金融风险重要性的认识，落实责任制度。其次，要完善其内部监督机制，构建科学合理的内部监督机制，实现内部信息数据的实时共享，对于不合规的行为应及时上报处理，避免发生操作风险。最后，应当善用科技创新成果更好地识别风险。例如，大数据的出现使得现代金融供给主体较传统金融供给主体有了更多的信息优势，可以更多地获取科技型企业等金融需求主体的信息，从而精准识别潜在的风险，降低科创金融风险发生的可能性，促进经济平稳运行，实现经济高质量发展。

7.2.2 准确定位科创金融业务目标群体

科技型企业根据发展阶段的不同，可分为初创期、成长期和成熟期三个阶段。对于成长期的科技型企业，因为其已经形成一定规模，且具有良好的预期收益，风险控制成熟，这也就导致成长期的科技型企业成为一般银行科创金融业务的主要目标。科创金融业务的竞争相对激烈，初创期的科技型企业不具有竞争优势。对于初创期的科技型企业，因为其未来发展的不确定性较大，对银行的风险控制要求水平高，多数银行并未重视获取初创期的科技型企业客户。所以，金融机构要充分利用以往的风控优势、良好的银政关系以及自身成熟的团队，对初创期的科技型企业进行甄选。在平衡收益与风险后，积极发展初创期的科技型企业的科创金融业务。对于成熟期的科技型企业，其一般有长期合作的对口银行，但并不意味着其他金融机构没有机会。成熟期的科技型企业与初创期、成长期的科技型企业在需求的业务上有明显个同，对口银行可能因业务惯性，无法为成熟期的科技型企业提供精准的科创金融业务。因此金融机构可以凭借自身敏锐的嗅觉和相对灵活的运作机制，广泛地争取成熟期的科技型企业客户。

7.2.3 打造核心产品实施差异化服务

第一，创新科创金融产品设计。针对产品设计层面，应对不同类别业务不断拓展与有效革新，通过优化审批流程、构建绿色通道等多样化手段，以相关企业自身实际需求为基础，针对产品开展合理设计，实现市场内部反应速度的显著提升。若满足相关条件，可面向科技型中小企业开展个性化产品套餐定制服务，相关定制涵盖个人融资、企业融资以及财务顾问等多样化层面。通过定制服务的有效开展来体现差异化服务。第二，开展综合服务的有效供给。将代收付、现金管理、供应链管理、贸易融资以及票据等多样化服务层面与科创金融产品妥善合理结合；面向客户开展系统化、全面化解决方案的有效供给，实现客户对金融层面不同需求的有效满足，通过系统化、全面化的服务实现客户差异化体验的有效构建。第三，提升客户服务综合效能。对科技型企业自身管理工作而言，应以自身经验为基础开展最终结果的有效整合。首先，科技型中小企业自身有着较高水平的成长性，而自身资产以及技术手段较低，授信审批工作开展期间应对涵盖股东结构在内的团队开展相应查看；其次，对于产品自身生命力以及市场的实际情况进行有效探知；再次，应对商业模式开展有效查看；最后，应对现金流进行有效查看，其具体涵盖主营业务以及融资能力。在工作开展期间，对财务因素所占比例进行淡化，同时对非财务因素以及相关行为的关注程度进行有效合理的提升，有效避免客户的拒绝。在实际操作开展期间，客户经理可通过对第三方渠道的有效使用，从不同维度对企业开展合理有效的分析研究，同时虚心向不同类别的专家请教，对企业自身销售、生产、技术等环节进行合理判断。通过审核工作的有效开展，可实现自身面向科技型企业开展评估工作时准确性的显著提升，并对此类企业内在特点进行有效把控，进而实现自身针对性服务的有效开展。

7.2.4 针对科创金融完善评估机制

在技术市场中，目前还没有建立一个完整的技术评估体系来评估一项技术价值的高低，也缺少技术经纪人、创新工程师等概念，我国在这一方面的空白较多。现在很多技术市场的价格评估需要由其他国家来进行，所以我国在技术市场转化过程中，必须尽快建立价值评估体系。而金融机构懂得技术市场价值，如果将科技和市场结合，由金融机构来建立这个体系更为合理。科创金融业务的创新与银行传统金融服务存在一定差异，这对商业银行的管理人员提出了较高的要求。管理者需要根据科技型企业的发展特点和发展规律，运用专业知识安排投资融资计划，对科技型中小企业发展战略的制定给予帮助。由于该业务与传统评估不同，具有较为显著的特征，因此银行业相关人员需要采取针对性较强的方法，更加深入地完善财务绩效评估机制，并且要求评估机制与科创金融业务的服务领域有更强的配适性。同时，需要针对不同成长阶段的企业制订相应的评价体系和业务服务计划。目前，科技型企业已经划分成不同类别，根据成长阶段的差异，基本上分为初创期企业、成长期企业、成熟期企业和上市公司。企业在不同阶段的融资需求是与自身发展程度相适应的，因此城市商业银行需要提供一揽子综合金融服务。

7.2.5 放宽对科技型企业融资的信贷政策条件

金融机构要在确保安全的情况下，放宽对科技型企业融资的条件支持。

1.提高金融机构风控能力

一方面，加强内外部协同联动。金融机构应加强培训，提高业务人员综合素质，同时利用好各类先进的分析技术和模型，进一步提高风险防范能力。另一方面，商业银行可通过信贷部门、投行部门、数字金融部门等多部门加强内部协同，提高金融服务质效；集团机构可以进一步发挥集团优势，通过银行、证券、保险、投资等多机构联动，大力发展科创金融。

2.完善知识产权质押业务服务体系

一是要优化对知识产权的认识，把知识产权切实看成企业的一项重要资产。知识产权是企业软实力和未来竞争力的重要体现。二是要解决知识产权估值的问题，以便与商业银行现有信贷产品相连接。推动科创金融质押担保中介服务体系的构建，在长三角地区设立专业知识产权评估机构，建立专业产权交易市场，引导评估机构、会计师事务所、律师事务所等中介机构介入科创金融领域。同时，可以考虑设立具备专业鉴定资质的、专门服务于科创金融的担保机构，为金融机构向科技型企业提供的融资服务提供专业担保，相关的知识产权、股权、应收账款等权利可作为反担保提供给该担保机构。

3.建立多层次补贴和风险分担机制

一方面，提高风险分担资金池规模，扩大政策覆盖面，加大对优质科技型企业的支持力度，给予服务科技型企业的金融机构更多风险分担额度；另一方面，引入分层补贴和风险分担机制，推动金融机构将服务扩展至全行业、全生命周期的科技型企业。

4.加强对"供应链融资"模式的应用

金融机构加强对"供应链融资"模式的应用，大多数科技型企业都是供应链上的一环，可以在供应链上准确识别其交易活动，基于"交易"而不是"主体"的融资。省内各市建议采用"银行+园区"的合作模式，商业银行与政府主导的产业园区签订合作协议，由政府担保基金为商业银行对园区内科创型企业授信提供保证。

5.金融机构承担更多社会责任

金融机构是科技及实体经济最重要的融资渠道，因此应该承担更多社会责任。在当前金融去杠杆与新型监管的背景下，需要适时加快构建新型银行评价体系，调整和完善考核指标，努力为银行金融机构支持创新和实体经济适当松绑提供有利环境，以充分释放银行对创新和实体经济的服务潜力。

7.3 企业层面

7.3.1 加强企业科技创新型人才培养

企业应该大力加强科技创新型人才培养和投入。这主要是因为人才的投入在其中发挥重大作用，人才为科创金融发展提供动力，人才对于经济的推动作用具有重要意义。企业只有不断丰富自己的创新人才队伍，才有可能实现对研发技术的创新，进而实现科创金融的向前发展。

因此，企业应该不断创新自身的科创金融发展模式，尤其是加强本地研究科创金融的高校与科技型企业的产学研合作。同时，还应该通过财政政策和资金引导来大力发展科创金融基础设施建设，从而为科创金融与经济增长带来优质生态，进而显著提高科创金融专业人才的收入水平，吸引高尖端科创金融专业人才。在人才引进和培养的过程中，推动科创金融快速发展，进而正向推动经济增长。

7.3.2 加大企业科研经费投入

科创金融通过引导资本市场为科技型企业融资发展提供资金支持，同时为科技型企业的上市融资提供正确引导。在科技型企业发展的初期，资本市场对其发展具有重要的支撑作用，资本市场的风险投资具有高风险、高收益的特征，特别偏好于科技含量高且成长性强的高技术企业，因此资本市场可以为科技型企业提供有效的金融支撑。但等到企业发展到成熟阶段，具备了推动科技型企业上市融资的能力，还应当鼓励和规范风险资本的发展，引导风险资本为科技型企业发展提供金融支撑，如设立引导性创新基金、科技型中小企业信用担保基金等。经济的增长离不开企业的进步，科技型企业资金链的成熟推动着区域经济稳健发展。虽然科技型企业凭借其现金流量和经营业绩，能够从商业银行获取一些科技贷款，但如果资本市场的融资成本较高，对科技型企业的支撑作用将不明显。

7.3.3 积极拓宽融资渠道，优化金融资源配置

通过对当前科技型企业融资渠道分析，我们不难发现科技型企业由于缺乏相关的抵押资产，因此较难获得相关金融主体的支持，同时科技型企业支持的主体多集中于政府、银行等，这样的融资结构往往会造成融资效率较低的不利局面。所以，我们应当积极构建以市场为主体的多层次金融供给体系，可以充分利用科技发展的优势，积极发展互联网金融，通过该渠道进一步向科技型企业提供融资。在对科技型企业融资方式的分析中我们发现，当前科技型企业的融资方式多为以银行等金融机构为代表的间接融资，所以我们应当积极发展直接融资方式，如充分发

挥证券市场的直接融资作用。多样化的科创金融融资模式有利于促进融资效率的提升，同时满足科技型企业多样化的融资需求，促进其实现科技成果的研发、转化；最终促进区域经济高质量发展。

参考文献

[1] 范建锋，袁首京.企业创新能力评价方法研究 [J]. 河南科技 （上半月），2009（12）：19-20.

[2] 吴显英，惠晓峰.企业自主创新能力的可拓评价研究 [J]. 哈尔滨工程大学学报，2010，31（10）：1412-1418.

[3] 吴彤琳，刘莎.科技型中小企业债券融资项目审计及风险管理 [J]. 全国流通经济，2020（5）：87-89.

[4] 鲁桂华.从科创板看中国资本市场改革的路径选择 [J]. 财会月刊，2019（4）：3-8，178.

[5] 高榴.论科创板注册制试点制度革新：现实意义、经验借鉴与实践思考 [J]. 西南金融，2019（10）：37-45.

[6] 肖兰华，徐信艳.缓解科创中小微企业融资难的新模式：投贷联动 [J]. 财会月刊，2017（2）：79-83.

[7] 周冰，尤左伟，等.科创板运行中相关风险点与防范研究 [J]. 证券市场导报，2020（1）：2-10，20.

[8] 蔺鹏，孟娜娜，王少宾，等.科创型中小企业的金融支持新路径——基于投贷联动模式的分析 [J]. 新金融，2017（4）：48-51.

[9] 梁伟亮.科创板实施下信息披露制度的两难困境及其破解 [J]. 现代经济探讨，2019（8）：125-132.

[10] 陈洁.科创板注册制的实施机制与风险防范 [J]. 法学，2019（1）：148-161.

[11] 卫恒志.双层股权结构法律制度研究 [D]. 长春：吉林大学，2019.

[12] 欧阳卿.科技创新企业投贷联动：国内探索与发展建议 [J]. 科技管理研究，2018，38（3）：179-183.

［13］赵敏.科技创业企业的投资价值与投资策略研究［D］.上海：上海交通大学，2007.

［14］陈玉荣.科技型中小企业各生命周期阶段的特点及融资策略［J］.科技进步与对策，2010，27（14）：91-93.

［15］房汉廷.关于科技金融理论，实践与政策的思考［J］.中国科技论坛，2010（11）：5-10.

［16］肖龙沧.对科技金融创新发展的探析：山东实践［J］.金融发展研究，2011（5）：5.

［17］胡苏迪，蒋伏心.科技金融理论研究的进展及其政策含义［J］.科技与经济，2012，25（3）：5.

［18］房汉廷.科技金融本质探析［J］.中国科技论坛，2015（5）：7-12.

［19］李喜梅，邹克.科技金融的内涵拓展与发展政策建议［J］.社会科学文摘，2018（6）：49-51.

［20］谭春枝，黄家馨，莫国莉.我国科创板市场可能存在的风险及防范［J］.财会月刊，2019（5）：143-149.

［21］黄登仕，王辉.科创板：一种新的制度供给［J］.理论探讨，2019（5）：117-122.

［22］熊波，陈柳.非对称信息对高新技术企业融资的影响［J］.中国管理科学，2007，15（3）：136-141.

［23］王伶俐.科技金融支撑体系的建立与对策［J］.中国科技成果，2006（14）：22-23.

［24］姚战琪.生产率增长与要素再配置效应：中国的经验研究［J］.经济研究，2009，11（11）：130-143.

［25］杨茜.科技型中小企业发展的金融支持问题研究［J］.科学管理研究，2008，26（5）：109-111.

［26］唐柳，赵昌文，王军.金融服务外包风险治理机制及管理框架构建［J］.软科学，2009，23（4）：100-104.

[27] 卢金贵，陈振权.科技与金融结合问题研究：广东视角 [J].
南方金融，2009（6）：68-70.

[28] 肖泽磊，韩顺法，易志高.我国科技金融创新体系的构建及实证
研究——以武汉市为例 [J].科技进步与对策，2011，28（18）：6-11.

[29] 张林，李雨田.金融发展与科技创新的系统耦合机理及耦合协
调度研究 [J].南方金融，2015（11）：53-61.

[30] 谷慎，汪淑娟.中国科技金融投入的经济增长质量效应——基
于时空异质性视角的研究 [J].财经科学，2018（8）：30-43.

[31] 吴净.国家技术转移示范机构能力结构与提升策略研究 [J].
科学管理研究，2019，37（4）：41-46.

[32] 徐玉莲，赵文洋，张涛.科技金融成熟度评价指标体系构建与
应用 [J].科技进步与对策，2017，34（11）：118-124.

[33] 孙雪娇，朱漪帆.科技创新与金融服务协同发展机制研究——
基于中国科技金融平台演化视角的多案例分析 [J].金融发展研究，
2019（1）：73-79.

[34] 张明喜，郭滕达，张俊芳.科技金融发展40年：基于演化视
角的分析 [J].中国软科学，2019（3）：20-33.

[35] 丁振辉."破"与"立"，科技金融的"题"与"解"[J].现
代商业银行，2022（1）：65-69.

[36] 郭子源.金融服务科创重在"读懂企业"[J].大众投资指南，
2022（2）：13.

[37] 戴梦希.保险业服务科技型企业再加力 [N].金融时报，
2021-12-08（012）.

[38] 周家龙.银行业保险业参与多层次资本市场支持科技创新实践
与思考——以安徽为例 [J].清华金融评论，2021（11）：31-33.

[39] 董国升，那可.创新保险服务增强对科技成果转化融资的保险
支持 [N].黑龙江日报，2021-10-30（004）.

[40] 曲凯敏.金融科技助力金融业数字化转型分析 [J].中国商

论，2021（20）：104-106.

［41］林仁志.科技型企业数字供应链金融创新模式分析——以高新技术园区中小企业为例［J］.黑龙江金融，2021（9）：78-80.

［42］田秀娟，李睿，杨戈.金融科技促进实体经济发展的影响——基于金融创新和科技创新双路径的实证分析［J］.广东社会科学，2021（5）：5-15，254.

［43］何玥，魏维，王巍，等.G60科创走廊的科技创新与金融支持［J］.金融纵横，2021（8）：79-85.

［44］金斌，丁振辉.强化商业银行科技金融能力构建多层次合作共赢的生态圈［J］.杭州金融研修学院学报，2021（8）：39-40.

［45］严俊.商业银行发展科技金融业务的思考［J］.银行家，2021（8）：58-60.

［46］徐玉德，陈旭.警惕资本无序流动强化资本市场科技创新支持［J］.财会月刊，2021（11）：22-26.

［47］盛春红.证券公司多元化投融资服务助力浙江科创型企业发展研究［J］.浙江金融，2021（5）：3-12.

［48］张婕，金宁，张云.科技金融投入、区域间经济联系与企业财务绩效——来自长三角G60科创走廊的实证分析［J］.上海财经大学学报，2021，23（3）：48-63.

［49］罗培，宋庆松，王耀羚.商业银行如何助力科技金融？［J］.现代商业银行，2021（3）：32-35.

［50］丁振辉，邓惠茹.科技金融不可能三角：问题与破题［J］.现代商业银行，2021（3）：36-39.

［51］李学武.金融支持科创产业的模式、问题及突破点［J］.银行家，2020（12）：59-63.

［52］丁振辉.新经济背景下商业银行科技金融的实践与探索［J］.西南金融，2020（11）：54-63.

［53］中崔勇.商业银行科技金融业务发展战略分析［J］.现代金融

导刊，2020（8）：58-62.

[54] 朱克江.开启科技金融引领发展的新动能 [J]. 科技与金融，2020（9）：60-67.

[55] 嵇尚洲.加快构建面向全国科技型企业的融资平台和金融服务体系 [J]. 科学发展，2020（3）：5-16.

[56] 黄琳，王楠，吴志国，等.多层次资本市场支持科技型企业发展研究 [J]. 金融纵横，2020（2）：79-85.

[57] 张萌萌，鲁若愚，李广野.金融创新对科创型企业融资的影响——基于金融科技的视角 [J]. 税务与经济，2020（1）：39-43.

[58] 吴晶晶，田丰.开发性金融支持江苏科技型企业发展的模式研究 [J]. 金融经济，2019（18）：3-5.

[59] 刘金全，艾昕，钟莹.北京市银行业科技金融业务支持科技创新的研究——基于 TVP-VAR 模型的实证检验 [J]. 科技管理研究，2019，39（17）：135-144.

[60] 李娜.金融科技促进实体经济发展的内在机理与路径研究 [J]. 中州学刊，2018（10）：51-55.

[61] 温博.投贷联动在优化科技型企业金融供给中的作用、困难与建议 [J]. 武汉金融，2018（6）：31-35.

[62] 凌涛.上海华瑞银行：对科技金融服务模式的思考、研究与实践 [J]. 当代金融家，2017（10）：48-51.

[63] 刘江会.金融支持上海建设具有全球影响力科技创新中心对策研究 [J]. 科学发展，2017（6）：13-26.

[64] 李小雪.我国科技创业融资的供给侧结构性改革研究 [D]. 武汉：武汉理工大学，2017.

[65] 杨子荣，张鹏杨.金融结构、产业结构与经济增长——基于新结构金融学视角的实证检验 [J]. 经济学，2018（2）：847-872.

[66] 吴烨.论金融科技监管权的本质及展开 [J]. 社会科学研究，2019（5）：110-118.

［67］郑文清，闫玉欣.金融服务科创产业发展研究——以苏州市为例［J］.金融纵横，2020（1）：63-68.

［68］童瑞.金融创新发展对科创型企业融资的影响［J］.商讯，2020（36）：75-76.

［69］李建武，吴铭，丁懿.布局谋篇做好"科技金融"大文章［J］.中国农村金融，2021（15）：74-75.

［70］李砚秋，刘骅.再担保与高科技企业融资［J］.市场周刊（理论研究），2013（8）：15-18.

［71］王婉芬，郭春燕.我国科技保险的发展及国际经验借鉴［J］.江南论坛，2019（12）：17-19.

［72］周雷，刘睿，金吉鸿.综合金融服务体系服务实体经济高质量发展研究——以苏州市小微企业数字征信实验区为例［J］.征信，2019，37（12）：26-30.

［73］黄海涛，胡飚，童志兵.科技保险运行模式及创新研究［J］.上海保险，2021（3）：40-44.

［74］马成举.地方政府投融资国企市场化转型困境破解路径研究［J］.现代商业，2021（7）：110-112.

［75］瞿为民.坚持服务小微企业服务实体经济［J］.唯实，2020（10）：26-28.

［76］毛乾坤.江苏政府性融资担保体系建设探讨［J］.唯实，2022（4）：55-57.

［77］王佳致，陶士贵.苏州模式：数字征信体系的创新与完善［J］.征信，2022，40（4）：52-56.

［78］LARRY E. Evolution and revolution as organizations grow［J］. Harvard Business Review，1998，76（3）：55-64.

［79］ROBERT K. Relation of dominant problems to stages of growth in technology-based new ventures［J］. Academy of Management Journal，1988，31（2）：257-279.

[80] MARCIA S, TIMOTHY A, GUANZON-LAPEÑA MA. Are indigenous personality dimensions culture specific? Philippine inventories and the five-factor model. [J]. Journal of Personality and Social Psychology, 2002, 82 (1): 89.

[81] JOSEPH A.The theory of economic development: an inquiry into profits, capital, credit, interest, and the business cycle (1912/1934) [J]. Transaction Publishers, 1982 (1): 244.

[82] CARPENTER E, PETERSEN C. Is the growth of small firms constrained by internal finance? [J]. Review of Economics and Statistics, 2002, 84 (2): 298-309.

[83] CALDERÓN C, LIU L. The direction of causality between financial development and economic growth [J]. Journal of Development Economics, 2003, 72 (1): 321-334.

[84] SAINT-PAUL G. Technological choice, financial markets and economic development [J]. European Economic Review, 1992, 36 (4): 763-781.

[85] KING R, LEVINE R.Entrepreneurship and growth: theory and evidence [J]. Journal of Monetary Economics, 1993, 32 (4):321-324.

[86] FREDERIC S. The economics of money, banking, and financial markets [M]. New York: Pearson Education, 2007.

[87] LEVINE R, LOAYZA N, BECK T. Financial intermediation and growth: causality and causes [J]. Journal of Monetary Economics, 2000, 46 (1): 31-77.

[88] AGHION P, HOWITT P, MAYER-FOULKES D. The effect of financial development on convergence: theory and evidence [J]. The Quarterly Journal of Economics, 2005, 120 (1): 173-222.

[89] ARNER D, BARBERIS J, BUCKLEY R. The evolution of fintech: a new post-crisis paradigm [J]. Social Science Electronic

Publishing，2016，47（4）：1271-1319.

［90］KNIGHT E，WJCIK D.Economy and space：introduction to the special issue ［J］. Environment and Planning，2020，52（8）：1490-1497.

［91］KAPLAN，STROMBER G. Financial contracting theory meets the real world：evidence from venture capital contracts ［J］. Review of Economic Studies，2003（70）：281-315.